崔小萍回憶錄

—碎夢集—

唉！我……啊！
多少日出日落
數不盡的春去冬回，
仰望雲天，我只能追憶。
我，在戰亂中長大，
苦難使我成熟。
生命的旅程上，
佈滿荊棘和暗礁。
我啊！克服了艱險，
衝破了牢籠，
我啊！願像一隻海鷗
為理想繼續飛翔！
飛啊！我是天地一沙鷗，
飛翔！飛翔……
我啊！飛！

2000年，崔小萍榮獲第三十五屆廣播金鐘獎終生成就獎。

崔小萍與《崔小萍事件》作者朱德蘭教授（左，穿白衣者）合影。

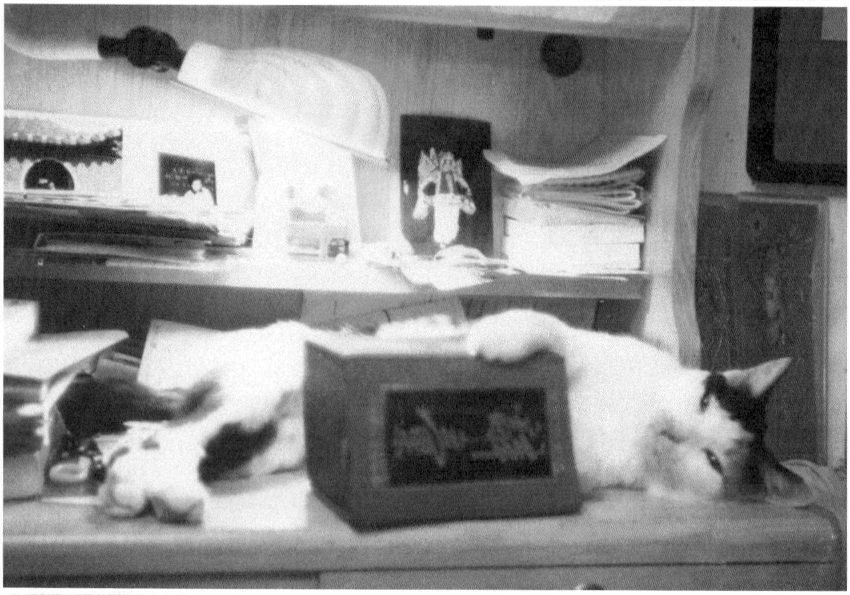

陪我共同生活十八年的愛貓Grace。睡覺還抱著《辭彙》，真不愧是知識份子。

忠厚的愛貓BB。

冤獄十年，重回「仁愛莊」感訓學校當老師。這是一片娟秀的小園地。

「仁愛之聲」廣播電臺主要成員。

崔小萍於仁愛莊教導受刑人演出舞台劇。

在台灣和中國兩地分隔五十年後，崔小萍和學弟謝晉於上海相會。

1947年，崔小萍於中國大陸演出舞台劇《夜店》，劇中並反串小流氓。

崔小萍和她唯一的哥哥崔超在甘肅蘭州共同演出舞台劇《秋海棠》。其兄崔超於文革時被打入「黑五類」。

1945年，崔小萍畢業於中國四川國立戲劇專科學校話劇科第一屆。

崔小萍和她國立藝專的學生們一同演出舞台劇《玫瑰紋身》。

崔小萍在台演出舞台劇《偉大的薛巴斯坦》，飾演薛夫人。

崔小萍客串京劇《孔雀東南飛》，飾演惡婆。左為京劇名票友范夫人，飾演劉蘭芝。

1962年，崔小萍於菲律賓講學。

1962年，崔小萍赴菲律賓講學時，試穿菲律賓服以茲留念。

1959年，崔小萍以《懸崖》一片榮獲第六屆亞洲影展「最佳女配角」銀鑼獎。張小燕（右者）於同一屆獲「最佳童星獎」。

碎夢集（感）

唉！我……啊！
多少日出日落
數不盡的春去冬回，
仰望雲天，我只能追憶。
我，在戰亂中長大，
苦難使我成熟。
生命的旅程上，
佈滿荊棘和暗礁。
我啊！克服了艱險，
衝破了牢籠，
我啊！願像一隻海鷗
為理想繼續飛翔！
飛啊！我是天地一沙鷗，
飛翔！飛翔……
我啊！飛！

翻舊稿，忽然發現這麼一篇，詩非詩，文非文，重抄寫一遍，為自己留點「情緒波動」的記憶。

如今，是不能飛了啊！

目次

崔小萍事件

多少年前，我曾接到一個大包裹，是由台灣省文獻會寄來，裡面有多本厚重的書籍，每本書籍的大標題是：台灣地區戒嚴時期政治案件——五十至七十年代文獻專輯：

一、林正亨的生與死。

二、台灣戒嚴時期台灣政治案件檔案（上）、（下）。內容包括雷震、美麗島、「二二八」、施明德……

三、台灣省立師範學校四六事件。

四、崔小萍事件。這一本是最大件，是由中央研究院，社科所教授朱德蘭女士編輯寫作。

五、這樣偉大的檢討及記載是由台灣省文獻委員會委請賴澤涵教授主持進行研究之成果。

這的確是一項艱鉅的計劃和出版，更使後代的人能瞭解在中華民國「五十」至「七十」時期，在所謂「白色恐怖」時期被判決疑案、冤案，因為當時是軍法獨立審判，一般的老百姓，不是軍人，也受「軍法審判」；是否有確實的證據，當年，軍法官、調查局，為求結案迅速，是沒時間為受審人去尋求證據的，因此造成當年的冤案很多。家破人亡，不是一人哭，而是一路哭！那真是一個悲慘的時代！

我，崔小萍，在一九四七年參加一個由國立戲劇專科學校前後屆同學組織的「上海觀眾演出公司」來台旅行演出。我，並在台北中山堂演出《岳飛》、《清宮秘史》、《萬世師表》等名劇……劇團在台灣演出半年後回上海，我因為愛戀一個童年時代的愛伴結婚，留居台灣。該團團長是第三屆畢業的同學劉厚生先生，他在劇專校是助教，曾教我「表演基訓」。

我在劇專是專門研究「表演藝術」及訓練方法的，因此在台灣也在國立藝術專科學校、世界新聞專科學校及其他表演訓練班執教，並在中國廣播公司擔任廣播劇導播十六餘年，是台灣貧苦時代許多民眾最喜愛的「廣播劇藝術」，並曾在亞洲第六屆影展中獲得最佳女配角銀鑼獎。在台二十多年從事藝術方面的建樹，經調查局官員的多次傳喚後，日夜審訊，最後被送進監獄，覆判時判十四年徒刑，後減刑三分之一，失去「自由」近十年。一九六八年入獄，一九七七年減刑獲得自由出獄，一生清白被污染！失去事業、沒了名譽，變成「無業遊民」，趴趴走……幸有「不怕死」的朋友們，沒跟我「劃清界線」，幫助我，沒使我「一代名人」住在大橋下成為「遊民」。啼笑皆非！

「日記惹禍」

從小學開始，我便有寫日記的習慣，那時的國文老師都是大學畢業，教我們寫日記，我們小學便是練習寫作文。因此，我從小時寫的日記都像寶貝似的帶來台灣，意想不到在台灣居住二十年以後，情治單位拘捕我，日夜逼供，竟以我日記中所記少年時期所見之人認定是叛亂份子，因此我也變成叛亂份子，以法律「二條一」[一]起訴，沒有證據，誣告我「顛反政府，正著手實行中」之罪。例如：

一、誣告我曾參加「少年先鋒隊」，介紹人姓名「韓豁」。她是我和姐姐因山東濟南市將被日軍攻陷，拜託軍醫院朋友做掛名護士，方便跟隨醫院逃難。韓豁女士是當年山東省主席韓復渠的姪女，在醫院任軍醫，我那時剛讀完初中一年級，約十四歲。她人陷大陸，如何得知她是「匪諜」？

二、誣告介紹我參加西北戰地服務團的朱星南——這是我在民國二十八年，跟著姐姐哥哥的劇團去參觀這個演劇隊。這個團體當年在陝西西安。

三、誣告我參加讀書會，那位同學傅國良也在大陸。

四、誣告我吸收讀書會的同學有呂德鑫、張鳳蘭——人都在大陸。

五、率領崔小萍來台演劇團的主持人劉厚生——說他是共產黨。

六、話劇編劇導演張駿祥，劇本「萬世師表」，被認為是為匪宣傳。他曾是國立劇專老師。在大陸。

七、崔小萍兄崔超，姐崔夢湘，姐夫齊夢非均陷大陸。

八、撰寫〈我對崔小萍姐妹的瞭解〉作者梁紹和被槍決。

[一] 編者按：《懲治叛亂條例》第二條第一項，俗稱「二條一」：「犯刑法第一百條第一項、第一百零一條第一項、第一百零三條第一項、第一百零四條第一項之罪者，處死刑。」

以上所舉出之「有名字」的人，都是我年幼十四五歲時在我的「日記」中所記，有的一面之緣，有的不認識，竟在五十年後，台灣的軍事審判官認定他們都是共產黨徒，因此崔小萍一定也是共產黨。

在第八項，有關梁某人所寫〈對崔小萍姐妹瞭解〉一文所寫，是他在台灣聽過我的廣播劇等，但和我沒有來往。這能証明崔小萍曾當過共產黨嗎？此人被槍決，當然「死無對證」。

感謝朱德蘭教授所著《崔小萍事件》一書中，搜集的資料豐富，並對崔案之審判有詳細的分析，及我被起訴是否合理之理由，我的答辯書，我的生平故事。每次訪談口述記錄，更重要的登載了先後初判、覆判的起訴書。使人感覺可笑的是，我在台灣舞台上演過的戲劇，都認定是「為匪宣傳毒素」，例如：《清宮外史》、《岳飛》等舞台劇。不知在清朝，在南宋金兵作亂，岳飛被奸臣秦檜所害，是否是共產黨所為？在這本《崔小萍事件》一書中，寫出了我的冤情，更表現了當年那些調查員，那些審判官們的「無知」及幼稚！

自我一九六八年六月被起訴坐牢，一九七七年減刑出獄，離今，已過去四十餘年，崔小萍已從黑髮如染的少壯，至今是白髮老嫗，光輝的歲月已烟消雲散，笑一笑，嘆一口氣！祝福從前那些習慣沒證據判冤案的人們，他們也應該有一個幸福的老年吧！

「為義受逼迫的人有福了，因為天國是他們的。」（馬太福音五章：登山寶訓）

義人必被昭雪

《崔小萍事件》對崔小萍事件之結論：

民國六十六年（西元一九七七年）十月五日，崔小萍出獄後，生活歸於簡樸平靜。民國七十四年（西元一九八五年）崔小萍獲得紐約廣播節廣播劇獎。民國八十九年（西元二〇〇〇年）三月三十日，再榮獲廣播金鐘獎的終身成就獎。她的得獎無數，証明她在表演藝術的傑出貢獻。而最令她感到欣慰的是民國九十年（西元二〇〇一年）六月「財團法人戒嚴時期不當判亂暨審判案件補償基金會」，歷經審慎的重新調查，做出崔案確實為一冤案之定論。

雖然遲來的正義，已無法挽回她逝去的青春、輝煌的事業、前途與社會地位，但是回顧人類歷史洪流中，不知有多少寶貴的性命，難計其數的政治犯，其冤獄多難獲昭雪。如崔小萍等受難人之得以回復名譽，實可說是拜台灣不斷努力發展民主運動之賜，由此觀之，崔案之結果，也可算是不幸中的大幸吧！[二]

[二] 以上是該調查報告第六十一至六十二頁之片斷結語。

軍事監獄中的星期一

一九六八年六月三日到九月，在調查局。三個月日夜二十四小時的審訊逼供後的一個早晨，有人通知我：「要回去了！」

我第一個想的是：「回去，先洗一個熱水澡，然後，煮一鍋排骨湯，然後……」

接著，幾個大漢和一位胖女士保護著我，開一輛大汽車風馳電掣的離開三張犁調查局。我在車窗簾遮掩的縫隙中，忽然一閃，看見了陽光照耀的馬路上，有車，有人……，很熱鬧，僅僅是三個月被禁閉的時光，我卻像個鄉下人，看到一個陌生的城市。誰知，僅此一瞥，卻在近十年以後，再見此場景。

汽車開進一個大門，門口有執槍守衛的衛兵，後來知道那是軍法處監獄。日後再被送去仁愛莊思想改造時已是四年以後的事了。

「崔大姐，今天法官不在，過『一』天，辦完手續，我們在下星期一來接妳『出去』，妳在這裡兒休息兩天。」說話的人，態度誠懇，「下星期一？今天是星期六，那不是很快！我就可以回去了嗎？你們要來接我呀！謝謝你們的三個月的照顧……你們一定要來呀！」我哭了！我把「他們」視為「家人」，一剎那，竟然忘了他們那齜牙咧嘴，窮凶極惡的逼供嘴臉。

「一定！一定！下星期一，一定接妳『回去』！安心吧！」

他們的汽車開走了。一位沒執槍的衛兵轉彎抹角地先送我到一個地方，像是一個走廊，有一位女士坐在那兒。在柵欄裡面，有許多女人們擠作一團向外看，並且嘰嘰咕咕的說：「來了……真的來了……真的匪諜來了……」

「不要說話！回裡面去！」那位女士，向她們喊叫，她們大笑著退到遠一點的地方，我聽見有孩子哭的聲音。

「請妳把手銬……」那位女士命令我，把我剛從調查局領回來的手銬、耳環、戒指交給她。

「不用了，我星期一就回去。」忽然聽到那些女人們一陣大笑。後來坐牢日子久了，獄友們告訴我說：「這個地方，進來容易，要『出去』可就難了」！

「這是規定，星期一，我就歸還給妳，暫時收管。」

「這是規定」，在遵守規定以後，我被送進柵欄以內。

那位女士，叫一個背著孩子的小女人，交給我一床毯子，一個藍色塑膠盆，一個塑膠湯匙，告訴我這是餐具。指定一間小屋，晚上跟他們睡。兩個榻榻米的小房間，睡四個大女人還加一個小孩。一床軍毯，睡在地板上，雖然台灣的九月的天氣還是夏天的氣候，可是夜裡還覺得冷。我的頭部，擠靠在地板的便池旁邊，第二天早晨，卻用便池裡的沖水洗漱，這真教我是開了眼界，沒坐過牢，沒有監獄常識。不過，「星期一」，我就「回去」了，這點罪算得了什麼？何況星期日，我從一位秀麗的小姐手上，借到一本小說，書名是《愛的尋覓》（大概是這個書名，年代久遠記不清了。可是書內的故事記得清楚），是敘述最早美國舞蹈家鄧肯首創赤足跳舞，情愛和她的舞蹈藝術是她的生命。但是她的藝術生命卻被纏在她脖子上的絲巾纏死。等看完書，覺得心神暢快，便和另一位中年婦人交談。這裡的女人們稱她是范奶奶，每在午餐時，她便敲著飯盆，向著一方空間呼喊：「Darling，你好嗎？好好吃飯呀！」她的聲音細細的，溫柔的叫人心疼。

「她的先生在男監，他們是在調查局做事的。」背孩子的小女人偷偷告訴我，他們已經被關了三年，還沒有「開過庭」。那個小女人名叫「小珠」，是竊取軍車汽油犯，在這兒關著的其他胖胖瘦瘦的女人們，大多是偷軍油，偷軍用電線，還有是教過日語的老師，都是台灣人。另外那位秀美的小姐，姓王，是大學生，為什麼也被關進來？聽說是和些大學生們寫文章、開會……等等罪名。

星期一，調查局的人沒來接我，我、王小姐、范奶奶、另一位汽油犯，移居樓上監房，四個人一間，寬敞多了。我尚不知所謂「政治犯」未來會遭遇到那些待遇，不知大難來臨，還教給她們跳民族舞，笑聲敞亮，卻遭到一位面目猙獰的女士呼斥：「不要笑！不要跳！在這裡還要出風頭！什麼名人，討厭！死到臨頭了，還笑！」

後來，知道她姓「黨」，那位接辦我進獄的姓「賀」，本姓「李」，是一位有人性有同情心的女監管理員。我們女囚人們，尊稱她們倆是「黨太太」和「賀太太」。

星期一，那位黨太太催促我下樓，說是「開庭」，我不懂什麼是「開庭」？反正有衛兵監護我，他叫我去那兒，我就得去那兒，這一段路是「衛兵」最權威。

進了一個地方，看見去調查局審問我的那個胖男人，坐在那兒，仍然穿白夏威夷衫，他問我：

「妳演過街頭劇《放下你的鞭子》，是嗎？」

「我演過，那是在抗戰時期，打日本鬼子抗日宣傳劇。」

「那是共產黨編的，宣傳共匪毒素……」

「不是，不是！那是抗戰宣傳，是演東三省淪陷，日本人侵佔東三省以後……」

「帶她回去！」胖子不等我說完，命令衛兵帶我回牢房。

後來知道，胖子是檢察官，是負責起訴我的「官」，他的大名是嚴春輝。這一趟出牢房名為「收押庭」，就是說，從那天起，我就是名正言順的「女囚犯」了。奇怪的是，在軍法處監獄，他只演過一次開庭戲，以後再也沒見過他，他很胖，我「掛心」他，是不是突發心臟病死了？還是精神錯亂了？聽說，有好多「法官」，因為判案不公冤死了人良心不安，感覺日夜被冤魂纏繞而得了精神病。

「星期一！星期一……」，在中廣工作時，常聽同事小董，每天哼哼著「Sunday…everyday is happy Sunday……」我現在起，每天都唸著：「星期一，星期一，每個星期一，不是happy day……」

在獄中，日積累月過了近十年的許多星期一以後，才得到那一個星期一，真是快樂日，出獄。

可是，我的青春年華已在獄中被腐蝕掉了

一九六八年入獄，一九七七年減刑三分之一獲得自由。

我在「仁愛莊」的日子[1]

——一九七二年九月至一九七七年十月

生命，隨著客觀環境的運轉而變；如果，整個都在變，我仍然以為自己未變，那就已經是瘋子了！一年年過去，我希望官司盡快結束，法官們能主持正義，裁定我清白無罪，恢復我的自由。從被判徒刑始，我就盼著特赦，大赦……我用「快樂」支持我的生命，用主的言語，來充實我的理智，用愛心維護我的情感，因為我不能使自己崩潰，所以至今，我仍然清醒未變成瘋子——雖然我的冤案確能使我變成瘋子，那正是誣害我的那一群小人們所希望的，那就是「死」無對證了。瘋和死是一樣的。

一年又一年過去了，我活著，我活得健康快樂，因為我心中無罪。我期待我的生命重新發光！但是，我不知道，明天，我的命運又隨著客觀環境的變遷，會又運轉到何處？

在軍法處被關了四年以後，我被通知移居另一個拘禁「政治犯」的園地，它叫「仁愛莊」，從前叫生產教育所，是所思想感訓的學校：女性不去火燒島坐牢；在島上長期服刑的男性們，則在刑期的最後一年，從島上解回到這個地方，使他們能漸漸適應「人間的生活」，享受一些人性的尊

[1] 《崔小萍回憶錄》中未收錄的一章，現在我把它放在《碎夢集》中。

嚴。在這兒雖然是軍事管理、上課受訓，但不被整日鎖閉在暗無天日的獄房裡，在有限度的自由裡，使被冤的「無犯」之人，感覺到生命還有光彩。「仁愛莊」裡，的確有仁愛，在這兒跟親人會面，不限在用電話傳達，星期日從上午開放到下午，有孩子的母親，還可以允許讓孩子和媽媽住一夜，能和親友們自由談話，沒有人在旁邊監聽……。在沒來該所之前，我曾向看守所所長表示我堅決不去「生教所」（從前的名字），他們勸我說該所「好處多多」，最好的事是天天呼吸新鮮空氣，用不著限時間「放風」！我拒絕來該地的原因是，在這兒的「教官」，大多是我從前的「同事」們，我不願再做學生。最後，還是到「仁愛莊」來了，因為我有十四年的刑期，如果一直被鎖閉在牢房裡，萬一發生了其他不幸，他們是要負責任的，我還算是有「名」的人物，總不敢馬馬虎虎把我棄屍曠野吧？

於是，就在民國六十一年九月十八日，「九一八」第四十一個國恥日，「商老師」和我被送到土城清水村的仁愛莊，正式享受「仁愛莊」的生活。

「仁愛莊」的庭園設計很美：「介壽亭」下臨荷花湖、湖邊是生長茂盛的垂柳，隨風飄舞，坐在湖邊賞景，很像回到杭州西湖。彎彎的拱橋下是流水潺潺，到處可見的花圃，春天來時是萬紫千紅，尤其是那一大片綠草如茵的大草坪，像給了被拘禁的受刑人們精神上的一種「解放」（從前，誰說到這個名詞時，起碼得坐十幾年牢，說不定還被判死刑呢？），我現在寫到這兩個字時，還有餘悸在心，但是我的學生們，帶著他們的孩子來和我面會時，他們在草坪上歡跳，打滾兒，他們摟著我的腿說：「太老師，妳住在這兒好好哇！我們不回家，跟妳一起住好嗎？」

唉！天真的孩子們，他們怎麼會懂圍牆上的鐵絲網與厚重的大鐵門的意義！他們更不明白，太老師想回家卻是無翅難飛呀！

孩子們哭喊著不願離去，他們的父母哄著他們說：「我們下次來給太老師過生日好嗎？送個大蛋糕！」

「太老師再見！再見！」望著他們歡天喜地的走出那個大鐵門。

我不知道，我在這個莊上將度過多少生日？

* * *

「九一八」國恥紀念日，當我童年時時聽大人們說，就在這一天，日本帝國主義侵佔了東三省。當天，我還記得有飛機撒傳單；就在它四十一週年時，我走進了仁愛莊。那天是星期一，他們正在大禮堂開週會，剛好散會，大批的學員湧出來看我這個「新」學員（「受刑人」在這兒稱作「學員」），久仰崔小萍之大名，但從沒見過「真人是何模樣」，有的男學員竟直呼：「崔學員，您好！委屈了！」他們知道我名字的人太多，但我卻不認識他們，前些時被移送來的姐妹們，再次的擁抱流淚，慶幸我們還能「活」著再見。

這間大禮堂，是我們聚會的地方，外面請來的康樂隊表演，也在這個禮堂內。我曾做他們「專屬」「特殊」的評審和指導。從前，我曾是三軍康樂隊競賽的評審，如今，我有權坐在第一排的位子上，用筆記他們表演的優缺點，我還被允許「自由」到後台跟他們打招呼，他們其中有些是我教過的學生。在星期日的「主日」，有一位「明長老」在這裡領會做崇拜，他是男學員的訓導員。以後，我在所裡所指導的康樂活動，歌、舞、戲，的表演，也都在這個大禮堂內的舞台上進行。

老將軍的呼聲聽不見了

當我被拘禁在軍法處監獄對被誣告為「匪諜」案上訴時（時為一九六八年），總是聽見樓下監房，有一個大喉嚨在狂喊：「我犯了什麼罪？我有罪嗎？我被關了五年了，罪名是什麼？」

「你們這些調查局的兔崽子們，無法無天，為了辦案獎金，升官發財，你們無法無天！」

監獄的男管理員大聲的罵他：「不要吵！你再鬧，不聽話，就送你去綠島！」

「綠島？那是日本人從前關台灣人犯罪的地方，我沒犯法為什麼關我四五年不開庭？我沒犯罪，為什麼關我？為什麼？」

「為什麼？我們管不了，你去問法官呀！」值班的看守班長回答他。

「你們都是狗！仗勢欺人！我沒犯法！法律的公平在哪裡？在哪裡？」隔了幾天，樓下喊冤的人，忽然沒有了聲音。

聽說，那個人是位將軍級軍官，那個人被移送綠島監禁，我在想，他的案子開過庭了嗎？未審就判。在當年，國民黨執政，白色恐怖時期未審先關，先關幾年再判的案例是家常便飯。多少無辜的人喪命，在九泉之下，他們一定也要問：「我犯罪了嗎？」

綠島，古早時，日本軍佔領時期叫「火燒島」，是在台灣台東附近四面環海的一個小島，一面是大山，被送到那裡的所謂「犯人」，大多是無緣再返台灣本島，是生是死誰也不會去追問。當年，日本人對於小偷流氓之流懲以砍手、受惡刑，然後送去火燒島永不見天日，日軍謊稱「被統治的台灣人民都是夜不閉戶，生活很好，治安很好。」根據史料記載，當年，除了依附日軍的台灣人「皇民」還有「國語家庭」（講日本語）能夠吃香喝辣的以外，多數台灣人只有吃水煮的番薯簽哪！

生命的光輝[一]

「在歷史最黑暗的時代，它給我們一種希望，它給我們一種鼓勵，支持我們為保衛人之尊嚴而勇敢奮鬥。能挨過一切的苦難而生存，不被折磨死——要做見證，要做見證，要戰鬥下去！」

獄中讀書，記此警語，台灣從二〇〇四年至二〇〇五年間是台灣的政黨鬥爭期，領導者只看重選票，沒有治國之策，道德淪喪，人性敗毀，無法民主，暴民變成「強者」，司法被政治軟禁。因此，失業、憂鬱症者、跳樓、炭燒、瓦斯爆炸自殺者，每日都是新聞中的舊聞，做人的尊嚴，已被執政者埋葬。

「我寧為灰燼，不為塵土，寧隨烈燄燦爛，一炬而滅，不願為枯草腐木窒息而死。」這是美國作家傑克倫敦（Jack London）書中的精句。

「人為的危害，大於自然的危害，因為它毀滅人的尊嚴。」這是崔小萍著《天鵝悲歌》書中感言自選。

一　艾力克．雷馬克（Erich Maria Remarque, 1898-1970）的著作《生命的光輝》（The Spark of Life, 1952），描寫二次大戰時，德集中營「凌虐」美國官兵的紀實。

屁話連篇

我的腸胃向來敏感，吃下食物如有不適，不是「下氣通」（放屁也），便是瀉肚子，連跑幾次洗手間，花啦啦一瀉千里，便會全身舒暢。

想起下氣通，就記起我在監牢裡和軍法處打官司期間，和我同屋牢友「范大嫂」同放「狗臭屁」的故事。

在國民黨統治時期，被調查局捕捉的「所謂政治犯」很多，先捉先關，然後變通罪名移送軍法處獨立審判，匆匆結案，有無犯罪證據不是重要關鍵，軍法官的「心判」，能使所謂「政治犯」或是「正式匪諜」送去火燒島監獄（現改稱綠島）長期拘禁。該島地近台灣台東，是四面環水一小島，一面靠山，要想越獄的囚犯，只有死路一條。過去，日本人佔領台灣五十年期間，凡是犯偷竊（砍斷雙手）、流氓等人，皆送火燒島服刑。因此，日本佔領軍揚言「台灣人當年，夜不閉戶，沒有偷盜事件發生。」

綠島監獄早年也有「女政治犯」拘禁，因為女性犯人的病症多，或者懷孕、疾病等問題無法及時治療而喪命者眾，據說當年，有一執法者建議「女監」移返台灣本土，設一工作場所，定名為「生教所」，進行思想改造，後改稱為「仁愛莊」。當我在軍法處罪刑定案後，也被移至該地點被「仁愛」、「感化」教育了五年之久。否則如去火燒島監禁十年，崔小萍之老命早已嗚呼哀哉，不為人知了。

每說到監禁，思想飛馳，還是拉回來，話歸正題：說屁話吧！

那時我在軍法處軍監關禁四年，同屋的「女囚」，是一位面貌美麗的中年婦人，女監的女囚們，都叫她「范奶奶」，我稱她「范大嫂」。她的來歷非淺，我將專文「紀念她」。（不知是否她還在世？）

我二人每時每秒悶坐在牢房，加上空氣惡劣，吃下去的食物不易消化，在地板上繞幾個圈兒散步，拍打腹部，便會下氣通。范大嫂的屁聲，是一衝上天「咚咚咚」，如大鼓小鼓。我的下氣通情勢軟弱，如「細水慢流」。每當腸胃「解放」下氣通時，誰也不害燥，誰也不臉紅，因為外面的世界裡的人，不知道我們是受的什麼罪，多放屁也有好處。

「我犯罪了嗎？」鐵窗鐵門，外面的人聽不到。

「喂！樓下的外役，送崔小姐吃的。」

有一天，女管理員從狗洞裡，送食物的小洞口，遞進來一碗狗肉，說是樓下的外役（品性良好者，被判刑後，在監房外工作的男囚）送的，我在這個軍監是「名人」！廣播劇導演是也。我的聽眾很多。（他們是罪犯嗎？）

這意外的盛餐，使范大嫂和我大快朵頤，不亦樂乎！但是卻引起腸胃的抗議，禁不住「鼓聲咚咚」，「細水慢流」互爭高下，引得我倆開懷大笑！從被關後，沒如此大笑過！范大嫂，我跟她同住時，她已被關了三年，她的丈夫被關在男監，都是調查局的有名幹部呢？

隔壁監房的女人們，奇怪我們為什麼這麼快樂？是被無罪開釋了嗎？各監房的女人們大聲的詢問：「無罪釋放嗎？」

「要出獄了嗎？不要忘了我們呀！」

我跟范大嫂高聲宣告：「我們在說屁話！我們在放狗臭屁！」

一片笑聲，好像慶祝什麼節日。

「不要笑！你們瘋了嗎？不要大聲說話！不要唱歌！」女管理員敲打著每個牢房門怒吼！

「唉！我們在說屁話！我們在放狗臭屁也不准嗎？」

「不——准！」

女管理員的吼聲，像氣流般的，在女監的走廊裡撒野！在這裡，她是「女王」呀！無罪被釋放了嗎？

哼！屁話！

搓衣板

——記學生崔天如探監

「我沒用過洗衣機。」

「你用什麼洗衣裳？」他們很驚訝，現代人沒用過洗衣機！

朋友要指導我如何用洗衣機。

「你沒用過洗衣機？現代人不用洗衣機？真是笑話！」

我活在現代，但我是個「老土」，還是「山東」老土。當我剛出獄那一天，一個山東老土陪我購買日常用品，為了洗衣方便，就順便買了這塊「搓衣板」。從前的人，不是用搓衣板，就是用「棒槌」洗衣，像現今，在大陸的蘇州河邊，還能看見許多婦女在河邊用棒槌搥衣洗衣裳。

我這塊洗衣板，說起來是很有歷史了。十年冤獄，一九七七年獲得自由，學生崔天如陪我在街上「自由」的購物，距今二〇〇六年五月，這塊搓衣板為我效力也已過去二十九個年月。因為我是「獨居老人」生活簡單，衣衫也簡單，也不穿名牌，厚質料的衣物送去「自助洗衣房」，老板為我服務，也不用（我也不會）我自己操作，單薄料子的，洗完澡，用手搓搓揉揉也就「清潔溜溜」了。稍大一些的，當然是這塊搓衣板為我效勞。

每當用它洗衣時，就想起那個山東老土「崔天如」，他曾是牧師之子，是我在政工幹校戲劇系所教的學生之一。畢業後，他沒變成有頭有臉的高足，只有在軍中康樂隊中混飯吃，退役後，結了一次婚，生了一兒一女，因為山東籍丈母娘嫌他沒出息，逼著他們離婚。事業跟婚姻都不如意，精神有些恍惚不定……很久沒有他的消息，聽說他「死了」。

因為他退伍後沒有「正業」，探監不受登記身份的顧忌，敢去監獄探訪；我出獄時，接我出獄，陪我購物。重要的，買了我們北方人習慣用的這塊搓衣板。

「老師……老師……怎麼會？」他哭了。一把鼻涕一捧熱淚。

我記得他去看我時，在隔著那塊玻璃那一面，崔天如哭得淚如雨下，說不出話來。

「崔天如！別哭！別哭！你最近好嗎？你家裡好嗎？」我不知道他已經是「妻離子散」。

「老師！我不相信！謠言說妳……」

「就請仁者見仁，智者見智吧！這種被冤枉的事兒誰說得清呢？你相信老師是清白的就好了！別哭了！擦乾眼淚，別讓人家笑話你大男人這麼愛哭！」

「老師！妳在牢裡需要什麼告訴我，我雖然還在『失業』，但是小東小西，我還有零錢可以買……」這個山東人破涕為笑！這是敢於探監的第一名山東老鄉。好像他也是在濟南府出生的吧？

二十幾年歲月的冷水熱水的磨搓，洗衣板，仍如山東人性格的一般堅強，不畏強權，忍辱負重，活著為眾多受屈的人們做見証。在主的恩典中，活得喜樂，活得有力量。有朋友來電話問：「請問崔小萍在嗎？」

「當然在，還活著！」雙方哈哈大笑！

天如在天國一定也放心崔老師「活」得很「好」。

「補償」能贖罪嗎？

幾年前，我曾經收到裝訂成冊的一批文件，看封面的英文地址應該是居住在美國加州的人士寄來的，當我翻閱文件內容時，驚訝的發現竟是印著「台灣警備總司令部」的判決書。大印蓋在「判決書」的三個大字上面，像如此的「判決書」，在白色恐怖時期受難的人們都不會陌生。另外有兩個用鉛筆寫的「初審」的字，內容是記著有一個人的犯案詳情，最後是寫明：

四：「本案受裁判人童尚經，初覆判死刑確定，並於民國六十一年八月二十六日執行死刑。」

在當年，凡是被捕的「人」，都被認為是「匪諜」，但沒有證據証明，不是被槍斃，就是判重刑，我還不是在初判為「無期徒刑」嗎？那時的調查局的好漢們一句口頭禪：「有的人，在娘胎裡就是共產黨。」「冤枉你？冤枉你也不過一次！」

他們輕輕鬆鬆的「一」次，就讓「直」著走進調查局的人將來「橫」著出去了。

我再翻閱這些文件，才知道他是一位新聞界的工作者。當年，被捕的新聞界工作者很多，有的被判死刑，有的被送往綠島（火燒島，從前，日本佔領台灣時，懲治台灣人與原住民都會送去該島，再回到「台灣」的希望渺茫）。我記得有一位《新生報》的女記者名沈嫄璋者，在調查局受不了「極刑」逼供而上吊身亡。她的女兒曾是我的學生。想不到這位「童」先生，是《新生報》的副刊編輯。他為什麼被捕？為什麼被槍決？在判決書中的理由「很多」。軍法官們判別人的罪，「理由」當然很多。

再翻過一頁，像是影印的一篇短文：

> 天破曉時，我被一陣驚懼的哭聲驚醒，我以為是誰在做惡夢。聽見雞叫第一聲，接著我聽見腳鍊嘩啦的從窗急速的響過，押區的小門，被人輕輕的關上。然後傳來鐵器砸去腳鍊的聲音，汽車發動，跟著聲音遠去……一切歸於靜寂。
>
> 我在胸前劃著「十」字，為這個不相識的人，向上帝祈求，請帶領他的靈魂進入天國……我全身筋肉抽縮腹痛（當我神經緊張時就會如此），跟著是腹瀉。約半小時後，又聽到馬士官長的聲音（大概是查點剛被執行死刑者的衣物），跟著房門砰然一聲關上……一個生命又結束了，他死得瞑目嗎？星期四他和他的家屬會過面嗎？據說凡是判決死刑的人，事前都不知道何時執行的，都是在天將亮時，突然而來的。我真佩服執刑人的身手矯捷，因為除了腳鍊的聲音，我聽不見其他人的腳步聲和任何話語。奇怪？被架出去受死的人，怎麼會只有最初的一聲驚呼，然後會一點聲音都沒有，他們是用什麼方法控制的？
>
> 這是我第一次（來此近四個半年）清楚的聽見一個生命，就這樣走出他的塵世。刑場不知在何處？否則我會聽見槍聲。是這樣迅速，「半個小時」便結束了一切！榮譽，愛情，仇恨，什麼都消逝了。

今天是星期六，有一家要辦喪事，不是愉快的週末，父母，妻子，兒女，將哭成一團兒。下午，天忽陰，大點的雨珠急落，難道是老天為他哭嗎？希望他是個無親屬的孤獨人……

八月三十日　星期三。我這一個星期比那一個星期過去的都慢（自從我被監禁以後），也許是真正聽清楚死神的腳步，聽到它去敲開那個不幸者腳鍊的聲音，給我的刺激太多，使我的歲月也將停止。散步時間，再沒聽到那種北方漢子豪放的笑聲和腳鍊的伴奏，從前曾從風裡傳過來。

現在，一切都已靜止，死神取去了他的一切，日久天長，連他的家人也將忘記他。

看完這篇「日記」，似曾相識！忽然領悟！這不是我寫的日記嗎？那一年我上訴得到覆判，徒刑「十四年」。十四年的日子不算短，看守所所長以為久住牢房，也不合適，計劃把我安排在前院辦公室，做登記來往信件的工作，於是把我從後樓的牢房移居到前樓獄室。這邊的樓接近男性囚房，天窗上望，可以看見太陽，從房根通氣孔的小鐵窗，可以俯瞰下面的院子，那是男囚散步的所在。有一次，我向下看院中的男囚散步，有一個年輕人，鎖著腳鐐跑步，並還邊跑邊笑，其他人都默默無語，在這個牢房能聽見那些大學生們高唱《松花江上》，哭叫「爹娘啊」的聲音有些淒厲，他們唱著：「什麼時候才能回到那可愛的家鄉？」他們唱《夜半歌聲》：「娘啊！我像小鳥兒一樣回不了家……」他們這些年輕的孩子到底犯了什麼罪？在這間牢房，我能聽到獄卒們說話和打囚人的聲音，尤其在夜深人靜時，更能聽得清清楚楚。但是我住該牢房的「好景不長」，因為他們改變我出外工作的計畫，仍「請」我移住後樓的六十號牢房（這間獄室竟掛「崔小萍」名牌成了參觀民眾的景點之一），仍和范大嫂同居。反正，在這兒是沒有「自由」和「尊嚴」的，「他們」對「我」已經很禮遇了，誰叫他們都是聽「崔小萍」的廣播劇長大的呢？

可是，在這些文件中，為什麼把我的兩段日記印出來？我看到後頁一篇短箋才明白，它是這樣寫的：

崔小萍女士，容我在此向妳致謝致敬。

妳與我們全家素昧平生，而在那最後的一刻，除了執行送我爸爸上死路的人之外，人間只有妳，聽到了他的哭聲，為他祈禱。

只有妳，知悉這時發生的事，只有妳，為這個不相識的人以及他的家人設身處地去想。

那個下午，天忽陰，大點的雨珠急落，妳在牢籠中想著難道是老天為他哭嗎？我們正在牆外邊，等待媽媽領取爸爸的遺言、遺物與「掩埋證明書」。

那個星期四，哥哥因肝炎住院而沒去。從軍校返家度假的二表弟終獲機會，在我之後見到爸爸，成了「三姑父」最後見到的一個親人。

爸爸是南方人，但豪放的笑聲確如北方漢子，他曾在夜深看稿疲憊之際，在我家一間樑木斜倚，正在加建的新房間裡，唱起「夜半歌聲」，他的聲音是那麼宏亮有情，那麼動人心弦，一如他的關懷，他的熱誠，他的文筆……

死神取走的只是他的一切有形的東西，日久天長，幸而，他的家人，親友，與幾萬個讀者，投稿的人，以及收到過這個素昧平生「老編」信函的人，都沒有忘記他。

衷心感謝妳的善心，關懷與祈禱……

希望你們是台灣最後的，被政治判刑，而非被法律判刑的人。

這是一個女兒記下來的，因為她在美國買了我的《獄中記》（上、下兩冊），當她父親被執行槍決那個夜裡，正是我所記的時間……民國六十一年八月二十六日下午，大雨中，他們家屬在「景美看守所」高牆外，等著領取他爸爸的遺物、遺體。他們爸爸的遺言說：

我的女兒非常好，我的兒子也很好，請告訴我太太好好照顧他們，要他們聽媽媽的話，孝順媽媽……（小南筆記）

童尚經的女兒童小南是如此記著他父親的遺言，他們等待二審覆判，但是在初審判決死刑後，不通知家人二審結果之情形下執行；童小南記寫「是在清晨五點左右」，恰好是我被驚醒的時間。

在這些文件中，大多是敘述他們對童先生營救與辯論等，但最後終究不能贏得被判死囚生命，一紙「掩埋證明書」，一個人，曾經有多少輝煌的過去，也抵這小小的一張塗滿劊子手的「一」滴血跡了。小南記得去領屍體時，看見「他」的臉上有三個彈孔。

這文件的最後一頁是他們的「申請書」——「戒嚴時期不當判亂暨匪諜審判案件受裁判者補償金申請書」，他們在美國的家屬申請的時間是「民國八十八年七月九日」（申請書上的日期）。按補償的規定，是被判刑多少年，坐牢多少年，以「時間」的多寡給多少補償金，被判死刑的人，都是以「六百萬台幣」給付。

我想，童小南和她的母親和哥哥，應該領到「台幣六百萬元」，但是，這六百萬元能補償一個冤案的審定？一個家庭的悲痛、破碎，清譽的侮辱嗎？能糾正軍事審判的「不法」嗎？

在國民黨統治的時期，在白色恐怖時間，「錯殺一百，也不放過一個」的情治單位辦案方法，屈死的冤魂太多了啊！無法彌補這傷痕，我們受難的人不能「忘記」，只是不去「想它」，因為它太刺心。

我也因申請經過審查，得到了一些「金錢」的補償，這對我很重要，因為我現在是個「無業遊民」，必須依靠這些「錢」做我的生活費，仍然得感謝統治階層的善心吧！

童小南小姐，想必現在已是個母親，忘記仇恨吧，不必再去計較「誰是誰非」，聖經裡不是說：「愛能遮掩一切過錯」嗎？（箴言十章十二節）

我在寫這篇「記錄」時，忽然又落起了大雨，神阿！請憐憫我們，多賜我們喜樂，抹去我們哀傷的眼淚吧！

二〇〇八年五月二十日，國民黨重掌台灣政局。

崔小萍已八十六歲。幸存。

二〇〇九年二月，童小南突然從美國來電話，我奇怪她怎麼知道我的電話號碼，原來她認識我在洛杉磯的一位高足。

重閱這些稿子，都會熱淚不斷，小南告訴我，她的一兒一女都讀大學了！神，愛他們！

「日記」也犯罪

翻閱數年前殘破的舊日記本，那上面記載著我許多童年、少年、中年、老年的點點滴滴，有淚水模糊了字跡，多少往事，在那張張發黃的紙頁間，喚起許多過往的歡樂和憂愁。這些日記本上，也留下了那些調查局劊子手們的手印！他們在我每年，每天，他們認為有疑問的，可做為罪證的文句前都貼上了標籤，然後便「斷章取義，張冠李戴」，從小我就有寫日記的習慣，所以，一九三七年的孩子時代的日記，經過半個世紀後，我還帶在身邊，當調查局抄去我所有的日記後，再偽造些我的不法的行為，以證實他們逮捕我沒有錯誤，而判我「企圖顛覆政府」的罪名，幾十本日記，在判刑確定後，經再三的請求，託有關朋友，索回了數本。有幾本在大陸流亡時期的已無踪影，更可恨的是兩大冊的生活相本，他們說：「找不著了，或者已經燒毀！」多麼殘酷的回答！

現在立意寫崔小萍的回憶錄，多少往事，要從那些墨水已褪色的字裡行間去尋了。

冤獄誤我一生

冤獄剩餘的日子——得知減刑消息之後

在獲得「真」自由之前，在「仁愛莊」裡，仍然要正常的度過來日還多的「學生生活」。（仁愛莊，感訓學校，像「學生」）

參加歌詠比賽後，我的氣喘病就犯了，也許情緒受到影響，得了第三名。評審說我太緊張。我想，這是受少女時於抗戰時期，和榮子、蝶子姊妹生活在一起，她們一個是女中音，一個是花腔女高音，她們有好老師——罕西隨時訓練她們，我的聲音雖好，但是「怯場」，不敢面對她們擔任獨唱，以致於落下了病根兒——「怯場」。

乒乓球比賽，我這個康樂主委要親自下場做表率。臨陣磨槍，每日下課後，練打一小時，八月秋老虎練的滿身臭汗，帶著幾個「代管」的女孩子，練得很起勁。她們跟我開玩笑，「大胆」的喊我「老崔」、「老大」、「崔公」，正式喊我是「崔阿姨」。她們喜歡我同時也討厭我管教她們太嚴。跟男生班比賽，當然敗下陣來。

貓媽媽咪咪，又生產一雙胞胎，一黑一白（泰國貓幼貓時是白色）。

音樂課時，小老師遲到，一位白髮的囚人，男生，坐在鋼琴前，撫弄琴鍵，彈一些老調：《甜蜜的家庭》，眼睛茫然的望著前面，有多少回憶在琴聲裡？過去自己的前途，老去的青春？家園？妻子兒女？多少冤？多少愁？唉……問君能有多少恨，恰似一江春水向東流啊？

有六、七位少壯派，今天結訓出獄，他們是大學生。

不自由的戀愛，囚犯的戀愛，只能用一雙痛苦的眼睛，默默的祝福，不能公開說一句互相安慰的話，不敢握握手說一句再見，「他們」出獄後能結合嗎？

寢室前，有三株鳳凰樹，上有綠葉，沒有紅花，每天落葉滿地。

我在看包若望口述，一個記者執筆的《毛澤東的囚徒》。

像什麼事都沒發生過似的，我還是個孩子，沒有戰爭，沒有黨派鬥爭，我沒有坐牢，我也沒在仁愛莊再做學生，我的光明前途並沒失去……

但是，一切，已不是過去；但是，必須過去。

我像是在海邊，有陽光和沙灘，一層層的浪湧向岸邊。

我站在海水裡，寬邊的大草帽，擋著陽光，手中揑著一條紗巾，使它隨風飄揚，抑著臉，張著嘴，吸一口帶鹹味的空氣。生長在大陸上的孩子，沒見過海，現在來到台灣，正像飄洋過海，像是來到國外。民國三十六年時的台灣，還沒脫離日本人統治時的氣味。

抗戰八年，沒逃過難，沒看見過「日本兵」，完成了學業，為追尋一個不完整的愛，跟隨一個劇團來到台灣，苦難過去，卻又遭到冤獄之災。

海，已看過不少次了，站在沙灘上的那個長髮姑娘，如今已是五十幾歲的老女人了，那時稚嫩紅潤的臉色已不復見，一雙無邪的大眼睛，已經矇矓。

在最近，走到終站的朋友很多。

體育博士郝更生先生，被汽車撞傷，在十二日晚逝世，他原諒了撞傷他的人，當我去板橋藝專授課時，我們常在校車上碰面。

李曼瑰教授，死於肝癌，享年七十歲，她算是「師」輩，抗戰勝利後，她曾在國立劇專教課，那時我已畢業。

楊澄，台製廠編導，死於腸癌。

章翠鳳，京韻大鼓之后，由大陸來台，我在錄製《藍與黑》小說選播時，書中一段「說三國」，曾請她演唱。那時我的薪水只三四百元新台幣，為尊敬她的成就，我送她節目費七百元，只是兩三分鐘的說唱。她因喉癌逝世；當年報紙曾報導說：「大鼓聲沉人已杳，獨留京韻付知音。」台灣當局從不重視傳統藝術的遺留，當然也不重視藝術家，她是貧病而死。

另外一位是世界歷史學家湯恩比（Arnold Joseph Toynbee, 1889-1975）博士，因病逝世享年八十六歲，他曾在《歷史研究》（A Study of History）最後幾冊中表示人類史實質上就是宗教史，他說：「宗教掌握了生存奧秘的樞紐」。

我在獄中七年裡，相繼去世的好友很多：蔣鍾琇、樂林、周藍萍、史伯母、魏景蒙的太太、梁寒操先生……

在我追憶這些往事時，正值一九九九走向千禧年二〇〇〇年之際，全世界慶祝二十一世紀的開始，我出獄後，我曾幾次去對岸探訪老友，每次都會感傷又「走」了多少，同學們、老師們、曹禺

（萬家寶）、張駿祥、黃佐臨……在廣州時，同學們主編的《南雁通訊》上，每次都是「訃文」的音訊，我們的「師」輩能存在的是太少了。

在二〇〇〇年千禧年，元旦日。

中華民國八十九年一月一日。

翻閱舊稿，覺得該篇，還應該算是「碎夢」一頁吧？

台灣人權景美園區
——政治犯的舊監獄

因為「二劉」探聽一位早年失聯的初中同學的原因，我能再見到那位醫生——中統，那時我們都被監禁在一個監獄裡，他曾在日本學醫，返台結婚，蜜月中，洞房當成監獄，說他是「獨」。我是他的長期病人（先被禁四年多，在解送「仁愛莊」之前），我被戴上「紅」帽子，說我是「匪諜」。冤氣、激怒，使我的「氣喘」加重。因此，在監禁中，經常被女監管理員「帶」著我去找他看病。他很幽默達觀，雖然被判十五年，（後來減為十年出獄）。我開玩笑的稱呼他是「陳總統」，有的人對「總」、「中」二字發音不清。那天他介紹我去看一個地方——在一九六八年六月，我被關閉的那個監獄，說是「軍法處」。當年，我只知道，那是國民黨白色恐怖時期關閉所謂政治犯的監獄。二〇〇〇年，陳水扁執政，國民黨敗選，在二〇〇七年，十二月十二日，世界人權自由日，他把這個監獄改稱為「台灣人權景美園區」。那天，「二劉」開車，我們去拜訪了這個監獄——我是舊地重遊，看過女監，看過我曾和范大嫂同居過四年的牢房——現在是著名的「六十號」，「名人」崔小萍曾在此居住。鐵門外掛著牌子，上頭寫崔小萍、陳菊（她沒在此拘禁過）……。我曾在狹小的走廊「放風」散步、開庭、宣判……從這個鐵門內被管理員「押」著出去……那天，有一位年青的「志工」女士，向我們介紹在這兒拘禁過的「名人」！

這個「房間」，廣播公司的名導演崔小萍，曾在這兒住過四年。有關她的案情，聽說，她是跟一個演劇團體，從中國大陸，到台灣來演舞台劇。聽說，那個「團長」是共產黨！因此，法官說她也是共產黨，判了多年徒刑，後來減刑出獄，聽說，她已經「死」了……

如果，有人對著「你」說，「你」已經不在「人世」，你有什麼感想？我沒感想，因為謠言說我「已被正法槍斃了」！那時，我跟兩個高足「一劉」、「二劉」看著那位志工女士微笑，「一劉」說：「你看這位白髮的老美女是誰？」

那天，我穿了一件紫色閃亮的T恤，下穿白長褲。

「她是崔小萍！」

「啊……啊……」嚇倒了那位漂亮的女士，她瞪大了眼睛注視著我、看著我——她就是死去的崔小萍嗎？

哈……我們、大家都笑了，那位女士的先生也在此服務，忙著為我們拍照，作為紀念——紀念那位在此拘禁過的「廣播名人崔小萍」。

「二劉」在那兒拍了很多照片，在照片的背面，記上那一天是二〇〇八年的八月十三日是星期三。當然，崔小萍站在「六十號」牢門前留照紀念；牢房的房根處有一個可以在外開關的洞，從這兒送每天例行的飯食及囚人們的朋友送來的食物，我們稱它為狗洞。我常趴在牢房的地板上，對著這個狗洞呼吸一些牢房外的空氣。牢房外牆，還有一個小玻璃小窗口，但裡面卻是「放射」的視線，管理員能從這個小窗口，洞察囚人們在門內的一舉一動，就連我們「睡覺」，面部得朝著這個窗口。牢房的馬桶間，是建築在高台上，我曾站在馬桶上，可在牢房的「高窗」裡，望見外面的街道，記得一個雨天，我望見慈心的管理員賀太太為我買了棉花回來，因為我的「棉睡袍」的棉花已經在地板上磨擦的沒有了。我當年，曾站在馬桶上，對著隔壁牢房頂頭的一個「小洞」（可能是前人弄開的），向居住在那間房間的「商」，講我跟范大嫂吃狗肉，放狗臭屁的笑話。「大劉」重演那個囚人和外人，隔著鐵窗接見會面的情景。也拍了我們囚人在雨天，只能在牢房中間的走道上「放風」的情景。

我站在牢房中間，嘻嘻哈哈，張著雙手，好像向人介紹我在這個小窩裡，曾蜷伏了四年多的日子，曾爬在管理員給的大紙箱子上（當桌子），寫我的《獄中記》，那些道路，那層層的鐵門；我也曾在黑夜，聽見被執行囚人慘痛的呼喊！那些腳鍊的聲音，那些……一切像電影倒帶似的，在我眼前重演……那些驚恐、懼怕的陰影……；我也在「陳中統」獄醫的診療室前逗留，想起他慘痛的幽默。如今他跟他的患難妻，新婚妻「憲子」有一對漂亮的兒女，也跟著爸爸學醫，生活富裕。他還送了我一本書——《生命的關懷》，封面是他的大照片，書中提到許多囚人的故事，也提到崔案影響到「金」的牢獄之災。還有一張跟「阿扁」，憲子夫人的合照。

肉體是脆弱的，但生命是堅強的，我們都曾「走過死蔭的幽谷，我們不害怕，因為正義戰勝邪惡」，在基督耶穌的「登山寶訓」中說：

為義受逼迫的人有福了，因為天國是他們的，義人必被昭雪。

崔小萍定罪量刑——依據大法官解釋

二十年前的審判官呂達勇說：「在大陸參加過叛亂組織，來台未自首，主要證據是她的自白書。」

在中華民國七十八年一月十六日，星期一，《聯合報》發行的一張發黃的舊報紙上，登了核頭大的字，標題很能引人注意，讓人以為國民黨統治下的「白色恐怖時期」，調查局抓人判「匪諜」罪名又回來了呢！雖然時光變換已過去二十幾年，被加害的人，聽到「自白犯罪」，沒有「自首」，仍然會不寒而慄！引起這麼大新聞的記者訪問，是因我出書《崔小萍獄中記》，出版者是「耕者出版社」張桂越小姐。在警察電台主持「好家庭」的李文小姐的介紹，我結識了張小姐，她是一位有熱烈性格的女性，當年她服務於中華電視台擔任新聞記者，她對我遭害的往事很有「興趣」，於是由她出資出版了這兩本上、下兩集各三十幾萬字的《崔小萍獄中記》。很感謝「張」和「李」兩位朋友熱心為坐冤獄者出書，使社會人士明白受刑者，當年被「審判」，「判刑」的真象。那時是「軍法獨立審判」，「一法」獨大，不是軍人的老百姓，照樣在軍法處監獄囚禁，然後送「火燒島」囚禁二、三十年是小Case啦！我很幸運！那時所謂的女性政治犯者已不送火燒島，因為當年有一位王姓執法者，巡視該島時，發現囚女們有的懷孕，有的則患女人病，在四面環海的小島上等不到醫生救她們，於是建議女性「政治犯」不送往那個島，在審判過程中囚禁在軍法處監獄，定刑後再送往一個叫「仁愛莊」的感訓學校——這是一個很「可愛」的囚禁地方。住火燒島上的囚男們，在長期監禁剩最後一年時，被送進來「仁愛莊」，享受一年多的「自由生活」——不用被關閉在囚室中，可看報、看電影，每星期三還有小假期娛樂，使我們在有限制的「自由生活」後，能在出獄後面對多年囚禁後的「社會生活」。

我們很幸運，在「仁愛莊」時，我們穿上大學生制服，重做學生。我更幸運，如果當年就被送去「島」上，也許，我已命歸天堂。該島現稱「綠島」，那個大監獄已成為一個觀光勝地。如果我的身體健康情形好，我一定去島上看看，那面石板牆上，刻記著當年那麼多囚禁者的大名，很多……很多……著名文學家柏楊先生（已逝），也曾在那個島上被囚禁十二年後減刑出獄，我和他曾各自被囚禁在調查局小監獄中，他的散文集，我二十幾年的「日記」成了調查局人員的圖書館。資料圖書，是造成不自由意志下寫成的唯一罪證——自白書。當年軍法處的「法官」呂達勇不是說嗎？崔小萍定罪量刑，主要證據是她寫的「自白書」。

當年，任審判官的呂達勇很年輕，他在軍法學校畢業後不久，他算是「陪審法官」，在第二次覆判我十四年刑期，宣讀那份宣判書的人就是他，他的聲音顫抖，臉色發黃，也許，在他的「良心」上有些不安吧？他後來「也」做了律師。

我找出一九七〇年六月二十三日的日記。

第二次宣判。

罪名：企圖顛覆政府，著手實行！

罪刑：十四年有期徒刑，褫奪公權十年，家產除酌留其家屬必須生活費外沒收之。

午飯前，通知我聽候宣判。

太陽明亮，空氣新鮮，我穿一件綠底白花透紗洋裝，淺色高跟皮鞋，在這樣美好的天氣裡，我顯得青春活潑，像是去赴愛人的約會，心情愉快。

是在第二法庭宣判。我猜到是姓呂的法官和那個姓葉的書記官，兩個大孩子。呂法官宣讀判決書，聲音顫抖，他們兩人都面色蠟黃，也許對於如此不顧天良的裁判，良知還未泯，因此唸那些違背良心的裁判理由時，內心也不安吧？他們叫我在裁判書上簽名。

「我不簽名，你們的裁判不公平！」我未流淚，也沒心跳。……僵持很久，他們叫法警送我回牢房。

這是二〇〇一年六月五日，由「天下文化」為我出版的《天鵝悲歌》書中，聽呂達勇法官宣讀二次覆判裁判書的真實記載。我想在他「老年」接受記者訪問時已不會良心不安，因為違背良心的審判，相去已有二、三十個年月了！唉！

以下原文所抄錄的是《聯合報》記者卓亞雄訪問呂法官的問答：

今天將面世的《崔小萍獄中記》，以二十世紀大冤獄的感受總結她的十年牢獄生活；究竟當年的定罪量刑是否恰當，審理的警備總部軍法處是否冤枉了崔小萍，時隔二十年，本報記者費了一番功夫訪問到當年審判的承辦審判官及陪審審判官，他們認為審判崔案非常嚴謹。

呂達勇是崔小萍申請覆判的承辦審判官，軍法學校法律系第三期畢業，目前在台北執業律師。以下是訪問記錄。記者問，崔小萍即將發表獄中日記，對十年冤獄，認為是故意誣陷忠良，請解釋當時審理情形。

呂律師回答，崔小萍涉及叛亂主要懲治叛亂條例犯罪事實認定，曾經由大法官解釋，在大陸參加過叛亂組織，來台灣未向有關機關自首，即認定為繼續犯，在台灣如果沒有活動，情況就輕些，如果還有活動，不管是破壞道路，或是為匪宣傳，就可能觸犯了該條例「第二條一項」，當時類似的案子不少。（當年，凡是被捕的人都是以「二條一」法條判罪，因此，是造成幾萬人無一倖免。）

問：崔小萍涉嫌叛亂是單獨的案子，還是同一犯罪事實裡的一個人？

呂：我的記憶不太好，印象中是單獨的案子。

問：崔小萍三十六年就來台灣，調查單位五十七年才辦這個案子，是否已經過了二十年追訴時效？

呂：大法官對叛亂罪繼續犯曾做解釋，只要未去自首，就是繼續犯，即使過了二十年也要追訴。

問：為什麼初審判無期徒刑，覆判改判十四年？

呂：崔小萍的案子上級也很重視，後來考慮她參加的只是讀書會之類的外圍叛亂組織，加上她在社會上有名氣，也做了許多事，所以量刑減輕。

問：崔小萍定罪主要的是她的自白書，這樣的採證是否合適？

呂：當時審理崔案，確實較主要的證據是她的自白書。證人方面傳起來比較困難，不過因為大法官的解釋擺在那兒，加上也曾有類似的案子，所以同樣的採信自白書。

問：外界有個說法，說崔案是中國廣播公司的導播，也是她的密友趙剛一手導演舉發，是不是有這回事？

呂：印象裡趙剛確實常到拘留所看崔小萍，但是卷宗裡沒有什麼趙剛的記錄，感覺上他跟這個案子沒什麼關係。

問：崔小萍在接受審訊時的情形，是否還記得？

呂：印象中崔小萍表現得很堅強，一直否認涉嫌叛亂。

問：這個案子傳出來以後，社會上還講陸運濤的案子也是崔小萍做的，是個間諜案。

呂：整個案子是單純的曾參加叛亂組織來台未自首，沒有間諜活動，檢察官和調查局移來的資料，也和陸運濤空難扯不上關係。

記者也訪問到當年覆判時的陪審審判官方彭年，目前在桃園執行律師。

問：審查在案的證據，主要是自白書，你的印象，是不是有其他證據？

方：當然不可能只憑自白書就輕率的判她叛亂罪罪名的成立，當然還有人證、物證，很多人以為當時軍法審判，高興怎麼做，就怎樣做，其實軍法審判也是講求證據，不是亂來的。

問：幾位審判官決定她犯了叛亂罪，是不是做了討論？

方：崔小萍叛亂罪是事實相當明確，依照大法官對叛亂案的解釋，以及繼續犯，正在實行叛亂的行為的認定，都是白紙黑字擺在那兒，犯叛亂罪是一定的，當時審判官們也很仔細研究，把量刑從無期徒刑減為十四年，就是証明。

崔小萍出版《獄中記》，是由廣播界名主持人李文（右）和耕者出版社張桂越全力促成，李文說：「崔阿姨曾是她少年時期仰慕的對象，她踏入廣播界也是因崔阿姨的緣故」。更絕的是幾年前，崔小萍還打電話「指正」她在節目中咬字的錯誤，因為結緣，李文說：「我常覺得和崔阿姨相逢，都是冥冥之中安排的。」（在原稿上有一叫李文和我的照片：「廣播緣兩代情」一）。

在整版的聯合報版面上，大字標題——崔小萍說：「出書不是翻案，只希望不要把冤屈帶進棺材……」接受本報訪問（大標題）：K的傳聞不是真實的。

十年夢斷，只剩刻骨銘心的傷痛——《崔小萍獄中記》與「K的緣盡情了……」

一九八九年，我的《崔小萍獄中記》出書，在台北將要舉行的記者招待會還未舉行（當年我居住台中市），好友華宇一早就買了一份聯合報給我，大聲的喊著：「崔阿姨！全版登了妳的新聞！」

那時，高足王生是聯合報副刊編輯，一定是他搶新聞。可是，他從那兒弄到的書？反正新聞記者搶新聞頭條兒，總是有方法。

抄寫完了這份全文報導，我已老眼昏花視茫茫了。當年軍法審判，調查局供應被逼供寫成的自白書，他們裡應外合，被冤枉的被害人怎能脫罪？當年，以根據自白書判罪，當局瞪大眼睛說瞎話，我們被害者怎麼不被判罪？法官們會指著「自白書」大聲的喊：「那是你自己寫的呀？」唉……就像調查局的那些調查人員說：「冤枉你也不過一次！」唉……這「一次」，就把我們一生的清白，整個的事業，全部被污染，永不得翻身了！就算在「戒嚴時期不當叛亂暨匪諜審判案件補償案件補償基金會」重新審查，我們不是「匪諜」，我們不是「叛亂犯」，給我們一點補償金，給一張「恢復名譽證書」，能洗刷我們多少年牢獄的羞辱嗎？呂審判官、聶開國、孟廷杰，你們也都「老」了吧？

有一次，我接到一個電話，是一位操台語口音的女人說：「妳是崔小萍嗎？」

「我是。」

「妳是『匪諜』嗎？」

「我不是『匪諜』。」

唉……「冤案」已過去多少年，還接到這樣的電話，我還能說什麼？

阿呆不知大禍臨頭獄中還作新詩

民國五十七年（西元一九六八年）六月八日至九月七日，我被誣陷是共產黨徒，囚禁於三張犁司法行政部調查局偵訊室監獄達三個月之久後，移送軍法處監獄，正式起訴，崔小萍變成政治犯。

當我被調查局人員連續約談數次，每次都在二十四小時日夜審問。當時，我不明瞭「事態」嚴重，直到有一次，他們的主管說：「崔小姐，我們還有些事不明白，要請妳在這兒住兩天再回去。」

「那怎麼辦？我要去學校上課，中廣公司的節目要錄啊……」

「妳打個電話回去，請同事們暫時代班不就好了！在電話裡不要說別的話。」

我心裡想，就住兩天，請同事代班，請他們代打個電話去學校，代為請假，反正住兩天，把事情說清楚，免得一次一次的來調查局談話，太麻煩了。

傍晚，來了一位小姐，要檢查我的內衣，把胸衣的帶子也剪斷了，髮夾也取下來，給我一雙男人的拖鞋，把我的皮鞋收回去。

「你們為什麼這樣待我？我犯了什麼罪？」我憤怒地哭喊。

「崔小姐，別生氣，這是手續。過幾天妳不就回去了嗎？妳看，洗澡浴盆，也是為妳買的，在後面浴室洗漱完畢，班長送妳回住房。」

然後，我被送進後院的「小房間」——面積三個榻榻米大，兩個榻榻米是睡覺，靠鐵門是一塊地板，鐵門外是厚的藍布簾，裡外都不透光。在地板上還放了一個像「馬桶」似的瓷桶子。牆的最高處有一小鐵窗透空氣。

當我被推入這個小房間以後，我已疲累要死，躺在榻榻米上已昏然入睡。半夜，忽然感覺有一竹桿把我觸醒：「蓋上妳的風衣，不要受涼。」幸好我帶了一件風衣，否則無被無褥，雖然是夏天，夜深涼風，一定也很難過，後來方知那是個姓「張」的年輕班長，她似乎很照顧我，以後才明白，他原來是為那些調查員做情報，在無親無助中，也許我會「說實話」，對那他們要瞭解的事件，更深一層的把握證據吧？但是，我沒犯罪，我也沒加入過共產黨，他們要我承認什麼？

在這個小屋裡住了三個月，有一次被叫出去審訊，突然遇到作家柏楊先生，班長趕快把我藏到浴室裡，以免交換意見。在這個後院，就是監獄，約有五間房，有一間是班長的「辦公室」，我的住房緊靠他們的辦公室，這是為安全設防吧？唯一女囚，我獨居一室，其他男囚們，多是三、四人居一室，我不知幾個大男人怎麼在兩個榻榻米上睡覺？他們散步時，我從狗洞中偷看出去，穿拖鞋的「腳」都是白白的皮膚，我想都不是苦力人的腳板兒，都屬穿襪子登皮鞋的人物吧？

在這個小監獄裡，被囚三個月，我還不知「大禍臨頭」，還詩興大發，後來想想，我真是個天真的傻蛋！

鎖

三合土

我被凝固
凝固在此長方體之中
過去
在此死亡
未來不在此產生
一切停止。
被展示

像猴子跳不出這鐵檻之外。
似待烹調的龍蝦，捲臥於冰箱中。
我被拋進一個不可知世界裡
從此，它離我而去，
自由阿！自由？自由！
它在長方體之外！
木然，茫然，不知所以然？
我被凝固在這長方體之中。

想想自己的這段冤獄的禍患，覺得好笑。我怎麼是個政治犯？還被扣上「匪諜」的罪名。同在小監獄中不期而遇的柏楊，他被解往火燒島，判刑十二年。三十年後，中廣為我舉行「芳華再現」的慶祝會上，柏楊曾來祝賀致詞。

他已於二〇〇八年四月，以高齡六十八歲病逝。

囚室之春

——政治犯怎樣過年？

二〇〇〇年二月五日，是快過農曆年了吧？《歷史月刊》的主編，忽然約我寫一篇〈囚室之春——政治犯怎樣過年？〉，刊物的封面是黑色的，有一個像惡魔似的臉，露著兩隻惡毒的大眼睛，壓在內室裡的窗戶上。這個封面的設計者很有「巧思」，內容所敘述的大都是中國歷年來的「政治歷史」與「政治人物」，民進黨人坐牢寫稿的很多，我不懂政治，竟在國民黨統治時代，白色恐怖時期，被調查局掃進了監獄，糊糊塗塗的被戴上「政治人物」的冠冕，蹲了差不多十年的冤獄。也許，主編認為我是廣播界的「風雲人物」，寫一篇獄中過年，春節時分，讀者會有讀的興趣。可能，在我十年的拘禁之後，在世活著的老聽眾、老觀眾還在人世吧？讓他們追憶一下，「啊！崔小萍還沒死啊！」因為報紙上，謠言中，已宣佈我「已被槍決」，魂歸何處？但我寫的卻是「冤獄樂魂」，使主編嚇了一跳，會嗎？怎麼可能？版面上，黑框中，印著「冤獄樂魂專輯——崔小萍」。

我不是政治犯，愛搞政治自肥，且對它極度厭惡。連鬧學潮都沒參加過。我只是一個戲劇藝術工作者，為她曾吃苦耐勞，以「她」為我一生的志願！也是我生命中的最愛！在學校裡，編、導、演，我都能拿高分，這不是自吹自擂。但是，有一天調查局的人，為我編了一個差勁的劇本，撲朔迷離，霧煞煞，說是也不是，不是也是是，是也不是，你說真，他們說不是真，是真也不是真，真真假假也不是真。他們說：「求真求實，勿枉勿縱。」如此，把我編寫成一個「叛亂犯」角色，那就是說「人生如戲，戲如人生」；我只好揹起主的十字架，在監獄裡演了差不多十年。如果不是得到大赦，還不知道什麼時候才能演完哦？比美國「尤金奧尼爾」所寫的舞台劇《奇異的插曲》還長，坐牢，也是我生命旅程中的一首插曲吧！

*　*　*

編織成的紅帽子

在三、四次長夜二十四小時的審訊後，我被關進靠廁所的三個榻榻米大的房間，奇臭，蚊蠅齊飛。每日聽鐵栓門開關，即開鎖上鎖，這才明白古人說的「鋃鐺入獄」是真切的感受，我不知政治陷阱的可怕和殘酷，還天真的詩興大發！

鎖
鐵栓
　三合土
　我被凝固
　凝固在此長方體之中。

* * *

過去，「人」
在此死亡，
未來，不在此產生。
一切停止。
被展示
像猴子，跳不出這鐵檻之外！
被看管
似待烹調的龍蝦，捲臥於冰箱中。

我，被丟進一個不可知的世界裡。
從此，「它」離我而去，那是
自由阿！
自由？自由！它在四方體之外！
木然，茫然，不知所以然。
我，被凝固在這四方體之中。

在調查局三個月的日子真不好過，強迫自己提供劇本故事，六月大熱天，我沒出汗，混身都是冰冷，幾個男人守著你，看著你，他們要教我承諾的故事！我說：「不是」！「沒做過」！就是巴掌在我臉上愰，桌子上的茶杯連水飛到我身上，他們總是對我說：「考慮！考慮！」「承認了吧！」於是，編寫出那些在「不自由意志下」產生的「自白書」，於是，自己誣告自己的罪狀，那就是變成日後起訴書中的「罪證」！

白天，夜晚，他們在吸煙談笑間，就毀了一個人的前途和清白，把一塊白布染成了「紅色」。三個月織成一頂「紅帽子」給扣在頭上，被扣上容易，摘下來卻不容易。有的送了命，有的被判無期徒刑，冤死獄中，想不到我的初判就是這麼可怕，是因罪刑嚴重嗎？不是，是我控告他們違法羈押，以不法手段逼我寫不實的自白，教我承認在十四，五歲時參加了叛亂團體；我不知道「官官相護」的門道，就如此修理我！幸好經國防部覆判局以「證據不足」，撤銷原判重審！否則不可能寫這篇文章啦！

民國五十七年，九月，已感到有些秋涼了，我的布袋裝，經過三個月的長期談話，穿在身上更覺寬大。我離開那個水泥體，被送到有槍兵保護的地方，人家告訴我，那是軍法處看守所監獄。「他們」說「星期一」來接我回家。在十年以後的一個星期一，我才能離開被囚禁的地方。多長的期待！被污染的靈魂，向誰去訴？

有一天，被「喊」出去，法警帶我到一個「肥人」面前，他沒穿軍裝，說他是檢察官，他只問了我一個問題：「你演過放下你的鞭子嗎？」

我回答了幾句話：「那是在抗戰時期，宣傳日軍殘害中國人的街頭劇，是從日軍強佔東三省……」

* * *

幾則謠言

那個「肥人」不耐煩我的解釋，用手勢叫法警送我回牢房。沒過五天我收到起訴書，以（戰亂時期懲治叛亂條例）的「二條一」，起訴我是「叛亂犯」！我演戲有罪，那條例的詞句是「企圖顛覆政府正著手實行中」。凡是被扣上紅帽子的人，都以「二條一」起訴。當我的名字重見陽光以後，有些訪問我的媒體不明白那是一條刑法，而不是我要推翻政府啊！我在出獄後，聽到多種有關我的謠言，也看到當年的報紙（五十七年）登載「崔小萍是「匪諜」已被槍決。」謠言中有聲有色的描述，使我像是「〇〇七」電影中的主角，神出鬼沒。又如五十三年七月在台北舉行的第十一屆亞洲影展，電影鉅子陸運濤夫婦及影業界名人，去南部參觀軍事演習，乘民航飛機由台中飛台北時空中爆炸，機上無一人倖免的慘案。報載「九〇八民航機失事，無犯罪因素」，（我有剪報存證）。幾年後，經美國有關機關調查，即是「劫機事件」。在美國及台灣電視上都有報導。但在謠言中卻說是我送了一個蛋糕上飛機，裡面有炸彈啊！那天晚上，我正在台北中國廣播公司監播節目進行！唉！倒了楣的人，總被人落井下石，我一個朋友的兒媳，認定我是她的「殺父仇人」，因為她的父親是名製片商，也在那次空難中喪生……有些頭腦較聰明的人說：「那不可能吧？她怎會……」那位兒媳悲憤的反駁：「就是她去炸飛機的啊！」

啊！這段冤枉，我向誰去解說？「送蛋糕上飛機」，變成「去炸了飛機」！這謠言多麼驚人！

我不懂法律，在入獄後才曉得有部「六法全書」，但是軍法獨立，誰也不敢有疑義，否則會有大禍臨頭。因此在白色恐怖時期，什麼人被捕都是秘密，僅是「失蹤」而已，因為我是「廣播名人」，又是戲劇藝術有名之士，廣播網上沒了聲音，學校裡見不到崔老師，謠言說我在「空中傳遞情報」。五十七年我被捕時，對岸的中華人民共和國已從三十八年起，成立了十九年。如果我「是」，不必在台灣被關十年出獄後，飽嚐二十幾年失業之苦應該跑回大陸向他們要「賬」去啦！

沒有坐過牢的朋友，不知牢獄之苦，沒有失掉過自由，不知自由可貴。我被起訴後，除了激憤被扣紅帽子，就是寫答辯，也敵不過那幾張在「不自由意志」下所寫的自白書，抗告無用，開庭、宣判，法官們急著演完了這齣法庭戲，回家休息，那還記得判了誰多少年？

* * *

囚室中的春節

我曾在二審時請了石美瑜做我的辯護律師。他曾自第二次世界大戰，中國對日抗戰結束後，國際軍事法庭，擔任審判日本戰犯的審判長。老先生雖然很盡心，他也知道這種政治案件審判的內幕，他曾安慰我說：「妳在外面不是很忙嗎？藉此處養養神，休息幾年，不也有益嗎？」

就像在女監中，一些偷竊軍油的奶奶媽媽們說：「住房不拿房租，吃飯不交飯錢，這樣的「觀光飯店」卡好哇！」

我們的獄食是跟一般軍營中一樣，早中晚三餐，過年過節大批加菜，假設一個人不思，不想，自暴自棄，真是會養得肥肥的會像那位肥檢察官一樣！可惜我們的胃口不好。

當我在獄中過第一個春節時，為了跟那些囚禁的女人們「同樂」，我做了節目主持人，唱歌，說笑！主管命令把各牢門打開，大家在相對牢房，狹窄的走廊中聚餐，但是在歡鬧完了再被鎖回牢房時，卻傳出哭聲不斷。有誰能懂這種無助的心情？後來我懂了在「人力不能挽回的危難中」，只有安心承受，幾年的牢獄生活，我學會了逆來順受。

監獄裡的禁止很多：不准大聲說話，更不准大聲唱歌，我就是趁著大風大雨時，張開喉嚨大唱，管理員聽不清楚是風？是雨？還是空中廣播？臨近的牢房中，關著一群大學生，他們「放肆」的高唱《松花江上》，這首歌是在抗戰時，是最能激發抗日情緒的歌，當時在台灣列為「禁歌」他們唱：「……哪年哪月才能夠看到年老的爹娘，哪年哪月，才能夠回到我愛的故鄉？爹娘啊……」

他們唱舊電影《夜半歌聲》中的插曲（該片是金山、胡萍主演），是和美國電影「歌劇歌劇」相似。

「……娘啊！我像小鳥兒回不了家……」遭到班長大聲斥罵。

唉！這些年輕的孩子們，等到能回家時，也許已生了白髮，也許生命已經結束，金色的年華在獄中被腐蝕，白色的恐怖，使我們被打上烙印——有前科，人云亦云，似乎已是「蓋棺論定」，這兒海茫茫，向何處訴？

我在軍法處看守所監獄，過完了第四個春節以後，被移送到一個所謂的感訓學校，認為凡是被印上「政治犯」的人，思想不正，一定要去「感化」，使其「改邪歸正」。該校前稱「生產教育所」，後改稱「仁愛莊」，這兒有一個美麗的庭園，可散步，可遊園，蓮花湖，有垂柳，不再關閉在黑暗的牢房裡。在這兒感覺到有了人的「尊嚴」，除了讀書，考試，還有康樂活動。在綠島囚禁多年的男士們，可在出獄的前一年，由綠島押解回台入校，使他們能透過有限度的自由後，出獄後（我們還算是在執行獄中生活）可以適應外面的社會生活；女生們是留保安處分的「代管」女性同住，她們稱我們「政治犯」是「紅頭」。我來此大學校後是被「大材小用」，教她們練舞，唱歌，演戲，參加康樂競賽（和男生部比賽），尤其是每到春節，佈置，佈置教室，設計節目……忙得忘了「為什麼」會久居此地？高興的是「面會」時，不必用電話傳音，沒有監聽者，跟親人們能「促膝談心」，時間也很長，有孩子的媽媽們，還可以跟孩子同宿一夜，使孩子們享受一點母親的溫暖。這種人道的待遇，是從前有一位李才將軍，在他擔任該校主任所設計的，（我在出獄後認識他，他送了我一本書：「沒有休假的四年半」——從事感化教育的回顧。）他是在民國五十三年時，開始到校任職，他書的最後幾句話是：「沒有休假的四年來，使我體會到，人與人之間，共事的時間再長，總有結束的一天，但是友誼是永恆的。」

他有廣東人的厚道，就因為他的理想，不使我們受屈辱，是值得我們感念的。

我在仁愛莊上又過了五個春節，我養鳥，餵貓，種花，組織「仁愛之聲」廣播電台（對校）內，修心養性，還不想離開呢？我重過學生生活，變得活潑年輕，充滿了活力。永遠記得有一位山東姑娘來莊上表演，唱了一首「葡萄成熟時」，那是歌星陳蘭麗的招牌歌。歌詞是：「一時的離別，用不著悲哀，短暫的寂寞，更需要忍耐，寄託於未來。用滿面笑容，愉快的等待。金色的陽光，要我把頭抬！溫馨的和風，替我把路開。親親喲，親親，親親，親親喲，親親，別後多珍重，葡萄成熟時，我一定回來。」

她是我的老鄉，她這首歌，唱給我聽，也唱給所有的囚禁者聽，那時在座的囚人們都熱淚盈眶！仁愛莊上的生活，在我將出版的「崔小萍回憶錄」裡會有更有趣的描述。

＊　＊　＊

希望悲劇不再重演

過去，曾在莊上生活過的難友們，大概都對這首歌印象深刻，那些「代管」的女孩子們，大都做了母親，年老的「紅頭」一輩，也許已上了天堂，我們活著的應該在陽光裡抬起頭來。回憶往事，從入獄到如今，三十幾年已過去，今時，二〇〇〇千禧年開始，新春後，時間已走向二十一世紀，我們都是歷史的見證人，希望不要再上演政治迫害的悲劇，給我們一個和平、幸福健康、快樂的國和家！

祝福曾在「白色恐怖時期」中受難的朋友們，抬起頭，愉快的生活，再過一個美好的春節。

白克廠長的孩子們

那一天，是一個星期六的上午——這已是幾十年前的那一個星期六了，是廣播劇錄音時間，我是「中廣」廣播劇導演，正忙著招呼演員們進錄音室，我在控制室和配音，和錄音人員試聽音樂——那是錄製每星期晚間八點，全國廣播電台聯播的廣播劇節目。

那時，有一個男孩子來找我。錄音時間，閒人是不准進控制室的，因為送他進來的工友說：「他說，他是妳的學生。」這個學生滿臉憂鬱和膽怯，他是國立藝專的學生，名叫「白崇光」，他說他爸爸叫「白克」，當年是台灣製片廠廠長，我跟他在公務上有些來往，但私人並無太多的瞭解，當我年輕時，教學上課、製作節目很忙，尤其是和學生們沒有時間「話家常」，比方說，他們的爸爸是什麼「官」？什麼大人物，還是什麼有名人物，這都跟我無關，有些調皮搗蛋的學生，在老師印象裡記得很清楚。老實的、不善言會道的學生們，除了功課好，往往會被老師疏忽的。

那些年，聽說白克廠長因「匪諜」案，被判死刑，執行槍決，當年，凡是被情治單位認為是「匪諜」的子女，一般機關都不給予工作機會，劃清界線，以免引起麻煩——白色恐怖時期，有誰不怕被戴「紅帽子」（共產黨）？

調查局的勢力遮天蓋地呀！

當年，我在中廣公司名氣很大，好像很權威，我沒「前台」，更沒「後台」，錄製節目，訓練廣播人員，每月也只能領取不到三百台幣的薪金。有些時學生來求助，能參加廣播的，參加一個小角色，領取幾十元的報酬，也僅能夠吃一頓飯。有的窮友知道我星期六錄音時間來找我，現領的廣播劇導演費一百元，也夠他吃幾頓飯食，有的同事還抗議說我「領薪金」，為什麼還給導演費？因為他們不清楚，廣播劇劇團是額外組織，參加人員應該另有報酬。說到能否幫他們忙找個正式工作，我更無能為力。

沒想到，那一年，一九六八年所謂的情治單位卻找上了我！從前，我對於什麼「司法部」，什麼「調查局」，我不知道他們是幹什麼的，就在我被調查局約談了三、四次之後，我覺得很煩，因為他們說我在什麼年去過陝西延安。常識告訴我，知道那是毛澤東的老巢，但在那個年月我是在四川省讀書，在劇專學校劇團工作，因為有「日記」為證。於是我抱了兩本日記，自己去調查局找他們「談」，沒料到，竟一去無歸！因為他們逼迫我承認：「參加共產黨！」

他們搜去了我幾十本日記，在小學時候的日記，我都帶來台灣，還有一些電話號碼小冊子，他們發現了「白光」兩個字：

「白光？這是什麼機關？說！」

我告訴他們，那是一個攝影公司，當年中廣公司改明星制，我去接洽該公司給廣播員們拍明星照。

「白克！」他們如獲至寶，大聲的吼起來。

「白克，台灣製片廠廠長，已經被我們破獲是匪諜，已經被槍斃了！妳怎麼有他的電話號碼？妳跟他什麼關係？妳跟他聯絡些什麼消息？說！妳的關係人還不少啊！」

我據實報告：「當年，我輔助大專院校的話劇社團，經常拜託白廠長，借佈景，並請他廠中的工作人員協助演出。在蔣中正總統第三屆連任時，中廣和日本NHK電視公司合作，試驗電視演播，是借了台製廠做播放中心，白克廠長大力協助，我當時也排演了半小時的戲劇，做戲劇節目演播，這應該是台灣電視台歷史記錄的一個電視劇演播……」

「說謊！妳和白克的關係應該更密切！好吧！先說妳自己的事，然後妳再報告和白克有些什麼來往……」

就如此，我糊裡糊塗的失掉十幾年的自由，但始終不明白白克廠長犯了什麼罪，竟被判死刑！他在台灣，努力於電影事業，尤其對台語電影的攝製功不可沒。可是，「他們」說他是「匪諜」，竟然被槍殺！我在一九七七年減刑出獄，發現當年的《工商日報》上大字刊登報導：「崔小萍是匪諜」已被槍決——幸運的，我逃過了這一劫，否則，不能在這兒寫文章了。

幾十年過去，我們這些被害遭難的人，也都老了。沒有工作，只能在條件允許之中「少吃儉用」！白克廠長的孩子們也都長大了，都有了家室子女：白崇光開了一家攝影室，每在藝專的同學們有活動的時候，他都義務擔任攝影師，仍然是少言語，抹不掉臉上的那份憂鬱。妹妹住在加拿大，弟弟白崇亮，現在生活的很快樂，他曾是基督教佳音廣播電台董事長，他的努力，使這位白廠長家中的天之驕子，如今是台灣奧美集團董事長，人稱他是「公關教父」。他在二〇〇七年出版了一本書，名為《勇於真實》。「天下文化」的老闆高希均先生說：「如果說父親的遇難，是上帝給予崇亮最大的考驗，那麼，在心底根深的「愛人」的信念，就是上帝賜與他最大的恩典。最大的力量是愛，不是恨。」

裡頁是他父親白克廠長的相片，還有紀念白克導演紀念文集。這本書的封面印著「台灣電影開拓者——遺作選集」。在白崇亮書中的第一篇是四個大字——跌落谷底。

「那一天之後，這個家庭變成一座死城，沒有歡笑，沒有哭泣，沒有人問為什麼。」

「以前發生在陌生人身上的不幸故事，如今成為我們家的悲慘命運。」

白克廠長被執行死刑時，白崇亮十二歲，他的父親總是他的驕傲，因為他是名導演「白克」的孩子，他懷抱著希望和偉大的理想。在他的書上說：

> ……這世界多麼美好，只要付出就一定有所得，我從不懷疑，有一天世界將為我展開。
>
> 我不知道的是，這世界同時也多麼險惡無常，變化來臨的時候毫無預警。
>
> 那是敏感而緊張的時代。民國三十八年國民政府撤守來台，接著又發生二二八不幸事件，白色恐怖像一張無形的網，籠罩著那一段黯淡歲月。
>
> 一開始，一切好像離我們很遙遠，只是走在路上，斗大的「保密防諜，人人有責」，「匪諜自首，既往不究」，標語，不時就會迎面撲來。
>
> 民國五十年代初期，雷震事件發生後，知識藝文團體開始牽扯其中，耳語不斷流傳著，那個主編被抓走，那個演員入獄，那個人被供出來……
>
> 那年秋天，我的父親「白克」赫然列名其中。陌生人的不幸故事，成為我們家的悲慘命運。

陌生人不幸的故事中，我在那年代，也成了故事中女主角。茫茫然，一生清白剎時間被染成血紅！

白崇亮敘述他父親遭難時的諸多情景，使我感同身受，雖然我沒有「家」，沒有「兒女」，但是，當一個溫暖的家中，突然沒有了一家之主，那種情景，沒有自身受過的人，是無法想像的。「他」十二歲，當他父母被情治人員帶走，扣押，拘禁，經過了多少時日之後，白克「被處以極刑，三顆子彈穿胸而過。」白崇亮說：

最大的恐怖是隔絕。數十年之後，我才明白，如果有一種恐怖，叫白色恐怖，那種恐怖就是——隔絕。

在家裡被搜的同時，我們被帶進一個很大的房子裡，屋裡很暗，我看見父親坐在那裡……他告訴旁邊看守他的人說：「這是我的小兒子，他將來會有出息的」。

許多年之後，我才知道父親遇難前一天，母親曾往監獄探視，她看見父親被上了腳鐐手銬，皮膚幾近潰爛。

當我在「仁愛莊」被拘禁時，從綠島送到莊上的人——在「班上」的男同學們，多半受過酷刑逼供，能「活」著回到台灣島「仁愛莊」感訓，那是萬幸的了，他們大都被判幾十年的刑期，「活」著從台東綠島監獄回到台灣島，已是家破人亡，舉目無親。據說，情治單位曾以三十年的「有期徒刑」，交換「死」刑，但是被白克廠長拒絕了，他情願「死」，也不願受凌辱，更不願使他的家庭年年月月處在恐懼之中。

在白崇亮的《勇於真實》書中寫著

一年後，又是我放學回來，家裡再度空無一人，連兩位女警也不在。……然後，幾個人一同去了清真寺，剩下母親，哥哥，姐姐，和我，走了很長一段路，在大雨滂沱中來到六張犁山上。

在一座泥濘黃土丘前，母親吩咐我們跪下。在大雨中，我聽不到哭嚎的聲音，也沒有流下一滴眼淚。我靜靜的跪著，沒有人明確的告訴我裡面躺著的是誰，但我的心告訴我：應該是父親了。

十二歲的男孩子，還不能深深體會「悲慘」是什麼？不管你過去對人類，對社會，有多麼有價值的豐功偉蹟，在白色恐怖時期幾顆槍彈，轉眼間就煙消灰滅！那哭聲不是一人哭，而是一路哭，而是滿島被眼淚沖刷！這個男孩功成名就時，有一次，他在修女面前放聲大哭，幾十年的被隔絕的鬱悶，在神的面前，他得到「解脫」！

有些奇怪的事，每逢一個「囚人」被「正法」時，上帝，都會使天降大雨，像為這些冤囚流淚，也是為他們洗刷冤屈吧！

幾十年之後，我國這些被冤判的囚人們，老的老了，死的死了，白克的孩子們也都長大了，成家立業，有幸福的家庭，在主的恩典中，也都獲得了新的生命；雖然舊的傷口血跡還在，我們會用「愛」去擦拭它，不去回憶那些被侮辱，被傷害的一切，因為主告訴我們：「原諒」、「寬恕」他們。當年誣告我們的那些人也老了，他們有了可愛的兒孫，享受天倫之樂，但願他們能對上帝說：「我錯了！我們錯了！」

主，寬恕他們的罪！

民航機被劫事件

一九六四年，第一次在台北舉行的「第十一屆亞洲影展」，竟變成慘痛的「黑色影展」，因為民航機的爆炸失事，死傷影劇界鉅子陸運濤夫婦，及台灣劇界龍頭龍芳及著名片商，六十餘人喪命。當年，國民政府時代，封鎖真實情況，竟使這次的飛機失事，僅成為「民航機」本身機件問題造成。但在幾年後，在美國，華文報刊《世界週刊》王立楨的一篇「社會切片」報導，揭露了這是一次「劫機」事件，是在民用航空史上第一次劫機行動。在美的ＣＩＡ更證實了這件事，因為有多數美國乘客，美國顧問團人員也罹難。

我為什麼對這次劫機事件特別注意，因為我在一九六八年，被誣匪諜案件，蒙冤入獄，謠言紛紛，竟謠傳此次大空難，是我「崔小萍」送上飛機的「花」或「蛋糕」是炸彈所致……

這件「劫機」是在一九六四年的事，我的冤案是在一九六八年，前後相距四年多，當年情治單位會使我「逍遙法外」而不治罪於我嗎？但是「危言聳聽」，當謠言變成滿天飛時，「崔小萍」竟也變成該次飛機失事的「主角」——我在電影演出中，常擔任「主要配角」，還榮獲亞洲六屆電影演員配角銀鑼獎呢！

事實真相如何？我的學生由美寄來這件資料，他們說：「老師！妳曾被謠言所傷，全世界知道妳的人，應該為妳高興。在這兒電視上也報導過了！」

感謝學生和朋友們的關心，我現在就把這篇報導的全文，把它抄寫下來，能使「活」著的人，還有機會瞭解當年這件震驚全世界的劫機事件，台灣影展時的大空難！

台灣民用航空史上第一次劫機行動

一九六四年初夏，第十一屆的亞洲影展在台北舉行。亞洲各國的影劇界佳麗及遠道由好萊塢飛來助興的影星威廉賀頓，都聚集在剛完工的市立體育館裡，來慶祝這每年一次的影劇界盛事。

這次的影展，對於正在從事經濟發展的國民政府尤其重要，因為藉著這個機會，國府邀請到了馬來西亞的華僑巨富陸運濤夫婦。他們將以馬來西亞代表團身份率團前來台灣，在影展過後將會和政府有關部門商談，在台灣投資的事宜。

陸運濤是生長在馬來西亞的華僑，他的父親在當地是相當成功的一位實業家，擁有橡園、椰園、及礦場等多種事業。陸運濤在瑞士大學畢業後，又入英國倫敦劍橋大學專攻文史，修成返回馬來西亞之後，接手其父親事業。

因為他為人謙和，同時具有商業頭腦，幾年之中，竟將其父的事業擴充數倍，並將事業之範圍，延伸至銀行、保險公司、傳播公司、電影公司、及航空公司。

據說，這次回國之前有關單位已經初步的與他談過在台投資的事，而他也有在台投資五億美元的打算。

六月十八號晚上，影展結束之後，各國人士在第二天就開始了觀光活動；陸運濤夫婦一向對中國古董相當有興趣，因此決定趁著這個機會，前往台中的故宮博物院參觀。

本來影星威廉赫頓也決定一道前往，但是臨行前行政院新聞局通知已安排好了十九日到花蓮參觀的行程。所以陸運濤夫婦就改變了行程。

本來影星威廉赫頓已定於二十日返美，所以就沒跟著大家去花蓮，而按原計畫去台中，但他臨時脫隊，使他躲過了一場生死大難！

二十日上午，陸運濤夫婦、台灣製片廠廠長龍芳……國泰電影公司總經理夏維堂、台灣新聞處長吳紹璲及行政院新聞局聯絡室主任龐耀奎的陪同下，搭乘民航空運公司[一]，第一班環島班機前往台中，出發前已在圓山大飯店定下麒麟廳及金龍廳，預備當天晚宴請包括行政院長在內的六百多位貴賓。

就在陸運濤飛抵台中的時候，遠在澎湖的民航空運公司辦事處裡，出現了兩個要訂購機票前往台北的旅客，其中一位是三十八歲的海軍中尉曾暢，另一位是四十八歲的海軍退役軍官王正義，他們指定要購買下午經台南，台中台北的班機機票。那時因為空軍都有一班交通機由馬公直飛台北，軍人及榮民都可申請免費的搭機證，因此當民航公司售票處的職員見到曾暢身穿海軍制服時，曾問他為何不搭乘空軍免費的飛機。曾暢告訴售票小姐他曾搭過空軍的交通機，但是坐起來不舒服，同時太吵，所以想搭民航公司的飛機來坐坐。

[一] 民航空運公司Civil Air Transport簡稱CAT，是台灣最早的航空公司。是飛虎隊陳納德將軍創辦，韓戰期間美國中央情報局將這家公司買下，從此CAT除了載客客運飛行之外，還從事敵後的機密飛行任務，曾參與韓戰、越戰及中國大陸的敵後任務。

售票小姐聽了之後，建議他們搭由C-46型飛機更舒服，同時也不需經過台南及台中，可以早一個小時到台北。曾暢聽了改口說，他們要順便到台中去辦一件事，所以環島班機雖然慢，但是剛好合適。

售票小姐又提醒他們，飛機在台中只停十多分鐘，根本沒有時間讓他們去辦事。但是這回曾暢就沒理會售票小姐，只要求趕快開票。

擔任那架環島班機的正駕駛是林宏基（空軍官校二十四期），副駕是龔慕韓（空軍官校十期）。林宏基是空軍中將林偉成的兒子，他的太太又是空軍總司令王叔銘的乾女兒。這種背景使他成為當時民航空運公司中極少數中國駕駛之一。

慕韓是在上海時期就加入民航公司的老資格飛行員，飛行技術極佳，但是在外籍人士掌握的航空公司當中，始終無法晉升成為正駕駛。

那天，那架飛機在台中落地後繼續南飛，在台南上下旅客後，又跨海飛抵澎湖，在那裡飛行員下機休息，下午兩點鐘再起飛循原路飛回台北。

下午一點鐘，曾暢及王正義兩人在機場隨同其餘的26名乘客依序登機。當時機場並沒有金屬探測器的設備，對旅客登機前也沒有搜身的步驟。但是在機場協助旅客登機的一位公司職員卻清楚的記得，曾暢及王正義兩人，當時都拿著一本厚厚的英文書籍。

飛機經台南飛抵台中後，曾暢及王正義兩人，並沒有隨著下機的旅客下機辦事，飛機也在陸運濤等人登機後隨即起飛。

當那架C-46由台中水湳機場起飛之後，剛好有一架空軍救護中心的直昇機在附近由北往南飛，那架C-46起飛之後爬到一千多尺的高度時，突然轉向西飛去。這個突來的動作引起直昇機飛行員的注意，因為附近並沒有高山，同時也沒有其他飛機在附近，沒有轉向迴避的理由。

那架飛機在往西飛了一會兒之後，又猛然的向右轉向北飛，然後就在飛行員的目視下，那架飛機緩緩的右轉降低高度，最後在台中沖岡鄉附近撞地爆炸。

當時那架直昇機飛行員幾乎不敢相信自己所看到的景象，他一方面向戰營報告目擊民航失事，同時轉向出事現場，將直昇機落在飛機殘骸附近，希望能發現一些倖存人士。結果發現，現場唯一存活人士是一名地面的小男孩，他被爆炸的破片擊傷，除此之外，飛機殘骸附近沒有任何生命的跡象。

飛機失事消息傳到台北之後，政府當局在震驚之後的第一個反應是「怎麼那麼巧會是那架飛機？」繼而根據直昇機飛行員的證詞，更是讓有關當局覺得這不是一件單純的飛機失事。因此在民航局展開失事調查之際，情治單位也開始朝著人為破壞的方向調查。

但是在當時情況下，這種公然向社會秩序挑戰行為是絕對不可向大眾宣佈的，所以當時媒體上並沒有報導這方面的調查情形。

當時情治單位最早的調查方向，是針對一些本來預備搭乘這架飛機，但在最後一刻更改行程的人，這包括了本來在這架飛機上執勤的但卻在臨時找人代班的一位空中小姐，一位申請了到台中的免費來回機票，但只坐了單程，回程卻改坐汽車的民航空運公司職員，但這些人經過約談之後都證明沒有任何嫌疑。

其中那位臨時找人代班的空中小姐周黛蘋，在約談時，向情治單位表示，有一位算命先生告訴她，六月二十日那天是大凶，因此她才會找人代班。經她這麼一說，幾位約談的情治人員竟都馬上去找那位算命先生，一來為了證實那位空中小姐的說辭，再來也想讓那位先生來算算流年。

當時在失事現場處理飛機殘骸及罹難這屍體的有民航局，民航空運公司，及警務處等單位，同時因為那架飛機上有許多美軍顧問團的人員，美國大使館也派出駐華空軍武官參加失事調查工作。

也就是那位美國空軍武官在失事現場的殘骸中，發現了一本厚厚美國海軍雷達手冊，他順手撿起來一看，卻發現那本書中間已被挖空成一把手槍的形狀，這個發現非同小可，附近的幾個記者正想拍照存證，但馬上被現場的治安人員制止，並將書收走。然而聯合報記者，卻在書被收走之前搶先照到一張照片，並在第二天獨家將那張照片刊出。

發現那本挖空了的雷達手冊之後沒多久，在駕駛艙附近的殘骸中發現了一把四五口徑的自動手槍，找到手槍的同時，飛行員林宏基屍體也被從殘骸中挖出，他的面頰右邊有一個小洞，左邊的臉已被炸掉一半。當時因為失事現場到處都是殘缺不全的屍體，所有一開始現場人員並沒有發覺有什麼不對，只是後來驗屍發現，林宏基右臉的小洞有強烈的火藥反應，証明那是在近距離遭槍擊的結果。

另外，在駕駛艙內也發現了一件撕爛的卡其布上衣，上面有海軍中尉肩章，根據衣服撕裂的情形判斷，那是在劇烈的扭轉打鬥時被撕爛的。

由於飛機是在向右傾斜的狀況下撞毀的，所以坐在駕駛艙右座的副駕駛龔慕韓所受的撞擊力最大，他的屍體也是支離破碎的無法辨識，僅憑袖口上的三條金線（副駕駛的階級識別，正駕駛是四條金線）來辨識他的身份，後來他的屍體火化後，在骨灰當中，曾發現一枚類似彈頭的金屬。

當飛機的左發動機被吊起來以後，在那下面發現了一把四五口徑的手槍；同時也發現了另外一本雷達手冊，同樣的也是在中間挖空成手槍形狀。那兩本手冊都有澎湖海軍第二造船廠圖書館的借書卡，借書卡上顯示著兩本手冊都是由曾暢在一星期前借出的。而現場所發現的那兩把手槍的序號，也證明了也是由海軍第二造船廠的軍械庫中所偷出來的。

由這許多證據看來，很明顯的是曾暢及王正義兩人企圖將那架飛機劫往大陸，但在駕駛員拒絕合作，持槍將正副駕駛槍殺然後飛機在無人的駕駛下撞地失事。

真相雖然已經大白，但是這個殘酷的事實，卻讓當時的政府當局頗為頭疼，因為當時正在戒嚴期間，這種聳動人心的新聞是無論如何不能公諸於世的。

失事現場雖然有許多新聞記者在場，但是除了聯合報的記者在失事第三天刊登出那張被挖空的雷達手冊相片之外，沒有一家報社敢直逼猛追的詢問飛機失事的真正原因，只能捕風捉影去揣測。對於劫機這種敏感話題更是沒人敢提。

由於聯合報上曾刊登出那張被挖空的雷達手冊相片，警務處長張國疆不得不在立法院質詢時，承認失事現場曾發現兩把手槍，但是他強調無法證明手槍與飛機失事有何關聯。

主持失事調查的民航局保全政府的威嚴下，極力否認有劫機的情形，並一直將失事責任推到民航空運公司身上，就連飛機失事調查報告上的結論——也是說因為飛機發動機故障。同時飛行員操作不慎，才引起飛機墜毀的慘劇。

當時民航空運公司的員工都知道飛機是被劫持情況下墜毀的，但是在戒嚴情形下誰也不敢公開表示異議。對於台灣政府將飛機失事的責任推給美籍員工尤感到氣憤。他們曾上書當時美國國務卿魯斯克，希望美國政府能出面說一些公道話，但是美國國務院卻勸民航公司顧全中美友好關係，以大局為重，不要在飛機失事的問題上再做文章，據曾任民航公司副駕駛的張崇斌先生回憶，陳香梅女士——民航公司創始人陳納德將軍的夫人——當時出面勸公司裡的美籍職員，不要再在這件事上興風作浪，因為日後需要台灣政府協助的機會很多，真為這件事撕破了臉，對雙方都沒好處。

民航公司就在這種投訴無門的情況下，背了黑鍋，公司的業務也因此受到很大影響。而剛於一九六二年才在本島開始營業的中華航空[二]，趁著這個機會填補了市場需求，打開了市場，成為這件事情當中唯一的贏家。

從此之後，民航空運公司再也沒有像以前獨占市場時的風光日子，幾年之後更因為一架噴射客機在台北落地時失事，而導致公司倒閉的厄運。

轉眼之間，這件飛機失事的慘劇，已是三十五年前的往事了，當時因為這是台灣民航界第一次重大飛機失事事件，所以許多人都對它印象深刻，也同時因為那張挖空了雷達手冊相片，更有許多人不相信那是一單純的機械故障而引起的飛機失事。

[二] 中華航空公司成立於一九五九年。最初幾年是在中南半島承辦包機業務，一九六二年才開始本島的客運業務。

而我在最近讀了當年民航公司美籍飛行員Felix Smith回憶錄，及訪談了原來在民航公司擔任副駕駛的張崇斌先生（空軍官校十八期）之後，這些多少年來的疑問終於有了答案。

曾暢及王正義兩人，在當年戒嚴期間會挺而走險，持槍劫機，一定有他們的理由，選定陸運濤所坐的那架飛機，無非是想利用他做為人質，以便劫機不成時，可以利用他來做為談判的籌碼。但是沒想到空軍出身的兩位飛行員在多年來漢賊誓不兩立的教條教導下，竟寧死不肯飛往大陸敵區，在這種情形，曾暢及王正義只有選擇同歸於盡的路子，而全機四十六人都成了這場悲劇中的陪祭。

在當年的政治環境下，如果那駕駛真的被劫持到大陸，那對國民政府的衝擊絕對比摔掉那架飛機來的大。所以一直到前十年左右，華航班機上一直帶著便衣的安全人員。在一九七八年的一次劫機行動中，安全人員還真的曾用槍將劫機者擊斃。後來因為政治環境的改變，才取消安全人員，並通告飛行人員在有人劫機的情況下，應以全機旅客安全為重，不做無謂的抵抗。

陸運濤等四十餘名旅客，雖然死得悲慘而冤枉，而這竟是命運使然，然而為了國家的顏面，而硬將這個慘劇的責任推到民航空運公司身上，卻也有失厚道，尤其在失事報告指責兩位殉職的飛行員操作不當，更是對死者不敬。在這飛機失事三十五年後的今天，在此將這件事的始末寫出來，也算是替他們平反三十餘年來的冤屈。

視線模糊，抄錄完了這篇報導。在美國的《世界日報》、電視上，都曾報導了一九六四年多數的人，應該曉得那是劫機事件，但在台灣對崔小萍送蛋糕或「花」去炸飛機的謠言，那是沉冤海底，又被誣告為「匪諜」罪入獄十多年之後，對於這些謠言，種種謠言僅一笑置之而已。「王」先生為文千言，最終為「正」、「副」駕駛員墜機爆炸，確是為劫機者手槍致死，不服劫機者逼迫，而非機件故障，或是駕駛技術欠佳所致，多少年的謎底終於大白。

感謝學生萬里由美寄來這些文件，他最近自費出版了一本自傳式的三十幾萬字的書，名為《魚兒水中游——涸乾了》。其中有一篇題為〈崔小萍的天鵝「不」悲歌〉，寫出他寄這篇平反「劫機」事件的報導。

崔小萍的天鵝「不」悲歌

上官亮（陳萬里）

二〇〇一年七月二十日，我的戲劇表演老師崔小萍教授，給我寄來她發表的新書——《天鵝悲歌》鉅著。

這部五百五十八頁自傳性厚書，敘述了她輝煌的時代和悲痛遭遇，白色恐怖隨著歷史消失，雖給了她平反，也獲得了物質補償，可是她這樣寫著：「做了十年無罪的囚犯，二十幾年無業遊民之後，現在的我，已由四十五歲的壯年，成為一個白髮滿頭的老媼了！」

她自一九六八年至一九七七年，整整在冤獄中關了十年！

在書中，她用兩頁黑底，只用了二十五個反白字，發出她胸中的吶喊：「我寧願過去曾當過『一分鐘』的共產黨，如此判我，我也甘心！」她又在書中用另一頁全黑白字「冤枉你，也就冤枉你了……他們說得多輕鬆！」描寫那時軍法人員對待階下囚的橫蠻與不法。

崔小萍教授和我，近半世紀來，一直維繫著師生的交往，四十多年前，我落難在台北新公園中廣公司門口，是她給我一次廣播劇臨時演員的機會，領了三十元新台幣的酬勞，解了我的困厄。她是二十世紀中葉難得的表演藝術家，名教授，桃李滿天下，她不但教過我，也教過我女兒「上官明珠」（陳宗義）。

她從獄中放出來，是我駕著三陽舊車，和同學崔天如送她到她面對著墳場的故宅。之前我先請她在台北希爾頓酒店，吃了頓早餐除除霉氣。她在書中這樣寫著：「一九九五年，我又入境美國，這一趟是從舊金山機場下機，學生陳萬里（筆者本名）來接我，他也是六十幾歲的人了，不知道還能接我幾次！」在我記憶中，以後又接過她一次，還惹了一些小麻煩，她搭錯國內線班機，竟在對岸奧克蘭機場落了地，我在舊金山這邊機場急等，玩了一場捉迷藏。

《天鵝悲歌》的出版公司「天下文化」在封裡這樣介紹她：「崔小萍一九二二年出生於山東濟南，國立劇專畢業，一九四七年隨上海觀眾演出公司來台公演，一九四九年大陸變色滯台，一九五二年，在中國廣播公司任導播、廣播劇團導演，『小說選播』導播，工作十六年，製播廣播劇七百多部。其間也在各大專院校戲劇系執教。（筆者就是那時的學生）一九五九年以「懸崖」一片，獲得第六屆亞洲影展最佳女配角銀鑼獎。二〇〇〇年，獲得中華民國三十五屆廣播金鐘終生成就獎。一九六八年六月，遭司法部違法羈押後，以軍法判重刑，繫獄近十年，一九七七年獲減刑出獄，現在活著。」

或許是她獲得了第六屆亞洲影展最佳女配角銀鑼獎的緣故，於是第十一屆在台北舉行的影展跟她扯上了「想當然」的關係。不幸那次發生民航空運墜機慘劇，出席亞展的各國電影大亨六十餘人全數罹難！謠言說她是主謀，傳說得活龍活現，煞有介事，難判真偽。三十多年後，解密檔案出爐，王文楨撰文，刊在北美洲世界週刊「社會切片」大標題是：「台灣民用航空史上第一次劫機行動」，詳細地報導了一九六四年那次民航空運墜機事件。台灣當局始終沒有向社會報告墜機原因，而且否認有「人為」因素。

筆者在美國看到這篇報導，輕鬆寄給在台灣的崔教授，好讓她解惑，希望她一舒積冤，沒想到這期「世界週刊」被她在書中大大引用，她洗冤的強力證明。她在書中這樣寫著：「二○○○年的元月，學生萬里，由美國舊金山寄來數頁雜誌的報導，並且簡單的寫了幾個字：老師，看完這篇報導，妳會明白有關說妳去送了蛋糕或者『花』裡有炸彈，於是陸運濤夫婦和六十餘人坐的飛機爆炸墜機，全數罹難的慘劇，使得在台灣的台北舉行的第十一屆影展，變成黑色影展，妳揹了三十幾年的黑鍋，總算澄清了吧？希望造謠的人，也能看到這篇報導」。

人怕出名豬怕肥，崔小萍教授得到亞洲影展最佳女配角獎，原是不在她的意料之中。意外的得來，不幸在那白色恐怖時代，她在國際揚了名，譽與謗相繼襲來，當時廣播界在全國的聽眾中，誰不知道廣播劇崔小萍導演，真是名滿天下啊！

這樣大大有名的人物，忽然一下子沒了，在廣播裡消失了，失蹤了。社會大眾自然就議論紛紛，謠言滿天下了。

總算三十幾年後，平反了她的冤屈。政府給了她精神和金錢的賠償，陳水扁總統出席了有她獲得二○○○年廣播金鐘終身成就獎的典禮。中國廣播公司把存庫她當年製播一些經典廣播劇，再度重播，又把當年廣播劇團的演員們，王玫、王玨、毛威、王孫、劉引商、伊傳興等……分別來自新加坡、歐美各地，她領著他們昂首挺胸，走進中廣公司，台北仁愛路中國廣播公司，為她啟開大門，接待她，名為「風華再現」。在三十幾年之後，崔小萍教授——「天鵝不悲歌」！

黑色影展的觀察員

民國五十三年（西元一九六四年）六月，在台灣舉行第十一屆國際影展，邀請亞太各國著名的導演與明星們來台共赴盛會，這更是台灣電影事業的大紀事；尤其是馬來西亞鉅富陸運濤夫婦來參加，有助於台灣影事的發展（他已答應投資）。

近幾年來，在電影事業方面似乎是「民窮財盡」，政府不鼓勵，更不幫忙，沒錢拍電影，沒大戶投資，以致奄奄待斃情況。但不幸發生民航機墜機慘劇，機上包括優秀的正副駕駛及六十幾位中外乘客慘死，屍骨零亂。三十餘年後，經美國ＣＩＡ調查，證明是一劫機事件。在美國發行的《世界日報》上，記者撰文追述該次慘劇的真象。

那年，我供職於中國廣播公司。在這次影展中，大會聘請我為觀察員，另一位是公司的副總經理羅學濂先生，他是經營電影事業的老前輩，是在中國大陸未改「治」以前，負責「電影三廠」的廠長，在重慶場址是在「南岸」。抗戰勝利後復員回到上海——這兩個地方，我做學生時代都曾「借住」過，那時窮學生，離開學校宿舍旅遊，沒錢食宿，都是找學校畢業的高年級同學供職的電影公司或是劇團借住。在重慶南岸，在上海霞飛路的「中央電影公司三廠」我都曾借住過，但從未見過羅廠長並且年少無知更不知廠長大名。一九四九年（民國三十八年）國民黨政府被共產黨打敗，退居台灣海島。我也因參加同學組織的一劇團來台旅行公演，因「盲婚」滯留台灣，有幸被中廣公司節目主任邱楠先生聘為節目導播，廣播劇團導演製作，那時羅先生是副總經理，但我是「不喝酒而糊塗」，從未記起他從前是電影廠長。

在影展進行期中，每次去參加聚會，都是羅先生帶我坐他的黑頭車赴會，會場很遠，至今我也不知道那是什麼地方？想起那些美好的時光，現在還很高興，我穿了美麗的小禮服，三吋高跟鞋，打扮得高貴美麗，絕不像在電影中的身態臃腫的窮老太婆——愁眉苦臉，為生活勞累，為子女受苦！值得記念的是美國的電影大明星「威廉赫頓」跟我合影留念，蔣中正總統「召見」我們談話，第一夫人蔣宋美齡特別和《梁山伯和祝英台》中一炮而紅的黃梅調電影，飾演梁山伯的凌波女士聊天……台灣的電影事業，好像展開一片好景，但是……一聲巨響……

羅先生離開中廣後，曾任世界新專校的電影系主任，曾約請我為「電影表演藝術」的教授，但在我們見了一面之後，我竟被調查局違法拘捕，入獄近十年之久。羅先生病逝於美國，他的兒子曾託人帶給我一大冊羅先生逝世後，有關他的種種記載。

也許糊塗人享有特別的糊塗生命，不管什麼謠言傷害，對我都沒有影響，不管別人如何看我，我就是我自己，這條命，仍然活得健壯。經上不是說：「喜樂的心乃是良藥，憂傷的靈使骨枯乾。」（箴言第十七章二十二節）

該文幾次下筆，似乎文筆不太暢通。

獄火重生

——崔小萍瀟灑走一回

翻檢舊書，發現一個印刷精緻的小薄書本，書面上印著：「不落幕的陽光劇場」，書背印著「陽光劇場」，陽光灑紙上。該書原來是佳音廣播電台出版，其中有一篇是訪問我的文章，還有張銀髮飄飄的照片，跟一個監獄的鐵柱子的插圖。另外一圖，是我在「宇宙光」作見證時的照片，相片旁有我出版廣播集《受難曲》的書名。這位編輯對版面真是精心設計，看和讀都會是賞心悅目吧？真是感謝基督徒的弟兄們和姐妹們的愛心。

劇場內，舞台上拉開了大幕……

廣播劇片頭（音樂）（註：我們稱是「前奏」，沒有電影的視覺影像）——「中國廣播公司製作，崔小萍編導，李林配音」，西元一九五二年至一九六八年，每星期天晚上八點到九點，崔小萍導播的「廣播劇」，「小說選播」這個空中劇場，吸引了千千萬萬的民眾，當時家家戶戶，全家大小都會守候在一架破舊收音機旁準時收聽，他們為劇中的人物哭泣或歡笑，如同今天的電視連續劇。廣播劇的傳播，凝聚了家庭的愛和鄰舍的和睦。

第一幕　廣播劇紅極一時

我曾在台灣中國廣播公司擔任導播，廣播劇團導演，十六餘年編製過七百多部廣播劇，導播「小說選播」，如《紅樓夢》、《釵頭鳳》、《第二夢》等，尤其是《紅樓夢》曾經轟動一時。

戲劇表演時，我喜歡當演員，每次演出不同的人物，可以體會各種角色，模擬表演小孩、老太婆、婦人的聲音。廣播以聲音來傳遞劇情；曾有這麼一次，一位聽眾以為崔小萍是老媽媽，還寫信來要認我做乾媽呢？那位聽眾其實跟我年紀相近，這就是廣播劇有趣的地方，也是我當年劇中角色扮演的例子之一。

事業登上高峰的同時，也遭遇人生最大的考驗，我無怨無悔的在中廣過了十六個年頭，突然，有一天，我的聲音在廣播網上消失的無影無踪了！一九六八年六月，我遭受司法部違法羈押，以軍法審判遭判重刑，一審竟判無期徒刑！

第二幕　罪名硬上弓

我沒有做什麼，但憑著法官的判斷、酷刑，逼著人要承認沒做過的事情，在白色恐怖時代[1]沒人敢管這檔事，別人說我到過什麼地方，看過哪些人，其實都是捕風捉影，當時像我這樣遭害的老老

一　在國民黨執政時期，正是兩岸國共兩黨冷戰時期，反共抗俄是唯一政策，懷疑每個國民都有為匪（共產黨）工作的嫌疑。在軍法處獨立審判的唯一法條下：「二條一」，都以「匪諜」判罪。

少少還有好幾萬人呢？每個早晨我祈禱上帝給我鎮靜、忍耐、毅力和快樂，我讀英文、看書，像置身我自己的家裡，促使無望的記憶趕快過去，坐在牢房的破地板上，使得臂、腿、整個身體也像地板一樣僵硬。

二審覆判為十四年，他們告訴我：「這個地方，進來容易，要出去比登天還難。」在軍法看守所腐蝕寶貴的青春歲月，一切都追不回來，在軍事法庭認定的罪，誰也不敢抗爭，抗爭也無效。他們起訴我的罪名是：「崔小萍意圖以非法的方法顛覆政府而著手實行」。記得我在調查局應訊：「冤枉妳？就冤枉妳了！」他們寧可錯殺一百，不肯釋放一個無罪的；他們忘了被害人家裡也有兒女。

第三幕　難民船，身心煎熬

我從來沒有為匪諜做過任何工作，我問心無愧，愛國是我的責任，從事戲劇藝術工作是我一生的志願，他們如此誣告我，再嚴重也不過是一生葬送於此。在鐵欄與窗戶以外，現在是什麼樣子？一條條可憐的靈魂，孤獨的躺在地板上，菜盒、杯子、零亂的衣物，像一條難民船，正行駛驚濤駭浪中。有些人在牢獄中無法忍受折磨，受不了即結束了自己的生命。在我也有相同的痛苦，雖然我也可以用自殺來面對無理的判斷，但因為我是上帝眼中看為寶貴的，是祂所創造的，所以我不感輕易了結此生。

唸小學時，我唸的基督教學校（美以美教會開辦），老師教導我關於《聖經》上的挪亞方舟、耶穌的故事。以前只知道有耶穌，但不是真明白，直到入獄後才真正經歷到苦難，祂真是我的力量；在黑暗的環境裡，祂的愛就像一道曙光，使我面對人生的際遇覺得有了「信心」、「盼望」、與「愛」。上帝知道我沒有犯罪，我必須要忍耐及等待，上帝永遠不丟棄我，基督也沒有犯罪，還被釘十字架，擔當人類所有的罪，我可以因為上帝得到一個新生命，我期許我能活著出去，而且活得很好，也讓別人活得很好。

第四幕　囚衣無端加身怎饒恕

當我被押解到「仁愛莊」（思想感訓學校），我與裡面被囚的男女一起上教會，我在聚會中領會，帶領許多信主的和沒信的「人」禱告，大家痛哭、流淚，把自己的無辜放在這位公義的上帝面前，心情就開朗很多。平常我自修聖經，從聖經裡得到許多安慰。「主是幫助我的，我必不懼怕，人能把我怎麼樣呢？」（《聖經‧希伯來書》十三：六節）。「你們常存忍耐，就必保全靈魂」。「我總不撇下你，也不丟棄你。」（《希伯來書》十三：五節）

進入監牢之前，我是黑髮如雲，出獄時，已是個白髮蒼蒼的女人了。在白色恐怖時代入獄，將近十年的黑色冤獄，使我一剎那間跌落在無掌聲，無人情的低谷。聖經上說：「要愛仇敵」，誰能夠這樣偉大？當敵人把你粉身碎骨時，你怎能去愛他呢？

第五幕　大難未死心感恩

一九七七年十月五日，我獲減刑出獄。我在監獄被囚禁九年四個月之後，十月五日獲得自由，離開「仁愛莊」，臨行前辦妥「手續」，拿了「出獄證」，證上註明行為良好，得到假釋。我對這些年間的經歷，寫出，出版了「天鵝悲歌」。

縱然從高處被摔下來，上帝卻使我沒有受傷。

《聖經》記著：

我想上帝把我們使徒明明列在末後，好像定死罪的囚犯，因為我們成了一台戲，演給世人和天使觀看。

在人生的黃金時代，我是個導演，也是個演員，在白色冤獄場景中，那些誣告我的人，卻成為這「戲」的編導，我認為自己演完了這部戲，而且演得很完美，我並沒有因為編導者手法惡劣而被毀滅！

第六幕　出煉獄泯恩仇

我憐憫這些編造罪惡的執行者，他們不得不向最高權力者泯滅良心，因為，他們要保住官位，保住飯碗，因為上帝的愛，我饒恕他們，以原恕代替仇恨，上帝顯在我身上的生命迷人，否則，我就不是今天你們看到的「崔小萍」喜樂，平安，仍然充滿信心的崔小萍了。因為我依靠那位偉大的主，基督耶穌。

劇中年表

一九五二年：擔任中國廣播公司導播（BCC），廣播劇團導演，展開十六年的廣播人生。
一九五三年：參與電影《千金丈夫》、《海誓山盟》、《馬車夫之戀》演出，並將瓊瑤小說《窗外》，導製電影。
一九五八年：參與電影《懸崖》演出。
一九五八年：以電影《懸崖》，獲得第六屆亞洲影展最佳女配角銀鑼獎。
一九六八年：遭司法調查局羈押。
一九七七年：減刑出獄。
一九九九年：被邀回中廣製播「崔小萍經典劇場」。
二〇〇〇年：獲第三十五屆廣播金鐘獎特別終生成就獎。
二〇〇一年：自傳《天鵝悲歌——資深廣播人崔小萍的天堂與煉獄》出版。

妳是匪諜嗎？

有一天，我接到一通電話，聽口音是位說台灣國語的「歐巴桑」：「妳是崔小萍嗎？」語調聽起來很沒有禮貌。

「我是，您是哪一位？」

「妳是匪諜嗎？」

這個問題嚇了我一大跳，想不到在受冤獄十年，出獄三十年後，失掉了名譽、事業、友情，如今是個「無業遊民」，竟在多少年後，還有人問你是不是「匪諜」的問題。

「對不起，我不是匪諜！請問您是哪一位？」

「聽人家說，妳是匪諜」。

「告訴妳，我不是匪諜。」

對認定你已是犯罪的人的人，用不著解釋。聽人家「說」，你是「什麼」、「什麼人」……在國民黨白色恐怖時期，寫多少答辯書，請多少位律師，都沒用，因為執法者認定你是「匪諜」，你的罪名就是「匪諜」。我曾是中國廣播公司工作過的有名「人物」，謠言更是捕風捉影，張冠李戴。對於一個無法，無力辯駁的小百姓，只有忍受百般屈辱。

「嘎……」對方掛上電話。

我站在電話機旁，忽然，感覺到要「大笑」一陣，才能解散這通電話傳來的侮辱。

「哈！哈……」我不是「匪諜」呀！神啊！只有祢知道嗎？

演話劇種禍端

——可怕的「黑名單」在台灣發酵

在我的生命的過程中，似乎總和「戲劇」有關；我曾為別人編劇，別人也為我編劇，而且是一齣很離譜的獨幕劇，榮耀，恥辱，悲苦，喜樂，無所不包，那一位「執法」的「名」編劇家，真是「編劇天才」，在國民黨執政的白色恐怖期間多少人受到侵害，我不過是其中之一而已——僅是因為從四川省被調查局帶來的一紙「黑名單」，我卻必需償付十年的冤獄生活。我曾在台灣的「自由中國」所建立的戲劇藝術的美好境界，被那位天才編劇家毀壞竟盡，體無完膚。

其實，這段故事卻必須從我去四川省德陽縣國立第六初級中學讀書開始——該校是在戰時收留山東流亡學生，不必付學費，校長是由前山東省女子中學的校長擔任（後來他死在台灣），因為我結識在劇團的一位小姐妹曾是他的學生，所以申請入學很簡單，她鼓勵我跟她去該校就讀。當時不為兄姐見諒，因為我們逃避日軍佔領山東省濟南市的燒殺淫掠，而結伴流浪到陝西的寶雞，從此，我和兄姊分居兩地。只是有堅決讀書的心，未知我將來的成長如何，有何人生的「結局」，當年無從想像，是好？是壞？是否前途光明？那時，因全心向學，都沒考慮到後果。更沒預料到「德陽國立六中」是那種一座所謂「封建」校風的學校，尤其對女學生的管束，更是嚴格。例如，夏天不准穿短袖衣衫，著長襪必須過膝等等。每次我穿「短袖」衫「打球」回宿舍，必被訓導處訓戒一次。

更不能忍受的是山東幫的男同學對我的「戲謔」，我沒有山東土腔說話，因為濟南市是山東省會，口音平常，沒有特別的「輕重音」，更因哥哥在北平讀書，受他「說話口音」的影響，及在劇團中大姐大哥們說話，都是「北平話」，因此種種，男生們學我說話的聲調，他們模仿我走路的姿態，在黑板上寫我的名字，可是在課桌下卻放下寫給我的「情書」。當我和女同學們步出校門，去附近小河「散心」時，他們列隊在校門兩邊唱歌歡送，像這樣的行為，訓導員是不問「是」「非」，因為「男生為大」，欺負一個外來的「小女生」，沒什麼嚴重；可是，嚴重的卻是因組織話劇社開始——這回才是我因演戲而惹起禍端。

西元一九三七年，七七抗日開始後，到一九四〇年，全民抗戰已三年，德陽縣政府，指令「德陽校」組織話劇社，演話劇，向全縣民眾宣傳打倒日本帝國主義，侵食中華民國。這個消息一宣佈，全校沸騰，雖然他們不知道如何「演」話劇，可都喜歡能上舞台表現自己。於是，迅雷不及掩耳，有甲乙兩個話劇社組成。甲社，純山東省同學，乙社則多半是河北省的同學。他們的口音雖不是全北京腔，但不是山東省各縣市的「山東家鄉音」，根據訓導處對我的資料，知道崔玉蘭（我的學名）曾跟隨兄姊在劇團中生活過，一定對演、導有經驗，因此，甲乙兩社爭取我「入社」。我選擇了乙社，因為如用「山東土話」演話劇不普遍，四川人不一定聽得懂。好啊！大禍臨頭，我的決定使甲社憤怒，有一天闖入女生宿舍，拿著刀子找我談判——

談判場景：在女生管理員屋內，三個雄偉大漢，威脅一小女生就範。

「我們請妳參加我們劇社，是看得起妳，妳應該明白。」

「很感謝。」這是我的回答。

「妳考慮考慮。」

「不必。」

「傷了和氣對妳不利！」

「我不怕！」

「妳這樣固執，不要怪我們不客氣！」

「你們這樣欺侮一個女孩子，是對我客氣嗎？如果你們對我有些禮貌，也許我會幫你們。現在，我告訴你們，崔玉蘭不跟你們合作！」

「好！妳不要後悔！我們會叫妳知道『我們』的厲害！必要時，咱們就白刀子進，紅刀子出啊！妳不怕，你們乙社的那些混蛋們不怕？」

他們亮出了刀子。

「我提醒三位同學一句話，你我都是山東人，應該清楚山東人的性格——山東人是吃軟不服硬的，刀子嚇不了我！我正式告訴你們，我不跟你們合作！」

「好好！崔玉蘭！咱們走著瞧！」

三個大個子，拿著刀子，氣憤的走出女生宿舍。這時女生管理員被嚇得縮做一團兒，她曾是教授夫人，丈夫已過逝，她被聘請擔任女生管理員，那時戰火遍地，哀鴻遍野，能在此一隅之地獲得混一口飯吃，已是難得。她是河北人，大概沒見過這樣的陣仗。

「崔玉蘭啊！答應他們吧？何必為了演什麼話劇賠上性命！聽我的話，乖孩子！聽媽媽的話。」她抱住我，我倆都哭了，她是帶著兩個兒子，為了躲避敵人的炮火，在這個學校裡屈身，也不能不忍氣吞聲。

（回憶至此，不僅淚流滿面，過去傷痛似乎仍在）

校長大人，也把我叫到校長室訓示一頓。

「妳這個『女子』，不知死活輕重，跟他們甲社演話劇有什麼不好？山東人羞辱妳嗎？把學校鬧得這麼混亂！妳真可惡！」

他，始料未及，當大陸中國變成中華人民共和國後，他也來到台灣，他更沒想到在「德陽國中」被他罵得狗血淋頭的小女子崔玉蘭，竟在台灣藝術界大放異彩。我想，他一定也收聽我在中廣公司製導的廣播劇！我現在想，一個「人」，不要欺人太甚，自己也會有「意外」的遭遇。他絕不會想到，從前那個小女子崔玉蘭，竟是名揚國外的廣播劇導演「崔小萍女士」。真使我啼笑皆非！在幾十年後，我在台灣一紙發黃的「黑名單」上，只有崔小萍，女，「奸黨」，幾個字，認為我思想偏差，是「匪黨」（共產黨）——這就是叛國的證據！在訴訟時，我的律師石美瑜老先生說：「這怎麼能算是叛國的證據？實在荒唐！」

石老先生是在二次大戰，和中國八年抗戰結束後，在台灣審訊一級戰犯岡村寧次的審判長，但對於我這個小案件的辯護，他也無能為力，他曾開玩笑的說：「崔小姐！就算在獄裡休養幾年吧！妳在外面不是很忙嗎？」這老人很幽默。

後來才知道學校裡，有國民黨安置的所謂「職業學生」，為獲得些許零用錢，泯滅天良，向黨部送些黑資料指×××是×××等等；有的學生在年輕時被逮捕、槍殺、坐牢。有的在老年時，被這種黑資料追蹤害得家破人亡——「我」，崔小萍，就是當我在台灣事業有成時，被這種黑名單害我失去十年的自由，事業，名譽，完全被毀滅。

今天，回憶因演話劇而蒙害的一段「老故事」，我已經八十五歲的銀髮老媼，昔日那個「小女子」，已經長大了，原諒那些無恥之徒所造的罪，忘記「過去」，我雖走過死蔭的幽谷，也不害怕，因為我信的神——主　基督耶穌，保護我。因為祂：「壓傷的蘆葦祂不折斷，將熄的燈火祂不吹滅。」（以賽亞書四十三章）祂教我「愛」，因為愛能遮掩一切的過錯。

軍法審判

在當年，是軍法獨立審判，在所謂「二條一」的法條下，凡是被判刑的人，都是判在「顛覆政府，正在著手實行中」的罪名被定為「匪諜」，量刑很重。初判我是「無期徒刑」，上訴後，因為無犯罪證據，獲得覆判；一判既然很重——終身監禁，二審覆判就不好意思輕判，於是法官們就輕輕鬆鬆給定了個十四年，被囚的老難友們覺得奇怪。

「怎麼是十四年？」按他們的獄中知識，通常最重是「死刑」，其次是「無期徒刑」，再數下來是十五年，十年，五年——幸運的是被送到感訓學校（仁愛莊）去思想改造，換個不歪的腦袋。不被判刑，沒有犯罪的「前」科記錄，我不是如此幸運的人，我請了最有名的律師石美瑜老先生也沒用。若不是因「未」參加匪偽組織，因未「賣國」，更沒「著手實行」的事實，獲得減刑三分之一，提早出獄，否則，十四年被監禁的歲月是很難熬的呀！說實話，我在「仁愛莊」的後五年的日子過的很快樂，因為我被派為「康樂主委」，大才小用吧，除了必須上課，學習國父思想，我就在教女囚們唱歌、跳舞、演戲、舉行康樂比賽……等等，每天很忙，連我寫日記的習慣也荒廢了。

在「仁者見仁，智者見智」，我們中國老祖宗的道德訓示中，使我們懂得如何去評判「是」、「非」，但是，飛飄的謠言，聽的人，傳佈的人，誰肯去分辨是非？有多少人屬於智者？

我出獄後，聽到許多「我」的謠言：

她穿的高跟鞋裡有發報機（那麼細的「鞋跟」能放下一個發報機嗎？），她正在發給中國大陸共方消息時被捕。

她在播放京劇唱片時，用女起解（解），捉放曹（放），黃金台（台），汾河灣（灣），四齣戲名聯結起來，就是「解放台灣」，向共產黨傳遞情報。

她的法國假牙裡有毒藥，被捕後，咬碎假牙服毒自殺。

她已被正法——槍斃。日後見到××日報的消息登載：崔匪已被槍決。（這是舊報紙上所登載的「驚人」消息）

崔小萍的丈夫是李××，幫助崔工作。（李××先生是中廣副總經理，被其學生陷害，被判無期，後減刑為十五年。在牢中坐滿十五年出獄，病逝。）

民國五十三年（一九六四年），「第十一屆國際影展」在台北舉行。去南部參觀演習的電影界著名人物陸運濤等人的飛機，在台中空中爆炸，六十幾人全部罹難——謠言說是崔小萍把炸彈送上飛機的！

這條震驚全球的「偉大」謠言，是在我遭難後傳出來的；幾年後，經美國ＣＩＡ調查：是兩個中國海軍軍官欲劫機去中國大陸，遭飛機駕駛員拒絕，在空中爆炸起火墜機。

那天晚上，我正在中廣公司監播晚上的節目進行，消息傳來，我還擔心中廣總經理魏景蒙先生是否在機上？後來聽說他陪一部份影展人飛去金門。

謠言！謠言！竟有人相信，永遠把你看做是一個該殺不赦的罪犯！

「人家說，你是匪諜！」

「卡！」對方掛了電話。

我站在電話機旁，忽然仰天大笑起來，多麼可笑啊！這麼偉大的人物，竟然沒死，「人家」說妳是匪諜呀！

我的笑聲很大，樓上樓下的鄰居，是不是懷疑獨居的那個「崔老師」瘋了嗎？平常的日子，不是都聽見她在哼哼歌嗎？

我忽然記起，在一九六九年，在軍事法庭審訊了兩年之後，認定犯罪起訴後，可以面會親友——這是被拘禁後首次看見監獄外的親友——多少怨，多少恨，多少不平，多少失去人的尊嚴，我哭了！像要哭出胸中那塊冤誣的血塊，哭聲震撼了整個軍法處的監獄，像是地震後的海嘯一般。監獄官、女生管理員、刑警、衛兵……都來了，還有已被監禁中的囚人們……

「有人瘋了！瘋了！有個女人瘋了！」

真是震撼天地的一幕戲，這幕大戲，我在監獄中扮演，從一九六八年到一九七七年，六十幾歲才演完獄中戲。近十年啊！再翻山倒海的哭，也哭不回那些失去的人權，人的尊嚴，過去的榮譽啊！

「唉！」……

獄中

我夢見，當我在海濱散步，我靜聽海浪和細沙私語。
當我徜徉在小山傍，撿拾野花裝飾我的秀髮，像一個小女孩。
有時，陽光從幽禁的小窗中射進來，我以為是神來救我。
但是，我常從夢中被驚醒，那是監獄中鐵門的開啟，腳鐐的叮噹！
無聲的宣告，一個死囚又去執行了！
我的夢境忽然消失，我仍然躺在冰硬的地板上，從天窗裡望出去，好像是繁星滿天，又像是一彎新月，只是，它們對我是那麼生疏。

那位梁老師

每次看到那兩件織工精美的毛線衣和背心，是她為我織的，都會記起那位瘦弱的梁令惠老師，她曾是台灣衛理女中的國文老師，她是嚮往「自由中國」，從香港來台的。可是，竟沒想到當她要回香港時，卻被調查局逮捕，罪名當然是「匪諜」。

記得那一天，牢房外面的天，應該是豔陽高照，在房頂的小鐵窗射下來的光線，這樣告訴我們——在女監，我們幾「位」（給自己尊嚴吧）所謂政治犯的女老師們，各自在牢房內「修心養性」；每一位大都被判定十幾年以上。我們讀《聖經》、寫字、唸唸有詞……就怕在多少年出獄時，舌頭嘴唇打結，不能發聲，也不會說自己的言語。也許，已不認識「我是誰」了！

忽然又聽見獄門開開關關，然後，我隔壁的牢門打開又鎖上，沒有「人聲」。

「又一個女老師來了……女老師也會犯罪嗎？……」

「聽說是『真的』……」

幾個販賣軍中汽油的娘們兒（外役），相互竊竊議論。

沒有了聲音，隔壁牢房的女老師也沒有聲音，證明她沒哭。她如何那麼鎮定？當我們幾位女老師，被「判定」是「真匪諜」時，誰還能談笑自若？記得我是從法庭回牢房的路上，大聲的呼喊：「你們沒有天理！你們冤枉我崔小萍！你們有什麼證據判我罪？」

那幾位軍法官（當年是軍法審判，不是司法），在高台上相互笑著說：「冤枉不冤枉，妳去『買』」幾個律師，台北市上很多替妳辯護，我們這裡也有公設辯護人！」

然後，他們「拂袖」而去，他們在法庭上，沒穿正式的軍服。

沒過多久，又聽到外役說這位「女老師」被判「無期徒刑」，呵！她是「真的」嗎？當我被送到這個軍法處的監獄時，那些被囚的軍油犯，相互的說：「真」的來了！真的，這回一定是真的……」

被污衊的人格，就為了這麼一個強壓在頭上的罪名，將背馱一生！

當我們女囚們在牢房外「放封」時，女管理員沒放她出來，因此，在這個監獄內，我們沒看見過這位女老師，只曉得她姓「梁」，名「令惠」。直等到她被解送到「仁愛莊」（感訓學校）時，我們才有初步的認得她是誰。當年，我早已在「仁愛莊」做了幾年的「老」學生，而且是被派上幾項「重任」（大材小用吧？）接待初來的女囚；那天，是我歡迎她到「仁愛莊」來接受仁愛的感訓。

那天，是星期一，禮堂裡剛開完週會，聽說，又送來一個「女」的，大家擁擠在一起，爭看著這位「女」的是什麼「不得了」的人物——他們一定很失望，「她」，竟是那麼一個瘦弱的「小女子」。

「梁老師，歡迎妳！」我跟她握手，她卻抽了回去。

她沒有言語，我們倆眼中都充滿了淚水，心中充滿了悲淒。她將在這個「學校」裡，唸到哪一天才畢業？後來，她跟一個「師大」的女學生很友好，跟我們這些女老師們、販軍油的女囚們、被判什麼安保罪刑的一些女孩子們——太妹、舞女，還有開「妓院」的「老巴桑」，更是距之千里。她是基督徒，星期日，我帶隊，領「她」和幾個女孩子她們（假藉去看上帝，實際上去看看男生們的活動），去禮堂，做「主」日崇拜。

「她」，不笑，不說話，永遠是沉默，我們同住多年，也不知道她的「案情」是什麼？當我們得到不是「匪諜」，獲得減刑「三分之一」時，名單裡卻沒有「梁令惠」的名字！「她」是「真」的嗎？我身負「榮譽主委」的責任，我去「訓導處」詢問「她」，為什麼沒被減刑？楊訓導長找出一份資料給我看，使我驚嚇萬分——發黃的紙張上，有一行劃上「紅綠」的幾個「字」：「……宣誓加入共產黨……」

回憶她入獄的那一天，值班的是那位沒同情心的女管理員，是否她告訴她：承認是「共產黨」，就不會判刑？或者……，我們這些受害者，都曾在調查局有被「騙」取口供的經驗，但都沒這麼可怕，雖然那些調查員曾說：「有人，在娘肚子裡，就是共產黨胚子。」「你沒參加共產黨，但是，你心中想到共產黨，你就是共產黨了！」

多麼可怕的誘供手法！但，我們沒承認過我們是共產黨。我們沒做過共產黨，你沒承認過你是共產黨，可是判刑時，仍然認為你就是「共產黨」，而且還是「匪諜」。當年，一九四九年以前，在彼岸的共產黨還沒成立「中華人民共和國」，在台灣政府統稱他們是「匪」，因此，凡是被捕的男男女女，都以「匪諜」罪判刑。

在女監的幾位女老師，相繼出獄後，她仍然孤獨的被留在那個「仁愛莊」思想感訓。政府解除戒嚴後，民進黨執政後，那個「仁愛莊」被撤銷，梁老師被送到一個公家的「仁愛救濟院」，地點是在「屈尺」，附近還有一個自費的養老院，詩人鄧禹平曾在那兒住過，我曾和朋友們去看過他。許多年前，我也去過「仁愛救濟院」去探問梁老師，「她」，仍然沉默寡言，對「她」，仍無法瞭解。在那裡，她更孤獨，她不會說「台」語，連個交談的人也沒有，何況她拒絕跟人交往。幸好，在那附近有個教堂，聽說，她熱心的在那兒服侍主，在心靈上得到解脫，當她去天堂見主的時候，她「也許」會開口「笑」了吧?至今，我不知道「她」的「墳」在哪兒?如果打聽到了，我一定會在「清明節」，捧一束鮮花去看她。

一個新人的降生
——姥姥的詛咒

那是一九二二年的冬天吧？有一個「人」，在山東省濟南府——又稱濟南市，是山東省府——在一個算是富裕的家庭裡降生了。曾聽崔家裡的人聊起往事，對於這個人的出生情況，算是崔府的大事件——崔太太三十幾歲「還生孩子」，在一般世俗人眼裡，好像是「不太好」。無論怎麼說，「我」，這個人，在半夜三更時分，脫離開母體，降生到人間，沒有像一般胎兒那樣的「哇哇」地大哭，沒有聲音，緊閉嘴唇不吭聲，像是欠了「它」的債似的，因閉氣而渾身青紫。如此「紫」身露體的怪物，不知是否影響「我」後來深愛紫色這顏色？疼愛她「獨生女」（我的媽媽）的姥姥（外婆），焦急的守在媽媽的身邊，命令產婆用力的拍打那個「新人」的嘴猛拍猛打，沒想到這個「位」「新人」竟敢不出聲。累的產婆滿頭是汗，她拍打這個「新人」的背，屁股，四肢，猛搖這個「新人」的腦袋——這個「新人」竟是一頭「黃毛」，還是捲捲的，反正這個「新人」也無力反抗。

姥姥是信佛的人，氣急敗壞的唸著「阿彌陀佛」，還一邊大聲的叫著：「打呀！再用力一點！這個『小丫頭』片子，剛出生就這麼折磨人！橇開嘴，看她含著什麼東西，是不是塞住了嗓子？小妮子（山東人稱女孩叫妮子）折磨她媽大半夜了，還不哭開口！張開嘴！」姥姥也動了手腳，產婆不敢怠慢，扳開那個新人的小嘴，把手指頭伸進去……

「哇！」那個新人竟然哭了！聲音很大，像是「悶」了幾世紀似的。

「好了！好了！」兩個老女人齊聲唸佛！因為在這個「新人」嘴裡竟挖出來一個血塊——不像紅樓夢書中說「寶玉」嘴含寶玉而生。

那個新人，竟然「大叫」一聲，哇哇的哭開了，紫色的臉上滿佈淚水，哭聲裡像是受了多少委屈？還是有什麼怨恨？

「哭！哭！妳也會哭嗎？妳是不是要哭一輩子？不開口，妳不吃開口飯？」姥姥因疼她的獨女「祥雲」（我媽媽的名字）生產痛苦竟把氣都出在我這個新人身上。

沒想到，這個新人在「成人」以後，竟特別不喜歡她的姥姥，她姥姥叫她「寇妮子」（脾氣壞），她倆各自成見很深。有一年，姥姥在崔府做客，這個寇妮子竟大聲的對她姥姥說：「妳走哇！不要住在我們家裡！」

姥姥真的在駕鶴西歸以前，拒絕再到崔府走親戚。

一老一小，結下了解不開的「樑子」。新人成人以後，因老爺（外公）逝世，跟著媽媽回鄉奔喪，才再看到姥姥。姥姥盤腿坐在炕上，看了「我」一眼，竟然轉過頭去，她不理「我」。唉……山東人都有這股「拗勁兒」——當然，我也深悔幼時對姥姥太不禮貌，可是她的咒語，竟影響了我一生！

演戲呀！廣播呀！當老師呀！吃了一輩子的「開口」飯，顛沛流離十年，婚姻不幸，被冤誣坐牢近十年，不是一輩子都在哭嗎？

姥姥啊！您真行！

練習獨立
——爸爸的話

有一次，我把一條手帕兒，扔在臉盆裡，向女傭喊：「章媽！手帕！」

「妳叫章媽做什麼？一條手帕兒自己也不會洗嗎？」

我這樣瀟灑的動作，剛好讓爸爸看見，他看著我。我只好自己去把手帕洗出來，去曬好。

「這樣行了吧？真是…」我有些生氣，因為看見章媽在得意的偷笑！

「來！到我屋裡來……」我跟著進去父母親的臥室，爸爸關上他房間的門。

「小平，妳是我們家最小的孩子，如果妳不學習獨立生活，當我們都離開妳……走了的時候，妳將來的生活怎麼辦？」

「你們到哪裡去？你們到哪裡，我跟你們到那裡。」當時，我不明白「他們」將到哪裡去？

爸爸把我擁在懷裡，沒有說話。我發現他眼裡有淚水。

爸爸不用乘火車押運大批郵件到外省去的時候，他在家裡很少言語。他跟媽媽好像很少說話，當他休班在家的時候，媽媽指揮女傭人做東煮西，我就有一頓豐盛的餐食，等爸一走，媽媽就會坐在麻將牌桌上，那就是她的天下，我的飯食就是館子裡叫來的麵條或是包子了。

我想爸爸是寂寞的，自從姐姐逃婚以後，他不跟朋友們往來，休班的時候，就一早出去散步，或者看一本書默默無語，他是跟我說話最多了。

「小平，妳是我們崔家最小的女兒，妳一定要爭氣，當我跟妳媽走了的時候，所有的一切，都得自己照顧自己，不要以為自己無父無母就缺少管教，就放縱自己。好好讀書，爭取最好的，不要叫別人恥笑你，小平，爸爸在天上會看見妳的所做所為啊……」

「爸爸，你真會去天上嗎？我怎麼去找你啊？」

「唉！不懂事的孩子啊！有那麼一天，我們父女倆會在天上相見的…」

那時候，我還不知道有個「天國」，有個「天家」，待我回到主　耶穌的座下時，我才明白「天家」的含意。

「小平，無論如何，當我們老的走了時，妳一定要記得『獨立自主』，自己把握自己要做什麼，會做什麼，不要讓父母丟人……」

「爸爸，你們要向哪裡去？『天家』嗎？我也去！我現在就去……」

忽然，房門被推開，媽媽站在門外，很生氣，大聲喝阻爸爸不要再說話：「你這是做什麼！孩子這麼小，你對她說這些喪氣話！小平，去吃你爸爸給你買回來的櫻桃，別聽你爸爸說糊話！」

「好啦！爸爸下次再告訴妳怎麼獨立吧！」

我離開爸爸的懷抱，好像看見爸爸眼中的淚水。媽媽砰一聲把門關上，阻斷了我和爸爸的談話。那時，我不知道爸爸已經有病了。我在細嚼櫻桃的甜味，把爸爸的話當作耳邊風。

今日，我已八十幾歲，我已滿頭白髮，雖然還未衰老，但離去主國的日子也已不遠，未知在天國看見的「爸爸」還是那個帥男人面帶微笑的好男人嗎？爸爸！我好想你！

為慈母點燈

因為我常常不定時捐助創世紀基金會植物人養病醫院，所以，基金會經常寄通信資料給我。今年母親節，他們寄來的資料報告說為慈母點燈——這好像是佛教的習俗。但是，天下的母親，無論佛教、基督教、天主教、其他宗教，對於生養我們的「母親」，都應不忘慈母之恩。

我的母親，沒有高深的學識，生了我們三個孩子，長姐長我十幾歲，哥哥也大我六、七歲，我是「老生女」：母親三十歲生下我。她對我並沒特別的愛顧，她是個樂天派，沒什麼心機，喜歡玩。「老」了時，更愛打麻將牌，喜歡聽地方戲，看電影。從我幼小，都是一些親戚們的家眷抱我長大，那是說，我們家曾住了些家境不太好的女眷們來幫我們家做事。在我慢慢長大了時，她們相繼離去，家裡又雇了女傭來做所有家事，所以，我的母親應該說是個「享樂派」。因此，我對母親的愛也不是沒有選擇，也沒有像一般兒女那樣纏著「媽媽」，總覺得她離我很遠，很遠。有時還會有不喜歡她的感覺。她少管我的事，也造成我孤獨倔強的個性。在家裡，我是沒玩伴的，因為姐姐和哥哥在學校住宿，我很少跟他倆「來往」。更因為爸爸寵我、護我，使我脾氣孤傲。她們叫我「寇妮子」。我常懷疑我不是她生的，我常問她：「我是你生的孩子嗎？」

「你呀！你是我在垃圾箱裡撿回來的孩子呀！」在場的人都笑了，認為要使嬌生的孩子長命富貴，都會假造一個謊話，才使他生長得無病無災。可是，守舊的大人們，不知道這句謊言，會在孩子的心理上，造成多大的傷害！因此，我嫉妒媽媽對姐姐和哥哥的愛寵比我強。從小到大，姐姐和哥哥和我，像是生活在兩個國度裡一樣，缺乏共同的思想網。

舊照片

整理幾十年前的許多舊照片，把許多底片毀掉，免得搬運時增加重量。說實話，這些舊底片不會再為誰加印。照片上的人，「他」、「她」是誰？似曾相識，但已記不起誰是誰？在這一群濟濟一堂的人們，誰走了？誰進了天堂？聚會時的歡樂好像重現眼前，尤其是在「大陸」，中國和台灣變成了兩個國家以後，海峽兩岸，隔絕四、五十年以後，跟那個國家的人們再能重逢時，只能問，誰又走了？唉！能看見活著的親友是越來越少了。我怎麼還活著？長壽嗎？當我被主寵召時，誰來為我收拾這些寶貝？每次我有自拍的單人照，加印了許多張，想看看要寄給誰和誰？但是，記得我的人，喜歡看見我盛裝照的人在哪兒啦？當我也走了時，這些寶貝還不是變成垃圾付之一炬？

在曹雪芹的《紅樓夢》中，有林黛玉的「葬花詞」：「今日我葬你，明日誰葬我？」（原詞大概如此。）

從前，在中國廣播公司製作「小說選播」——《紅樓夢》節目時，只是充滿了興奮。這一部大作品，由中廣公司「播出」，「古老的中國」，由我來製作還沒有這樣死的思想！也許是我也「老」了的緣故吧，如今卻感覺詞中的悽涼，悲哀。

人生，就像一些舊照片一樣吧？誰？誰再記得你？誰也不認識你了。

黎世芬牧師

一九六八年九月，剛剛被調查局押到軍事法處監獄的時候，中國廣播公司繼任總經理黎世芬先生要來看我，因為還未「起訴」，不可以會面，他留下兩本書給我：一本是大本的新舊約《聖經》，一本是小小的《荒漠甘泉》。這兩本聖書，真是我的救命恩神，雖然我在七歲時，就在美國的美以美教會所辦的小學讀書，是初次接觸基督教，我的家庭不是信奉基督教的，可是我爸爸因在英屬的郵政局服務，也許受了他們信奉「基督」的原因，我姐姐也在屬於基督教的「齊魯高中」讀書，他的兩個女兒，一長一幼，在當年仍然還不算是開放的山東濟南市，都已使她們接受到神的恩典。我記得，牧師的太太是我們小學的校長兼任老師，她教我們唱詩，用臘筆塗畫《聖經》故事的畫冊，第一張就是「創世紀」。童年學唱的詩歌，到老了不會忘記：

耶穌愛我萬不錯，因有聖經告訴我，
凡小孩子主牧養，我雖軟弱主強壯。
主耶穌愛我，主耶穌愛我，
主耶穌愛我，祂有聖經告訴我。

我們這些小孩子，實在不知道神是誰？祂曾經做了些什麼事？更不懂。只是每個「主日」，在教堂中，會拿到幾張有主影像的畫片最有興趣（那些畫片多是外國印製的）。當我讀初中時，已經忘了神在那裡？十四、五歲時，七七事變全面抗戰爆發，離家流浪，日機瘋狂轟炸中，才偶然想起神曾經跟我同在。在災難中，我沒有受到傷害，即使我被誣告，被丟到監獄裡，主也沒忘記我，祂讓黎世芬先生送來了祂的聖書。在書中理解了祂的愛。祂的恩典，使我在絕望的深淵中，獲得救助，而得到了新的生命。

祂說：「我總不撇下你，也不丟棄你。」（希伯來書十三章五節）

我雖然從高處摔下來，但是「主」的雙手接住了我——那時我在中廣公司廣播事業正是輝煌的時代。

黎世芬先生是魏景蒙先生繼任總經理，那時魏先生和邱楠先生聯袂去了新聞局，擔任正副局長。黎先生接任後，跟我們部屬都不熟識，尤其是我，缺少「攀龍附鳳」的惡習，我只尊敬他是總經理而已。意外的，他如此關懷我，注意我的遭遇，並親送《聖經》給我，真是使我感激莫銘。記得當我最初被禁閉在調查局時，他請人送了一大盒蘋果給我；在軍法局過的第一個中秋節，他請人送了大批的月餅、水果來，使我們被囚的人們，也在悲泣中，過了一個「幸福滿滿」的獄中中秋節。

中秋節又要到了，黎世芬先生早被主寵召去了天國，但他最後的「道」是位牧師，他背起主的十字架，曾為主宣揚祂的「信、望、愛。」

他的官運不佳，在他任內，先是導播廣播劇導演崔小萍入獄，後是副總經理李荊蓀先生被捕，李被判無期徒刑，後改判十五年，出獄後一年病逝，罪名都是「莫須有」。

我雖也被監禁十年，因神的恩典，我現在還能在燈下回憶這些往事，依靠神的恩典，可能，還能允許我再繼續寫出一些碎夢！阿們！

蘋果牧師黎世芬

應該是一九六八年吧？中廣公司總經理魏景蒙先生，和節目部主任邱楠先生擔任新聞局正副局長，接任的總經理名黎世芬先生：我好像在公司裡還沒見過他是什麼「形像」，因為我很忙：大專院校的課很多，公司裡的業務更多；小說精選節目要看許多作家的小說，廣播劇因要發每週錄廣播劇演員的通告，其他節目要導播錄音……忽然，在五十七年的六月我掉入調查局的陷阱中。日夜逼供，我捲臥在三個榻榻米大的小監獄中，在思索「為什麼？」「他們要知道什麼？」糊裡糊塗！忽然，值班的班長送來一大盒蘋果，說是中廣公司黎世芬總經理叫人送給崔小萍小姐的，那時候，蘋果價格很貴，但是，那裡的調查員叫人「拿回去」，說是裡面怕下毒，囚人不可吃。當然他們那些調查員不怕下毒，我很感謝黎世芬總經理的關心

在調查局囚住了三個月之後，身上的一件「布袋裝」越顯鬆垮，他們幾個男女「保護」我送進軍法局看守所監獄，告訴我說：「星期一，接我回家」。但是，他們沒有來。黎世芬總經理卻送來了蘋果、《聖經》、《荒漠甘泉》。他要看我，但是，監獄裡的人說，沒起訴前不能和親友「面會」。在節日時，前中廣魏經理也差人送些吃的給我。如此，我被囚禁近十年，過了算不清許多星

期一，調查局那些戴「面具」的人沒來接我。一九七七年，雙十節國慶時，我獲得「減刑」出獄。有一天，中廣公司的總務組來人，送來一大盒蘋果——像送進調查局的一大盒蘋果一樣，說是黎世芬總經理叫人送來的，告訴我「不能復職」。從此，我和工作十六多年的廣播工作斷線。

不記得在一個什麼場合中，我看見黎先生的不太高的身影，仍然沒有看清他的面貌。聽說，他已離開中廣，並且成為牧師……

在馬可福音十二章，第三十到三十一節：

你要盡心、盡性、盡力愛主，你的神，其次就是說，要愛人如己，再沒有比這兩條誡命更大的了。

黎牧師已魂歸天國，我想，不定那一天，我和他會在天國相遇；我會大聲告訴他：「黎總經理，黎牧師，你好嗎？真感謝您的愛心。每次吃著您送給我的蘋果時，我都會熱淚盈眶，我曾分送給那些在獄中的難友們吃，說：『這是我們中廣公司黎總經理送來的……』」

天堂裡，有黃金的道路，有悠美的音樂，我們這些被侮辱的靈魂，不再受苦。阿們。

二〇〇九年，母親節，五月五日，追憶黎總經理送蘋果的「故事」時，崔小萍已八十七高齡，還活得很快樂的。是多少人，給我的愛，使我有勇氣「活」著。

殯儀館的聚會
——祭王庭樹先生

三月二十九日——青年節，放假的日子，年輕人似乎每天都在放假，打電動玩具，地下地上舞廳跳！聽什麼KTV，看什麼MTV……仍然抓緊這個日子去玩樂。這些已不屬於我，我去殯儀館，拜別一位不再年輕的老人；他，已經玩不起來了。

殯儀館的生意出奇的興隆，沒有一個廳房是閒置的，花圈、輓聯、鮮花、香煙嬝繞。據聞如果沒有一點兒「關係」、「面子」和人情，很難訂得到檔期。所以，活著的和死去的人，都必須「等」。

誰說不是呢？最近台灣老年人口的增加已到頂峰，申請自費及公費養老院的名額，甭想挨得上邊兒，只好在小型的家庭「修養所」，默默待斃。最近相繼去世的老人更多，有老死的，有病死的，還有一種新興的，被所謂「代表」嚇死的……因此，哀樂四起，處處喪歌可聞！

祭拜的大廳裡，聚集了「他」幾十年不見面的一些老朋友們，他們雖然都安居在台灣。從前當我看他們的電影，或是舞台話劇的時候，我還是個留著童髮的黃毛丫頭。他們年輕時，都曾大紅大紫過，都曾幸運的享受過生活，享受過觀眾的羨慕和喝采。如今，胖的胖，老的老，但是說話用丹田，不減當年做演員時的氣勢。只是那位老哥，「他」，卻默默的躺在那個長長的黑匣子裡，不再言語。我凝視著他已化過妝的面容，他似乎年輕了許多，臉上那些歷史的火車道，已經被死亡撐開了！這是「他」，最後一次化妝了。嘴唇緊緊的閉著，包含著多少的愛和恨，都已無法言語。生前，「他」愛說笑話的舌頭不再轉動了。在舞台上，實際的生活裡，矯健的身腿，現在卻僵硬的被束縛在這個幾尺的長方之中。再過一個小時，「他」又將在火裡的煉爐中，變成灰，然後從地球上消失，再度被人遺忘！如果他不是有子女，今天的喪事費用，要去募捐才能辦得成了，有些戲劇界的老兵們，不是躺在急診室裡，正等著窮朋友們去湊醫藥費嗎？

「他」，是位戲劇界的老兵。在我十二、三歲時，曾在戲劇畫報上，看過他在南京演《日出》飾演茶房「王福生」的劇照，「他」曾帶一個話劇隊從海的對岸來台灣，劇團解散後，他到中廣公司做一個臨時雇員，我才看到他本人，也認識了他。他有山東人的暴躁脾氣，更有山東人仗義行俠的豪情。朋友，所謂患難見真情，當我失去自由期間，他拖著中風的身軀，為我送東送西，風雨無阻。他在中廣工作負責認真，每次廣播劇與小說選播的排演、錄音通知，點交錄音帶等等，都是這位老哥樓上樓下的跑。連兒童節目的雜事也找他做，他很累，他抓個空兒，就會倚著牆站著，或是坐著打個盹兒，我會過去輕輕的捶他一拳，然後學著國劇裡的道白：「老頭兒，吃麵啦！」

他會乍然驚醒的說：「老佛爺！您的通告已經發出去了……」或者：「大小姐，錄小說的人都到齊了，您來吧……」或者他追著我大喊：「大妹子！看我不捶妳！」很像《紅樓夢》裡的老管家……如今，滿口京片子似在我耳際。在中廣，我們是喜歡開玩笑的老小一對兒。

因在《清宮秘史》劇中，我飾「慈禧」，他演老太監「王商」，因與家姐相識，他喊我「大小姐」或是「大妹子」。

「老哥，你已經走完人生之道，八十多年的重擔也已放下，你的老妻有子女供養，不必掛念。你現在好好的睡大覺吧！」老人祭老人，已無眼淚可流。

我從停放棺木的後堂走出來，不忍再聽「他」在火葬爐裡被燃燒的骨肉崩裂的聲音，我獨自走出殯儀館。

路上行人擁擠、擾攘，車陣大排幾條長龍，又是塞車。陽光耀眼，使人出汗，這不是春天嗎？

死去原知萬事空，
但悲不見九州同，
王師北定中原日，
家祭勿忘告乃翁。

咦？我怎麼忽然會想到陸放翁的詩？

他是在中華民國七十九年（西元一九九〇年）三月十四日上午十時四十分壽終正寢。生於民國前一年（西元一九一〇年）三月九日，享壽八十有一齡。

治喪委員、副主任委員有王豪（明星，已逝），還有我。其他委員列名的都是跟他合作過的夥伴們。如今，在「訃文」上的名字中，有多人也已逝世。

王庭樹大哥，是個很幽默，很有義氣的人。當我被誣入獄時，中廣公司的同仁，有些我曾經幫助過的人，都不敢來看我，有的怕「關係」後來聽人告訴我說，王大哥曾說：「我去看崔導演，我

老了，我不怕死！」（他是老國民黨員）

王大哥為我送吃食，探監，不避風雨，至今使我感恩不忘。

感恩——邱楠先生

我出獄後，有一天在報上發現一篇訃文，是前中廣公司節目主任邱楠先生，舉行公祭，火葬……

自我一九六八年入監到我一九七七年出獄，我沒再見過他的面，為什麼？他是發掘我廣播藝術造詣的「原始人」，應該認為是「劃清界限」吧？那時，國民黨執政時期的「白色恐怖」烏雲，還籠罩台灣沒有散開，他現在過世了，我現在去看他，應該沒有嫌疑了吧？他是我進中廣的介紹人，我不知調查局有沒約談他？我被違法囚禁時，他已離開「中廣」，在新聞局任副局長，中廣總經理魏景蒙擔任局長。

那一天，風和日暖，沒有雷雨，我到殯儀館去看他。戴了一副墨鏡，在奠儀簿上簽了崔小萍的名字，交了幾千元的奠儀後，這是我第一次送他「禮」——也是唯一的一次。那時引起在場的人們一陣驚訝：「崔小萍不是被槍斃了嗎？」「崔小萍匪諜，已被槍斃……報上是如此登載的呀……」

很多中廣的「老同事」們，只是瞪著眼看我，沒人跟我打招呼。他們也許奇怪，崔小萍是妖精嗎？是復活了嗎？怎麼還沒減「當年」的導演風采，輕飄飄的飄進了殯儀館。

人家不招呼我，我只好把這些老同事們，男男女女，當做陌生人吧！我直接走進休息室，去看邱太太。當年，我似乎沒見過她，因為我沒有習慣走高官的府上拜候，沒想到她卻認識我，她呆了一會兒說：「呀！崔……小姐……」

「邱太太，請節哀！」我抱了她一下。她告訴我邱先生的棺木，停在後進。我走進黃色幃幕的後邊，我看見邱楠先生躺在棺木中，面色很好，好像還在微笑，我向他深深一鞠躬（當他活著時，我沒向他彎過腰打招呼），一般人認為我傲慢，我想，邱先生不會如此認為——山東人的個性嘛……

「邱先生，我回來了……」我不必「報上姓名」，他對「崔小萍」的名字，已經有幾十年的記憶了。

「邱先生，感謝您對我的提攜……」我擦去眼淚，把守靈人遞給我的一個小花朵，輕輕的放在他的胸前。

我一個人，仍然是孤獨的走出殯儀館，像是春風吧，吹飄起了我的衣衫，我好像回到了那個梳著馬尾，穿著大花裙子的崔導演的時光，想起邱楠先生約我見面的景像——

民國四十一年，花蓮發生了六、七級的大地震，房倒屋塌，差一點引起海嘯。那時，我正放棄了我的表演事業，跟隨良人逃避他不幸早婚之災的惡纏，遷居花蓮，他是個小職員，薪水微薄，因此，我們的生活條件很壞。但是，愛情的魔法無邊，我放棄了優裕的日子，跟隨他到天涯海邊，苦日子算什麼？有愛情，就能克服所有的困難…就如我編導的廣播劇中，有個前妻對著弱勢女子叫著說：「你們可以吃愛情呀？你們可以喝愛情呀？哈哈……」

真像是演電影，大地震後餘震頻頻，養的雞也震死了，我的「咪咪」好像也震傻了，但是牠卻拒絕從花崗山下逃難來的大黑貓。「牠」看不起「牠」搶吃貓食，很沒規矩……這時，我卻收到台北中廣公司，節目部寄來的一封信。內容是說我對兒童節目很有經驗，能否去公司談一談？

我何時做過兒童節目？除了我參加「上海觀眾演出公司」來台，在台北中山堂演了很多舞台劇，而且都是擔任女主角呢？我記起來，是有一次我幫「金」同學在中廣錄製一個兒童廣播劇，那時「金」在北投育幼院做老師——就這麼一點認識的關係，因我被誣告為「匪諜」，使他也冤枉坐了六、七年牢。

借了幾塊錢，我到台北中廣去拜訪節目部某先生——當時的想法是：日子難過，如果有機會工作，離開地震頻頻的花蓮不是很幸運的事嗎？當年，糊裡糊塗結了婚，做了幾年的「家庭煮婦」、黃臉婆，能夠再見天日不是從上天降下的幸運嗎？我沒有禱告，因為那時我對「主」基督耶穌沒信任感——坐了幾年冤獄以後，才真感受到神對我的恩賜是筆墨難以形容的。

那天，我穿了一件用毛巾布自製的上衣，一條舊牛仔褲，平底鞋。從上海帶來的花洋裝「不准穿」，因為良人說，那不適合一個小公務員老婆的身份，但是黑油油的長頭髮，卻是仍顯出當年風采。

到了公司，管事的帶我去見一位主管，說他是節目部主任——邱楠先生。

想起當年那一天邱先生看我的表情，他一定很奇怪，從前在舞台上飾演古裝、時裝，那位感人落淚或喜悅的「女演員」，怎麼這樣的打扮？很像一棵愣頭蔥，連口紅都沒抹，不像是約來見一位大廣播公司主管的樣子呀！

我向邱先生點了一下頭，表示我是他約的人。他也沒問我：「您好嗎？崔小姐？」就請我坐下。開始談話，他沒問我的「家事」，或來自何方？開門見山，問起我曾學過的戲劇藝術專業課程，然後告訴我，他去國外訪問時，發現在廣播中的戲劇節目，很受人歡迎，他想在中廣公司也開闢這樣一個「戲劇廣播」節目。

當時，我很睏，很累，也很餓。對於他的話沒太多的興趣，很想馬上離開，最後邱先生問我：「你會編劇嗎？」

「我們在劇專校一、二年級的基本課程就是編、導、演及舞台設計，後來我專修表演藝術。」

「試試看吧？寫一個廣播劇劇本給我。」

我走出在新公園的中廣公司大樓。昏昏然，更沒想到後來我竟在這個大樓裡，曾為廣播藝術工作了十六年之久，直到五十七年調查局約談誣告被捕才離開！如今的中廣公司舊址大樓，被作為「二二八」資料館之用，新公園被改成「二二八」公園，從前，去中廣公司時，這是我必經之路——以後，已沒必要走那條舊路了。

告別邱先生，坐船回花蓮，沒花路費——其實路費已經沒有了。一位在船公司服務的朋友，介紹我到他們一艘幾百噸的小貨船上，免費乘坐。於是，坐在小船艙裡，搖搖幌幌，頭昏腦脹的回到花蓮港。

良人沒問我有多少成功率，他正為救濟院裡的那些無依無靠的老人們的伙食問題忙碌。

我很頭痛，思索一個廣播劇的內容，要編什麼樣的故事，才能使聽者感動呢？忽然發現中央日報上有一幅大廣告：「匪諜自首，既往不究」。我不懂所謂「既往不究」是怎麼回事。對於政治、判刑等等的事件，我完全不懂；可是，就在那時，聽說從北平來花蓮的一群大學生，全都被捕，「說」他們都是「匪諜」。靈感一現，就編出來一個表妹在大陸被鬥爭，逃到台灣，和她從事「匪諜」工作的表哥在火車上相遇，表妹已有些精神異樣，在車上哼哼唱唱……火車聲、小販賣「便當」聲、鬧鬧哄哄的人群聲、這不是很好的音響效果嗎？當年，我還不知這叫「音效」（effect），這叫「配音」，音效和音樂配音，只是憑我的戲劇靈感寫出一個有「聲效」的能在廣播電台廣播的劇本。故事結尾，當然是表哥被感動，主動自首，得到國民黨政府既往不究這個劇本的名字就叫「重逢」，是我在廣播界編寫的第一個廣播劇劇本。

地震還有不斷的餘震。郵局作業正常，我將劇本寄給台北的中廣公司節目部邱楠先生。我並沒希望能得到什麼「成功」的回音，我擔心自己，是否能負擔得起製作廣播藝術的重擔！可是走出家庭，重新做一個職業婦女，卻是我迫切的希望。否則，我將變成一個蓬頭垢面的黃臉婆；每日在油鹽醬醋的雰圍裡打滾兒的女人！崔小萍，崔府的二小姐，將在台灣萬劫不覆！

劇本寄出去不久，我收到了回信：「請接信後，即來中廣公司，擔任導播，從五月一日起薪……」信的內容大概是這樣，使我驚訝不止！這不是天父賜給我的禮物嗎？還是邱主任送給我的大禮？接信時，已是四月初，五月上任，那得趕緊準備；其實也沒什麼準備的，提一個小包袱就可成行，良人也很高興我能重新出發。說實話，自從「上海觀眾演出公司劇團」回上海後，我便流落台灣，放棄了我摯愛的演劇工作，跟著良人東遷西移，四處寄居，沒有一個像樣兒的家，除了「家煮」，似乎沒有朋友。生活裡沒有生氣，充滿空虛寂寞，良人似乎沒有感覺到我這種心情。他為我高興的是，我有一份工作，有一份收入，我們的生活可以好一點而已。這次離開花蓮去台北，還不知將寄居何處？好在我當年，缺少三思而後行的頭腦，沒有後顧之憂。走了，就走了。只是我愛的白貓咪咪無法帶走。那隻地震跑來的黑貓，雖和我的感情不深，但都託付鄰居寄養。只好希望，等那一天，有個家的時候，再跟牠們重聚吧！

這次踏上征途是乘長途汽車。車行過崎嶇的蘇花公路，上望層層山峰，下看平靜的太平洋，就這樣搖搖幌幌我又到達台北市，寄居良人的弟弟家；第二天上午，我去見了邱楠主任。

「妳需要多少薪水？」邱主任問我。

嚇了我一跳，這還是第一次發現有主管問職員要多少薪水而定薪的事。早年，在劇專劇團工作時，我也不知道是誰給我定的薪水。那時用金圓券，我每月的薪水有三十幾萬哪！

「我不知道……」我愣住了，如果像如今「老」了，還會說客氣話：例如：「您看著給吧。」像買賣東西似的講個價錢。

他笑了，我想是笑我這個舞台上的「名角」，還不失純真。他告訴我的工作，是在廣播組擔任「導播」，指導播音員廣播，另外一項是廣播劇「導演」，從民國四十一年五月一日開始工作。我不需上下班坐辦公室——在廣播組同仁的心裡，都會覺得奇怪和不服氣。

「這個『空降』的導播，怎麼可以不按時八小時上下班」？所謂空降，是指我不是由低層升上來的。可是，廣播組長還是派了我每天兩小時，對東南亞紀錄新聞播講，及負責外來專家的專題播音。在中廣工作了多少年後，還是對我不上下班的心中不平，就派我星期日晚上，在電台值班，負責監播節目進行；好在我不是遊手好閒之輩，倒利用晚間在電台跟著名師楊秉忠先生學彈古箏。「漁舟唱晚」背譜他也有了靈感，我編《釵頭鳳》廣播劇，他寫獨唱曲，以及《紅樓夢》——「小說選播」節目的主題曲。他們沒料到被排的人倒另有收穫。這兩位組長，都已下台，他們更沒料到：這位崔小萍小姐將來會名揚四海？就連以後我被誣告為「匪諜」也沾了我大名鼎鼎的光，也無人不曉哪！

我沒有坐辦公室喝茶看報，每天忙著編、導，訓練播音員演廣播劇，要練「聲音表情」，講解戲劇表演的理論，就連音樂那位配音員，我也要他懂得什麼是戲劇的音樂，而非音樂就是音樂，跟著我錄音的工程人員，我也要他們注意音量強弱大小和劇情的關係。星期五上午是廣播劇排演——沒有像舞台劇走「地位」，但要表現出擔任角色的演播員，要用聲音表情表達角色的心理過程，情緒的變化等等。星期六上午，八時到十二時是正式錄音，在發音室讓演員對著ＭＩＣ訓練音量控制，以及音效的排練……在所有的前製工作都準備好以後，九時後才開始正式錄音。有時候，錄音後，發現超過節目一分或兩分鐘，我必須在控制室和工程人員聽錄音帶，在字裡行間消去一或兩分鐘，這樣才不會影響下個節目的聯播時間；因為在排練計時時，跟正式錄音時，演員發揮的情感表現不盡相同的。總會有分秒之間的差別。另外一份工作是「小說選播」導播，我需要不斷的閱讀作家們的作品，設計如何「播講」，而不是「讀」小說，而是如何「演」小說。所以，這個節目，也像廣播劇一般受聽眾們的歡迎，因為他們「聽其聲」如見其人。在想像中，劇中人，小說中的人物、場景，都活在聽眾的想像中。在一九五二年後，正式成立廣播劇團，招考大批的播音員參加訓練。有些分台的播音員，也都想參加廣播劇演播而設法請調來總台。當時，我也邀請其他廣播電台優秀播音員參加演播，更重要的，是我當年執教政工幹部學校、世界新專、國立藝專、台北第一女中，他們的編劇、表演，都是我製作節目的常勝軍。中廣的廣播劇節目也造就了不少編劇家，及許多小說作家，因小說選播節目的播講，為他們做了暢銷廣告，更造就了許多「廣播明星」，更使配音李林在「中國電視」成立後獲任配音指導的職位。

當時我的薪水是兩百多元，租一間小屋就花一百伍拾圓，在工作了十六年後，我的薪水才三千元。但是，但是，可悲的是，調查局已請我去吃牢飯，這三千元也沒得領了！他們為我編的劇開始上演，那時是一九六八年六月——一直到一九七七年，才算閉幕。我獲得減刑出獄——能獲減刑的「所謂政治犯」是沒有參加「匪黨」組織的人才有資格。

跟邱楠先生在中廣公司同事十六餘年，我並不真正瞭解他的為人處事的態度，因為我除了在「劇本」編寫方面請教他，他有時給我一些建議，並不堅持他的看法。我不是一個攀龍附鳳的人，我沒去過任何「長官」的家，更不打「政治麻將」以聯絡感情，所以對他的家庭不瞭解，當年更不認識他太太，在那年他的喪禮上，才見到他太太。他寫書、出書，筆名是「言曦」，他還寫編過一部廣播劇，更親自演播，而我這個導播是當然指導。我想他對我的個性和作風是一目瞭然，有他支持，我才能順利完成我應該做的事。記得有一次颱風，我是監播，說定是半小時播報一次颱風情況，可是，廣播組長忽然找我說：「崔小姐，邱主任來電話了，問為什麼半小時播報一次？他很生氣；等妳的電話！」

當時，我也很生氣，半小時播報一次，也是邱主任的指示的呀！

「邱主任，每隔半小時播報一次颱風消息，不是你指示的嗎？怎麼現在又改了呢？我是遵從你的……」我的聲音很大，那位組長在一傍偷笑，後來我才清楚是中了他的挑撥詭計，因為邱主任在電話裡很溫和的告訴我：看颱風的動態，如果不是繼續擴大，也可以不要半小時報告一次。

又有一次，是空軍總部送來一個劇本，請中廣廣播劇團演播。我正在發音室和控制室，指導演員和配音、錄音、效果人員，即將開始錄音。忽然有一位同事告訴我說：「張組長在向主任指責，為什麼崔小萍領薪水，還要拿一百元的導演費？」

當年，劇團播出費是參加演播的公司播音員都有六十九元的報酬。也許邱主任認為我兼做的工作很多，而薪水很低。每次給我一百元導演費算是補貼，沒想到，這樣也引起別人的嫉妒！山東人的脾氣，我氣沖沖的不問青紅皂白，拿了劇本錄音帶衝進主任室，那位空軍軍官正和主任聊天，他在等待錄好的廣播劇的錄音帶。

「主任！我不錄了，誰願意拿這一百塊錢，請他來導演！」演員們都站在主任室門外等結果——邱主任並沒有因我如此的不禮貌而生氣，他溫婉的告訴我，是一些同人，不明白這一百元導演費的意義：因為我是兼任廣播劇團製作和導演是沒有正常薪津的，算是工作加給。

「你看，廣播劇在國內外引起聽眾們熱烈的支持收聽，不是比一百元的報酬更重要嗎？客人在等著拿帶子哪⋯⋯」

這一場戲就此落幕。事後，我也深悔我的魯莽和不懂事，還像小孩子的發脾氣，想想我不是崔府家裡的崔二小姐，我是在執行公家的事，不可以如此不懂禮義，更使得邱主任難堪。

邱楠先生是一位「知人善用」的領導者，如果我的想法不錯的話。他更瞭解一個沉浸在藝術心靈中的人，是不會注意到周圍的人，是欽佩，是嫉妒所加給他的語言壓力；因為他的工作精神是獨特的，不是說閒話的人能擔當的；我感謝邱先生對我的認識和支持。我認真的創立戲劇的藝術，在中廣中發揮人性和愛的力量。更因為我日常除廣播電台的工作，我教四個學校，有時，還參加拍攝電影，因此，沒有時間和同事間「閒聊」，就被認為我是個傲慢的人，而我是個任勞任怨的獨行俠呀！從前，一天的「時間」，我能做七件事，如今，年老了，只能七天做一事了！唉！時光不饒人，值得悲哀！

我在一九六一年出版我的第一本廣播劇集，名為《芳華虛度》、《兒女冤家》、《窄門》及《藝苑情淚》。我請邱楠先生為我寫序。這是一篇珍貴的對戲劇藝術、廣播藝術的分析和見解，值得集錦在我的《碎夢集》中。該序曾在《中央日報》批露。

中華民國五十年邱楠寫於中國廣播公司

言曦（邱楠）序崔小萍四劇

性情之深淺厚薄，人各人殊，有如其面。不同的性格交織錯綜，是產生動人的戲劇的重要因素之一。如果每一個人的思維與感情皆趨於一定的類型，對事態的心理反應皆限於一定的方向，即使成為一個「非戲劇」的世界，猶如平沙無垠，永不見峰岳丘壑之美。戲劇以人生的素材為織錦。含英咀華，以還報於人生，使觀者喟嘆、喜悦，震撼、穎悟，而享受到一種抒發性的快感。所以，戲劇不能離開人性的刻劃而獨立存在。其在於人性的刻劃堙鬱幽便之處，掘發愈深，卻愈具備動人的劇力，而組織故事的巧拙反而居於次要的地位。創造人物不是杜撰人物，事實上，沒有一個人能憑空去創造另一個人，而只是體會一個人，或綜合渾糅幾個人的性格，然後以最適切的機會，使之再現於傳播工具。這個人必須是可能存在的，而又是不同於凡俗，似曾相識，而又出乎其類的。剖析其心理的精微深邃的底層，如剝筍衣，如見肺腸。莎翁之造「哈姆雷特」、「馬克白」，王實甫之造張君瑞，皆循此而使人物超栩栩如生。捨人物塑造的成功以外，古往今來的戲劇家亦無所成名。

上焉有以「事」寫「人」，其次以「人」述「事」。再其次以性格模糊的「人」，去填塞夾纏不清的「事」，最後則以不可能存在的「人」，去組織不可能的「事」。今天的劇作家如果忘記發掘人性的深度，忘記去體會、追求，塑造使人難忘的人物典型，而只是存心編織完整的故事，使其分幕如何均衡，穿插如何巧密，如何擺佈以引人入勝，都完全是徒勞的，猶如桐城派古文的末流，專講義法，展聘有序而無物，畢生顛倒浸淫，則仍就是站不住的。戲劇不宜於刻劃心理是一種誤解，事實上每一句對話都是這個人物的心理直接反應，對話的作用如只是在便於發展故事，那是沒有生命的對話。

崔小萍女士著作與編導的廣播劇，其中「兒女冤家」，寫喪失家庭溫暖的小兒女的變態心理；「窄門」寫非法愛情，迎拒之間微妙的心理過程；「藝苑情淚」寫一個盲人在勉強撮合的婚姻中，所蒸鬱出來的自卑與虐待狂心理，皆虎虎有生氣，其潛心致力的方向，實上與前代的戲劇名家相接，下亦為轉移今日浮氾技末的編劇研習，發其端緒。除「芳華虛度」以外，其他諸劇，我應該自幸為第一個過目的人。崔女士不以劇學疏陋見棄，而請為之文，樂而誌之，兼及我自己平日讀劇的一點感想。

一九五九年，亞洲第六屆電影節，我在中影公司邀請我拍攝《懸崖》（The Cliff）一片，獲得亞洲第六屆影展的「最佳女配角」銀鑼獎，這是在演員獎中第四個大獎。獎分「男女主角」及「男女配角」，更是中華民國在亞洲影展中，首次獲獎；當消息傳來時，中廣公司同仁都為我高興。邱楠先生曾和我握手致賀，他笑著說：「崔小姐，恭喜妳！很高興吧？」

我想，我為中廣公司也贏得一份榮譽，因為我是中廣公司的導播，廣播劇導演呀！

二〇〇〇年，舉行廣播金鐘獎，中廣公司榮獲十幾項大獎，我也因高足馬國光先生（筆名亮軒，散文家）提名，獲得廣播金鐘「終身成就獎」，如果邱先生還活著，他會笑得更開心了！

我在一九九九年向「戒嚴時期不當叛亂暨匪諜審判案件補償基金會」申請補償，被受理申請，並在二〇〇一年八月上旬核發補償金——得到新台幣四百萬元補償金。這當然無法補償我因冤案失去的名譽和事業，這些金錢，起碼可使崔小萍，雖是無業遊民，但不會露宿街頭。

二〇〇四年，並由民進黨政府贈「恢復名譽證書」——簽名是總統陳水扁及行政院長游錫堃。另外贈人權獎章一枚。

我囉嗦的寫了這麼多，雖然邱楠先生他已不在人世，但是，我一定要告訴他這幾十年來我經歷過的故事，他一定會笑著說：「崔小姐，我相信你是清白的！」

天堂的聖樂正為他演奏……

感謝
——王紹清教授

作家張放先生，在追憶王紹清教授的一篇文章的前文，這樣記著——

著名戲劇教育家、劇作家、戲劇工作活動家，四川銅梁箱王紹清教授，十一月三十日，因腎衰竭症逝世，享年八十二歲，他畢生以自己曠達而樂觀的性情，春風化雨灑在無數藝術青年的心靈裡。

當我聽到王老與世長辭的消息，卻抑制不住悲痛的淚水！這篇小小的剪報上，沒記著王老先生是何年何月仙逝？如今，我追憶王教授邀請我去當「老師」，已是半個世紀以前的老故事了。

王教授和我不熟，但在某些場合遇到他，聽他四川口音的國語說話，確是很有趣味。耳聞他的「女弟子」們都很喜愛他：他最後一位夫人是照顧他的護士長，而且為他生了一個胖兒子。那時，聽說他是一個政治學校的系主任。原名為「政工幹部學校」，校地是從前日本人的跑馬場，是在一九五二年建校，所收的學生，大都是從軍旅退伍下來的軍人，再在該校受訓，補充過去所沒學習過的多種課程，政治科是最重要的。

有一天，王老找到我，要請我去那個學校教學當老師，那時我剛剛被中國廣播公司聘為廣播組導播。也許，他曾看過我在台北中山堂演出的很多舞台劇，也許，他聽說我從前是專門學戲劇藝術的——來自中國大陸「戲劇專科」學校畢業的。但是，要請我去做老師教學生，我實在不敢答應，感覺我自己學識淺薄，經驗不足，怎麼能去教學生？再說，我所專門研究的「斯坦尼」的心理寫實表演體系，在台灣還是「反共抗俄」敏感時代，俄國人的藝術家怎麼可以當教材？雖然，我在「表演基本訓練」方面，應該沒有問題，可是，沒有理論基礎，教學生是很困難的，尤其是我學識淺薄，經驗又不足，真是沒有資格當老師。而且我「不敢」去教學生。我再次拒絕了王教授的好意。

「教學相長，你怕啥子麼？對你所研究的戲劇表演藝術，不是更可「溫故而知新」嗎？」王教授的言談，幽默而有趣，最後，我答應了他的邀約，開始去「當老師」。他鼓勵我。

真得感謝他的邀約，我開始「當老師」，在我的生涯中，除了發展「廣播的藝術」，那就是把我的戲劇表演藝術，如何再做深入的研究和探討。

幹校（後簡稱）在一九五二年建校時很簡陋，沒有幾間課室。因校址在北投，我從台北去教課，校方有吉普軍車接送我，比較方便。初登教台，真是有點恐慌，看著那些年齡比我大的男學生們（起初沒有女生），眼睛瞪著我，我幾乎不知所云……當老師也得認真，不可「誤人子弟」。想不到，這一開始教，竟教過了十幾期的「學生」，有的很有成就。

由幹校開始，我繼續在「世新」、「國立藝專」、「國光藝校」、及電影公司「戲劇訓練班」等授業，更值得一提的，在一九七七年冤獄自由後，又去一個綜合高級中學去教戲劇了！

感謝王老，希望您在天國安息。

謝晉導演在睡夢中安息

謝晉導演和我是在中國大陸時國立戲劇專科學校話劇科的同學，他低我一班，也小我一歲。在校時，正值日本帝國的軍隊侵華，我們中國人艱苦抗戰的時代。當年，我們都曾經是家鄉被日本鬼子佔去，我們都變成無家可歸的「流亡學生」，這個名詞，在台灣的學子們是無從瞭解的。因此，在漫長的寒暑假時，無家可歸，無處可去，就是組隊去國軍駐守部隊演戲勞軍，因為我們的「伙食」無肉無油，所以他們也因此送吃食給我們學校，使我們能吃得較好一點，否則，就在學校內打打橋牌、辦個晚會、演舞台劇，不收票，不收錢，便在江安（當年劇專遷居在四川小鎮，以避日本飛機的轟炸）用校長余上沅先生發明的叫「憑物看戲」方式回饋演出。於是，當地的老百姓們，駐守的官兵，在醫院裡養傷的傷兵們，紛紛送大批的肉類，蔬菜，饅頭等等，使我們這些窮學生們能增加一些營養。

當年，謝晉在校也享受過這樣的歡樂。記得他是在我三年級時，他休學跟洪深老夫子出外打天下。一直到台灣和中國隔絕四十幾年以後，蔣經國總統開放大陸探親，我已無親可探，以一個觀光客的身份，第一次去上海，見到謝晉，也看見許多「老」同學。那時謝晉已是國際有名的電影導演了，和台灣的名導演李行先生變成很好的朋友，相互慶祝他們從事電影導演五十年。謝晉曾經來台，李導演也組團去上海，他也邀約我參加同行，謝晉曾帶了一個話劇團來台灣演出《金大班的最後一夜》，劉曉慶小姐為女主角。那時他「重聽」很厲害，和他說話，靠近他的耳朵還得很大聲，沒想到，這竟是我們最後一次歡聚。李行導演打電話給我說：「謝晉去世了。」

二〇〇八年，十月十九日，星期日，《中國時報》，兩岸新聞，記者王銘義，綜合報導：

大陸名導演謝晉揮別人生舞台

大陸著名導演謝晉昨天在浙江上虞老家辭世，享年八十五歲，剛走出喪子之痛的謝晉，是在十七日傍晚抵達上虞，準備參加母校春暉建校一百週年慶典活動。昨晨七點四十分，謝晉下榻的酒店服務員發現他已經不幸去世。

謝晉的具體死因還未公佈，遺憾的是，謝晉的兒子曾執導《女兒經》等片的謝衍，在八月二十三日因肺癌去世，享年五十九歲。這對著名的中國導演「父子檔」，在短短不到六十天內，相繼離世，令中國電影圈唏噓哀悼。

走出喪子痛突辭世　令人唏噓

據電影集團副總裁汪天雲向「新浪俱樂」透露，謝晉此行前往上虞，是為了參加母校一百週年校慶，比較興奮，有喝點酒，實際上他身體不好，又有心臟病，最近剛從老年喪子悲痛中走出來，沒想到突然就離開了大家。

曾被譽為獲獎最多的電影導演的謝晉，曾三度擔任中國電影金雞獎評委會主委，威尼斯國際電影節，東京國際電影節，印度國際電影節評委。美國電影藝術與科學學院會員，同時，謝晉擔任全國政協常委，中國文聯執行副主席，中國殘疾人聯合會副主席。

謝晉曾執導影片三十六部。著重發揚現實主義傳統，注重人物感情的抒寫和性格的刻畫。代表作有《女籃5號》，是中國第一部彩色體育故事片。於一九五七年，獲世界青年聯歡節銀質獎章。《紅色娘子軍》，於一九六二年獲首屆電影百花獎最佳影片獎，最佳導演獎。

執導三十六部影片　屢獲大獎

謝晉的《天雲山傳奇》，於一九八一年獲首屆中國電影金雞獎最佳影片，最佳導演。一九八二年獲香港電影金像獎最佳影片。《芙蓉鎮》一九八七年獲中國電影金雞獎最佳影片，電影百花獎最佳影片，以及多項國際電影節獎項，著名作品還有《牧馬人》、《鴉片戰爭》等。

謝晉　中國現實主義電影開拓者

中國著名導演謝晉昨晨在家鄉浙江上虞逝世，享年八十五歲。這位中國國寶級電影藝術家的辭世，受到中國億萬觀眾的矚目。有大眾媒體形容說：如果要舉出二十世紀後五十年間，影響最大的一些文化人，即使把名單縮小到最低限度，也一定少不了謝晉。

在中國近代電影事業發展史上，謝晉所創造出來的典範地位是難以超越的。對一位從上世紀六〇年代即在中國影壇崛起的電影藝術家來說，謝晉對電影的追求夢想，在那漫長悲苦的年代，更為中國億萬影迷帶來了無數的夢想。

對於謝晉文化影響，余秋雨就曾比喻說：回想一下，在這風風雨雨的半個世紀，中國人的文化生活中，如果沒有謝晉，一大批中國人，如果沒有《紅色娘子軍》、《舞台姐妹》、《天雲山傳奇》、《牧馬人》、《芙蓉鎮》等等電影可看，那將會是一種怎樣的失落！

謝晉被視為中國現實主義電影的開拓者，始終保持著對社會嚴峻而深刻的審視，勇敢的對自我進行超越，浙江省作者主席程蔚東就說：在中國重要的歷史時期，謝晉的作品都能跨越禁忌，引起人們的共鳴。他所指導的三十六部電影，如同反應中國社會起落的大事記。

作為新中國第一代電影導演，年逾八十旬，仍活躍在中國影壇。謝晉曾意氣風發的說：「任何時代，都要呼喚自己的英雄，都要為自己的民族塑造形象，如果二十世紀中國電影還沒有美好的形象留下來，並且被全世界都能接受的話，那我們這一代電影人就沒有盡到責任。」

謝晉從影六十年，始終帶著強烈的歷史使命感和憂患意識，用膠卷書寫中國社會和歷史的風雲變幻。謝晉晚年曾接受辜懷群之邀，擔任新編京劇《原野》總導演，奔波兩岸，《原野》是「中國莎士比亞」曹禺的作品，從來沒有人敢於嘗試改編為京劇，辜懷群說：「有謝晉把關我們就不會太離譜。」

在這篇報導中，印了一張謝晉和他的兒子謝衍的「父子照」（盧煒祺攝）。

審視謝晉於二〇〇五年，九月三日，在上海他家，我們幾個同學和他聚會，送我一本他的著作——《我對導演藝術的追求》一書，內寫「小萍學姐留念」。內封面有他年青時的照片，就像在劇專讀書時那樣瀟灑漂亮。

謝晉走了有一年多了，我也已老弱無力再去上海「看」他，在中國大陸的老師，老友，老同學們，也都已跟著「時間」，歸於泥土，只有北望古國的雲烟，祝禱那些在「反右」、「文革」、「四人幫」時代裡受虐而逝的人們，在天國安息。這是二十一世紀大時代的巨大悲劇。

二〇〇九年，「八八水災」，「莫拉克」輕颱撕裂台灣，大水大雨，使南台灣幾乎變成大海。較五十年前的「八七」水災千倍以上的損害，人民死傷，房屋田產被大水吞食，成為一片廢墟……

忽見柏楊大頭照

在一張破爛的舊報紙上，發現一張很大版面的老人像，散亂的白髮似長長的，臉上的表情似很激動，一支右手掌，五指張開，好像在跟什麼「對象」在辯論……這是誰家的老爸？他很像莎士比亞的名劇《李爾王》（King Lear），在被不孝的大女兒、二女兒瓜分了她們老爸的國土、財富以後，把他驅逐出宮廷，使他在曠野中，風雨中發瘋！他後悔沒愛她的小女兒，因為她不是用甜言蜜語去欺騙她的老爸「李爾」的！但是，如今，什麼都失去了，這個老人朝著天空呼叫，在野地裡奔跑，他哭喊著神去救他……在舞台上這是一幕感動觀眾同情的一幕。老人在風雨交加中倒下……奇怪！這個老人是在演戲嗎？還是悲哀已失去了他人生的舞台？可是，大號字體的標題，在報頭上印著——

柏楊：「總統較粗魯，禮貌欠缺」
籲兩岸冷靜，領導人怎可意氣用事，
憂心政局，只盼不要再亂了，
肯定人權民主，對政府失望，
直言扁應修身，才不會丟臉。

細看報上的日期是二〇〇七年十二月二十八日星期三的《中國時報》。

據記者採訪說，柏楊剛因病住院，病情漸好轉，回家休養，他高齡八十八歲，他說：「國家對人權，民主的努力就像太陽系一樣，永遠沒有盡頭。」他直言，「現在的總統（陳水扁）比較粗魯，禮貌欠缺，應要有一定的修身應對，才不會丟臉」。他又說：「他也做不了好久了。」

看報載時間是二〇〇七年。同年五月，藍綠兩黨競選總統，綠黨謝長廷競選失敗，國民黨馬英九以七百萬票登上總統寶座。我不知道柏楊在生前是否看到這一幕登基大戲？他所預言「阿扁下台」，倒真是「一言中的」，現在「阿扁」因貪腐，家族海外洗錢，正在監獄中接受審查。

一眨眼，竟是往事如煙。記起在一九九八年七月中廣舉行「芳華再現」記者會，三十年後，歡迎我回娘家。柏楊曾在會上談笑，腰板兒挺直的，精神很好，說崔小萍曾和他是「同窗」，鐵窗也。我們曾同時被拘禁在三張犁調查局監獄，在逼供期中，他的數本雜記出版書，和我十多本從小時候到中年所記的日記作為犯罪證據。柏楊在判刑十二年後押解去綠島服刑，減刑三分之一出獄後，曾在那個大監獄處所立了一個民主牆，上面刻滿了曾在那兒服刑人的名字，很多人，很多人……這是在國民黨執政時白色恐怖時期的紀念碑。

我在中廣時期製作「小說選播」節目，曾播講過他的一部小說，已忘記名字。

柏楊已逝，真希望他的話成真：「不要再亂了！」

我們從海那邊過來，台灣是我們的第二故鄉，在這兒生活了幾乎是一輩子，希望，我們，我們的後代子孫，能過好日子，柏楊老頭兒會在天國笑哈哈。

翻譯官王柏齡
——玄武湖夜遊

英國桂冠詩人William Wordsworth（1770-1850）的詩集，《愛》（Love）。被囚禁久了的人，大都對時間的記憶模糊，因為不願想起是什麼時候被無理逮捕的，更感到無望的歲月何時會結束？所以在寫這篇回憶的時候，記不起是何年何月，我曾在英國停留的時候，去過哪些地方？可是在隨手記載的片紙中，卻記起那位桂冠詩人華爾士華綏的那個小木屋，也許，在第二次世界大戰中，那位在美軍中擔任翻譯官的「王」，送給我的那本小冊子「Love」愛的詩集，所引起的許多回憶吧？

在倫敦，有一天和幾個年輕的朋友們，乘遊覽車，去了倫敦附近的一個觀光景點——大湖區（The Lake District），另一處是R. C.竟然跟兩位詩人首次「碰面」，但這已是相隔半個世紀以上的時間了，那時候，我不到二十歲已讀過他們的作品。

大湖區，名符其實，大小湖泊很多，在細雨霏霏中，乘船在Winder Mar湖上，雨霧濛瀧中飽覽，湖光山色，更有詩情畫意。

就在Vuswater湖區，找到了英國桂冠詩人華爾士華綏的Dove Cottage，他曾在這兒寫出「Michael Resolution and Independence」在一八〇五年出版。在這兒，有專人負責介紹他的生平，在其居屋的右手，就是詩人博物館，許多著名的詩人畫像和手稿，都放在這兒展覽，在華爾士的客廳窗上，還有多位來訪詩人們的簽名。在他的小屋中，擺著他的床，他寫詩時的書房，就在這兒。他歌頌著愛的甜蜜和偉大，我在讀那本詩集時，因他的用字簡單涵意深刻，年輕時，對愛情看得很重，自己也喜歡胡謅兩句小詩。所以對那本小冊子深深喜愛，想不到我這個近七十歲的人，才在英國看見這位詩人的真面目（畫像），更想起送我這本小詩集的人——王柏齡。

他，身材不太高，永遠帶著微笑的面容，有一個小酒窩兒，說起話來不緊不慢，我沒看他穿過便服，一套綠呢軍官服都是畢挺的。他是四哥的朋友，第一次認識他，是他跟四哥一塊兒來看我。當四哥去了台灣，雁子跟我冷戰時，他還留在南京，他常來找我玩，我也很高興有這麼一位能「談心」的朋友陪陪我。在我決定去蘭州看哥哥之前，我們有一段愉快的交往，在我一篇日記上，這樣記著：

> 禮拜天，我和柏齡同看了一場《迎春曲》，晚上到玄武湖划船，在月亮底下，這一次談到許多問題……我流了淚，柏齡也許沒有看見，我是背著月光坐的。但是我玩的很高興，唱起歌，卻是憂鬱的！他送我回住處，已經十二點多了……

在月光下，共乘馬車，在南京的大馬路上，只聽見叩叩的馬蹄聲。我們倆仰面望著月亮，誰也沒說話，誰也沒看誰。這是最後一次的夜遊，在我的一生中，只有這一次，跟我最喜歡的朋友，享受如此凝靜的月夜。我不知當時他在想什麼？

一九四七年七月，我去了蘭州。柏齡送我上飛機。九月二十四日，我從蘭州回來。姐夫寶璋與思誠來機場接我，我以為柏齡也會來，但是沒有。一個遠遊歸來的人，多麼期盼有個最愛你的人在等著你……

洗了澡，休息，突然，柏齡進來了，這真是出我意料之外！我幾乎不相信自己的眼睛，高興的，我要擁抱他！我的好朋友，我真想他！他瘦了，他去接我兩次，一次是時間太早，二次是飛機早已來過了，他為想見到我，多留了一天，因為部隊派他去瀋陽……

這是命運嗎？為什麼愛我的人，都會相繼離去？不是生離就是死別！我珍惜這相遇，我更愛這段友誼……

柏齡要走了，把全部時間都陪他玩。我喜歡他，一天晚上，他和我談了許多話，證實了他要我忘掉他的諸多理由，他說，他願意讓我知道，他曉得了lipstick的味道（他突然吻了我一下）……這是個很可愛的孩子，他的理解是與我相同的，我回來將近一個禮拜，差不多每天都和他在一起……

他已定了走的日期。命令，不能耽擱，他也知道我將在十月去台灣的消息——那不是與四哥相會嗎？

十八號晚上，和他在都城樂府坐了一個晚上離開的時候我哭了，明天，他就離我很遠了，是注定的命運嗎？每個人，我的知己，都要讓我這麼遙遠的想望，思戀嗎？我痛恨這種生活了！

……

十九號，他走了，留下的是珍貴友情的回憶。

他走時，我沒去送他，他也沒留下在瀋陽的地址，也沒音訊，只在走前，他送給我五千塊台灣鈔票，他說：「好好的度你台灣之旅吧！希望我們還會再見！另外五千塊放在徐家，你要是用，去向他拿。」

胡適昨遊大觀園

某報訊：

出席中廣公司慶功宴，與《紅樓夢》劇中人歡敘

對《紅樓夢》考證有著極大貢獻的中央研究院院長胡適博士，昨晚與賈寶玉、林黛玉、薛寶釵、王熙鳳、賈母、賈政等紅樓夢中全部人物，在「大觀園」中，共渡了一個愉快輕鬆的晚上。

胡適博士是應中國廣播公司總經理魏景蒙、副總經理羅學濂，以及節目部主任邱楠之邀，與曾虛白一同參加該公司「小說選播」節目中播演紅樓夢的全部工作人員的慶功宴的，胡適博士與曾虛白同為《紅樓夢》這一節目的顧問。

席間，胡適博士致詞，他除了對中廣公司這次選播《紅樓夢》這一壯舉，及參加《紅樓夢》播演的全部工作人員表示讚佩外，並以他考證《紅樓夢》時，所發現的七律兩句，送給大家，這兩句七律是：「字字看來皆是空，十年辛苦不尋常。」他說《紅樓夢》的作者曹雪芹，當年在艱難困苦的生活之中，寫這本小說來回憶他過去繁華高貴的生活，辛辛苦苦的花了十年功夫，雖然沒有成功，但是字字皆是血淚。今天，如果他（指曹雪芹）地下有知，看到在他死後，二百多年之後，各位這些時候，對於他所著的《紅樓夢》演播的努力，他定會感到無限安慰！

昨天，中廣公司此一宴會，是在董事長會客室舉行，室內宮燈紅燭，古色古香，寶玉、寶釵等廣播書中全部人物，聚集一堂，觥籌交錯，熱鬧非凡，餐會中並有擊鼓傳花，行酒令等紅樓夢中餘興節目，至九時賓主盡歡而散。

該書是自本年七月十五日開播，直到昨日全部播完。

歡樂後的悲傷

中華民國五十一年（一九六二年）二月二十五日聯合報載：一代學人，遽歸道山。

胡適博士猝然逝世！昨主持中研院酒會心情興奮，引起宿疾心室震顫竟告不治

（本報訊）

一代學人胡適昨晚與世長辭，享年七十一歲。這位中國新文化運動的先驅者，白話文的倡導者，民主自由思想的堅強鬥士，因心臟病猝發，逝於台北市郊南港中央研究院。

胡適院長昨日主持中央研究院士會議的酒會，酒會定在南港中央研究院的蔡元培紀念館舉行，於下午五時開始，至六時二十五分結束，當客人們紛紛離去時，胡博士突然昏倒經急救無效。

胡博士曾於酒會中致詞，說明中央研究院遷台後之建設發展情形，並表示將計畫籌設數理科學、社會科學、及人文社會三個學術研究中心。

胡適於結束了一小時二十五分鐘後昏倒，七時十分逝世。

胡適博士昏倒時，為他做人工呼吸的台大醫學院長魏火曜說，根據醫師們對胡氏逝世病理檢查的結果，胡氏是死於心臟震顫。

魏火曜表示，胡適博士染患心肌梗塞症已久，其心臟甚為衰弱，昨天胡氏因在中研院會議席上心情興奮，講話很多，以致舊病猝發，當他倒在地上的時候，頭部碰到桌子，所以引起心室震顫，因此長逝。

當年，在廣播新聞中聽到這條消息時，我正在朋友家吃午飯，那天，算是我的生日宴——誰也沒有心情吃主人家烹調的那些美食，尤其是我們中廣公司的同仁們，還跟胡博士有一點特別的感情。

記得在一九五〇年時，節目部邱主任，決定在「小說選播」節目中播講《紅樓夢》小說後，中廣公司邱主任派我，由新聞組王大空先生陪同到南港中央研究院宿舍去拜訪胡適博士，說明我是該節目的導播和製作人，公司要請他擔任我們這部小說的顧問。他很高興，並取出一部他對於「紅學」的舊書稿給我們看，也欣然答應做我們播講《紅樓夢》的顧問。沒有聘書，更沒有報酬。

他的住處佈置簡潔，那時他的夫人還未回國。當我和大空走出他的宿舍時，中研院的家眷們，「風聞」崔小萍這個在廣播上出聲，而從未露面的人來了，不一會兒，聚集了一大群孩子和太太們，於是和我們同去的攝影記者便拍下這個鏡頭。另一張是胡博士展示他的著作的畫面。沒想到兩三年後，他竟在院士議會上猝逝。又過了幾年，我到他的紀念館再去看他——就是他原來的住房，他的臥室、書房，正好像他還活著一樣擺設，一樣情景，只是一代學者已不在人間。在紀念館裡，擺放著他生前寫給友人的書信，尤其一封在白色恐怖時期裡，為朋友求情的一封信引人注目。他的墨寶：「大膽假設，小心求証」，懸掛在牆上，可惜當年，只有求功抓人，誰有時間去小心求証。

去紀念館那天，天下大雨，沒有多少人想到有位學者曾在此居住，曾在台灣病逝。沒有幾個人去看望他，引商和我的腳步聲，雖然輕輕，也似空谷回音。在紀念館門口，有一張胡博士的放大照像，我站立傍邊，和他合影留做紀念。

悼

一位中廣公司廣播劇的老聽眾李多萬先生，
病逝花蓮慈濟醫院。
我們從未相識，但在空中劇場中已是老友。
你曾在戰場上抵抗日本帝國主義，
你身上的槍疤提醒你民族的仇恨。
你跟隨國民黨政府來到台灣，
在廣播劇中溫馨的故事，曾伴隨你走過多少孤寂的歲月，……
你雖久臥病榻，一個聲音伴隨著音樂，卻永留心底。「廣播劇，中國廣播公司製作，崔小萍編
劇，導演……」
那是廣播劇的前奏。
遺憾的，「時間」，未能完成你的心願：
「很想見一見那位廣播劇的崔導演……」
天使的翅膀卻早一分送你飛向天國，
她們會給你大陸的親人帶去消息：

「慈濟」的愛使你不感病魔的折磨，

神的愛，使你平安的走過死蔭的幽谷也不害怕。

在我們漫長的生命旅程裡，難免會有些憾事。

謹以此短文，在火燄裡隨著你的靈魂上升。

書中黃金

摯友文學家林海音女士，在知道我並沒像謠言說的崔小萍已被「正法」，還被囚在監獄中，已被冤判十四年後，寫信給我說這件事使她驚喜。那時，她和她的丈夫夏承楹（筆名何凡）已辦了一間「純文學」出版公司，她寄了很多書給我，但在獄中不能做為私有，我把它們「捐」給獄中圖書館，我再「辦」手續借閱。在我一九七七年減刑出獄後，我們又相聚了一個短時期，並以「經典廣播劇」導錄製作她的「城南舊事」，可惜改編的作者只是以「小說選播」形式落筆，沒發揮「劇」的力量。不管怎麼樣，海音和她的另一半已先後逝世，我曾參加了他們的紀念會。

我看書，喜歡把書中的精美的詞句「記」下來，我有寫日記的習慣。因此，調查局的小子們在搜出的大批的「日記」本中搜尋我的罪刑——年青氣盛，不平之音寫在日記裡，他們認定這是「思想不正」的鐵證。因此，多少冤獄都因他們「不讀書」、「沒見識」、鎖閉的腦袋，就隨隨便便定了人家「叛國」大罪！但不知他們為他們的「後代」造了多少罪孽！

在一本名《先知書》的書中記著：

被定罪的人，常是無罪者，和未受責代罪。

……

你們可以抑低鼓聲，你們可以弄鬆琵琶的弦，但誰能命令雲雀噤聲不唱？

……

人為的危害，大於自然的危害！因為它毀滅人的意志和尊嚴。

在美國作家傑克倫敦（Jack London）的《人性光輝》一書說：

能挨過一切的苦難而生存，不被折磨死，要做見證，要戰鬥下去！

……

我寧為灰燼，不為塵土，寧願隨烈燄燦然一炬而滅，不願為枯草腐木窒息而死！

……

妳的朋友是你需要的回應，他是你的田地，你懷著愛耕耘，懷著感恩收成。

預備！開麥拉！

張曾澤、白虹夫婦由美返台，為了發表他的著作：《預備！開麥拉！》，新書是述說他過去五十年在戲劇界和電影工作的艱苦和成功的榮耀，該書發表會在電影資料館招待記者和曾跟他熟識的朋友們見面。似乎是孫越做主持人，他過去在電影製作裡跟張是老友，現在是基督教中宣教公義的使徒，雖然在他的作品中總是飾演反派人物。

「崔老師，張曾澤和白虹回來了，他們都曾是你的學生，希望妳能來參加他們的新書發表會。」孫越打電話給我，我告訴他我當日有事無法參加，請他代為祝謝和問候。

「崔老師，我是張曾澤，我回台灣來了，妳好嗎？啊？啊？妳說什麼？我聽不見……」

「崔老師，我是藝專的……妳記得嗎？」曾澤的耳朵「重聽」，聽不清楚……我記得她有幾個姐妹，都在藝專唸過書，她後來做了明星，改名為「白虹」。

「崔老師，我馬上把書以快遞寄給妳。」孫越說。

第二天，我收到了這本《預備！開麥拉！》

張曾澤是政工幹部學校（現改名為國防大學政治作戰學院）畢業生，政工幹部學校是前總統蔣經國先生擔任國防部政治部主任時於一九五一年創校，分為戲劇組（後改為系）及政治系及敵後政工等班級。第一、二、三屆，大多是從軍中康樂隊及政工等單位調來深造的幹部。張曾澤是在該校一九五二年開辦後第二屆學生，我是當年受聘為戲劇系的老師，有些學生們大都在影、視、劇界做了編導演的名人，現為台灣的劇藝界的有功人物。

我為什麼專寫「張曾澤」，因為他被電影大導演李翰祥推上導演椅時，他約請我為他所導的兩部影片為演員。那時我是中國廣播公司的導演，與廣播劇團的製作、導演。我不是職業演員，在影片中「客串」演出，也是他給我在電影中學習電影表演藝術的機會，而且片酬很高。

我參加張導演的兩部電影是《橋》，男主角是柯俊雄，另外一位女主角是張美瑤，因為「橋」使他們相識、進而相戀，然後是「柯」移情別戀而折橋離異。我在《橋》片中，則是飾演柯的太太，發現了他們相戀後，妒火中燒，大興問罪於張美瑤，掌摑張美瑤而阻止柯教授（柯俊雄在劇中的身分）和「張」來往，破壞他的名譽，使他名譽掃地，最後是教授鬱鬱而死。教授夫人雖然哭天喊地，也喚不回丈夫的生命……「這是愛嗎？」當年，我飾演這個角色，演出了一個女人若霸佔自己的丈夫，不瞭解丈夫，便成了「潑婦」。但當她伏跪在她丈夫的屍體前，痛哭悔恨時，什麼都晚了，再哭，再喊，也喚不回她丈夫的生命……這是電影的「End」鏡頭，是Long Show。張導演請我大聲號哭，聲音和場景延長到模糊「End」。

悔、恨、愛，一切都隨著生命而毀滅。當年，我的角色「表演設計」，覺得做為一個「教授夫人」，如此太失身份，如今自己癡長幾歲以後，我才明白曾澤的「聲音設計」，哭、痛心、悔恨，已失去她最愛丈夫的生命，她變成了寡婦，如果能多一些包容，多一點原諒，多一些安慰，丈夫也不會視她為敵，在一個屋簷下而不相往來。當年曾看過這部電影的人——類似教授夫人遭遇的女人，是否會有些領悟……

「恨能挑啟爭端，愛能遮掩一切過錯」（箴言十章十二節）

像現在二〇〇六年的台灣社會狀態，男女不願意繼續相愛了，男人把女人亂刀殺死，要不就是毀容，太可怕了！他們誤解了愛的真諦。

「愛是恆久忍耐，又有恩慈。愛是不嫉妒。愛是不自誇。不張狂。不做害羞的事。不求自己的益處。不輕易發怒。不計算人的惡。不喜歡不義。只喜歡真理。凡事包容。凡事相信。凡事盼望。凡事忍耐。愛是永不止息。」（《聖經・哥林多前書》十三章第四到八節）

該書內有一張劇照，註明：崔小萍「橋」戲中掌摑張美瑤。

我們中國有句俗話是：「揭人不揭短，打人不打臉」，但在如今現社會的電視劇中，男女演員互打耳光認為是「習慣」，但是相互失掉人的尊嚴。我當年拍片時，是以一個「妒婦」的角色怒打美瑤的耳光，出手像有力，但落在她臉上時卻是輕輕接觸……這是「技」巧，否則，張美瑤一定花容「失色」——她現在已進入「老年」，為了「生活費」，接演台灣的台語鄉土電視劇，老臉不失當年的美容光彩。她和柯生有一女，柯的外遇，在真實生活裡是個嚴重問題，最後解決之道，只有「離婚」，贍養費也許還沒交給美瑤哪！

曾澤在《菟絲花》一片裡，也請了我參加演出。我已完全忘記《菟絲花》的故事，只曉得一點是菟絲花的籐，如果纏在樹幹上，一直纏到死都不會放鬆，在該片中，好像對「愛情」是一種象徵——愛到雙方被愛毀滅。我在詭異的劇情裡是飾演一個被收養的弱智的女孩子。穿梭在陰沉沉的院落中，還是跳跳舞舞，哼唱著她喜歡的歌——《菟絲花》，不知死亡已瀰漫在整個的家宅——家破人亡。

《菟絲花》的主題歌是請馬來西亞的著名歌星華怡寶，炫耀她十八吋腰圍。但該歌卻以大樂隊配樂，無法符合張導演的配合劇情演唱。因此，有一場夜景，導演告訴我通過庭院時哼著這首歌的旋律。有一場景，是「嘉嘉」（我角色的名字）看到太陽，發現院中的玫瑰花開了，她很開心！憐惜的輕撫花朵，大聲的笑著說：「玫瑰花！玫瑰花開了！玫瑰花真的開了呀！」

嘉嘉笑，拍手，為了復活的玫瑰花；嘉嘉的兩條大辮子跟著飛舞，憨厚的面龐顯露出純潔的愛——為了玫瑰花生命的復活。但是菟絲花已纏死了可愛的，被愛的人和一切……

張導演這部戲，是最初和李翰祥大導演的國聯機構合作，他很慶幸能被李導演「賞識」。他以後也拍了很多大型的戰爭片，得獎也很多。他也記載了很多初做導演的折磨，忍氣吞聲。《菟》片拍攝中，因為所謂「明星」的傲慢，而出了很多故事：我因為不是職業演員——「逢場作戲」，演完自己的場景就「走人」，因此我與「大明星」們合作過，但從來沒有「私人」交往。山東驢子的性格到老都沒變，如拍馬、諂媚、走後門等「特技」而登龍門——恥與為之。

張導演書中記寫他拍《菟絲花》電影，初執電影筒，卻與各班組（team）精英合作。在演員方面他記得朱牧、李湄、楊群、艾黎、秦沛、汪玲是國聯新捧的女星。他寫道：「連演女佣的都是赫赫有名的廣播界大姐崔小萍。」

張曾澤的著作，應該是回憶錄吧！封面是在黑黑的背景裡，顯現他的臉。小字是：「從電影小工到《筧橋英烈傳》金馬獎導演」；大字：「預備！開麥拉！」張曾澤的電影私房筆記，張曾澤著。在封面有一段話——

……電影工作是一條崎嶇坎坷的路；本著寫作過程，因為要把塵封的多年往事翻找出來，踏著逝去的腳印再走一遍。往上爬時的艱苦辛酸，在高處時的重擔，跌倒時的傷痛，一幕幕的人與事，歷歷如昨，寫到艱辛處，幾乎難以承受……

封面內是：崔老師教正，學生張曾澤敬贈。二〇〇六年三月二十七。台北市

五十年歲月已隨風消逝，留下的，也只有這些文字的記載吧？

前人種樹後人涼

多少年前，我已經忘了是誰給了我一些有關廣播史的資料，好像是從「書本」上撕下來的單張。有一張上，似乎是目錄，看人名、著作人，多位都是中國廣播公司的前輩，也有一位是「後輩」，記得他是中廣分台的小主管吧？因為目錄上記著他的著作：（姑隱其名）

一、廣播劇節目之研究。（藝術學報，第三十五期（一九八四年六月）
二、廣播劇集企劃示範。（廣播電視實務與實習，五洲出版社，一九七三，台北）
三、××廣播劇的製作。（視聽教育雙月刊，一卷六期）
四、××廣播劇的編製與教學。（視廳教育雙月刊，十四卷四期）
五、朱白水：三十年來的廣播劇。（廣播實務，中華民國廣播電視事業協會，黎明文化事業公司，一九八三，台北）

在這張目錄中發現了一位老朋友——朱白水先生（逝），我在中國廣播公司於一九五三年（民國四十二年）正式立廣播劇團，有兩位基本編劇，一位是編寫喜劇故事的劉非烈先生（逝），他，是在人生的許多小遭遇裡，透露著小人物生活的辛酸。朱先生是習於編寫些戰爭、情愛的許多故事，當年，這兩位的編劇技巧很高超，很能引起聽眾們的迴響。另外一位是編篡組長趙之誠先生（逝），他編寫的故事，多在另一個世紀活躍的人物，如《雙槐樹》、《趙氏孤兒》等等。後來，我邀請了心戰學校的我的高足們，成立了一個廣播劇編劇小組，如張永祥、趙琦彬、黃家燕……名作家丁衣，當年都是最受歡迎的編劇者。另外著名的作家，如林海音女士編寫《薇薇的週記》，並親自參加演播……這些故事雖然已經過去了半個世紀，當年錄製廣播劇的情景卻歷歷在目，尤其是和我的許多學表演的藝專、心戰學生們等合作，是我們師生最快樂的時光。每當一個劇錄製完畢，大夥兒一塊去吃「一條龍」，或是「周胖子」小餐館，餐後，他們懷著喜悅回去，期待著，還有機會參加另一個廣播劇的演播。他們更因廣播劇的演播，使他們名揚四海，有的做了電視台的主管，更有的在「美國之音」當上導播，如歐陽天（徐恆富）、趙雅君，有的在「德國之音」的華語節目當上導播，如張帆——中廣公司「廣播劇」節目，是他們在台灣廣播事業的基本資料，我也常是他們的「介紹人」。

在這幾張單頁中，有一部份寫出當年廣播劇的演員們。單頁上記著：

……三十年後，前後參加廣播劇廣播的演員們達百餘人，初期參加演出的，而現在已享譽於影劇界、電視界者不乏其人……其中尤以廣播劇團的演員表現最為出色。

接著是記著廣播劇演員的名單，百多人中，有三分之二是我教過的學生們，有一部份是「中廣」的播音員，也把「崔小萍」列在演員名單中。（名字眾多，我不在此列出）

再有一段文字是記載後期播演的一些演員們，後來中廣改播長篇小說，「榮景」已不如從前。

另有一段文字，是介紹重播最受聽眾收聽的廣播劇，當年，聽眾最喜歡的廣播劇，重播時間定在每週由星期一至星期五，從九時到十時，這個時間是家庭主婦最喜歡的時間，後來擬改十時到十一時重播時間，收到眾多「主婦們」的電話、信函「抗議」，她們說：

「我們九點到十點，收聽完了廣播劇去買菜，從市場回來做午飯，時間剛好……」

後來，接受聽眾的意見，重播時間不改，仍是「九時到十時」為廣播劇重播時間。

該單頁另一段記著的是最受歡迎的「廣播劇」。

名單很長，約有百多位作家的作品，並記著播出時的日期，如張永祥的《借牛記》，播出時間是五十年十月八日。宋項如（逝）的《馬戲滄桑》，播出時間五十年八月二十日。林海音（逝）的《薇薇的週記》，播出時間是四十九年九月四日。趙琦彬（逝）的《父與子》，播出時間是四十九年一月十日。劉非烈（逝）的《千里姻緣》，是最早提出大陸人（現在綠色執政稱中國人）和本省台灣人聯姻，而打破因語言不通，而破壞中、台人的情感，播出時間是四十四年十月二十三日。朱白水（逝）的《熱血忠魂一江山》，是演播國民黨軍從大陳島撤來台灣時，留守的將軍、兵士們、及不及撤出的許多「政工人員」，抵抗中共軍隊的光榮犧牲的劇情，播出時間是在四十四年二月十三日。中廣同仁駱仁逸，也是一位優秀的編劇家，他改編的美國舞台劇《玻璃世界》，由我和白茜如（逝）、趙剛（逝）主演，但該劇不列在該單頁的名劇名單之中！在五十七年六月以後的廣播劇作家們，已不在崔小萍製作名單中，因為她已經被迫離開她辛辛苦苦培植了十六年廣播藝術的中廣公司，因為「說」她是「叛亂份子」。綜觀十幾張述寫「廣播劇歷史」，從頭到尾，沒提到崔小萍這個人，她的名字，她製作、編、導廣播劇、訓練廣播劇演員、製導「廣播小說」……難道說，如果在這些歷史的記載中，寫出「崔小萍」的名，會把編輯者捉去以「匪諜」判罪嗎？

古人，有一句古話，說：「前人種樹後人涼。」可嘆的是，後人不念前人種樹的心血、灌溉，才有大樹遮蔭，卻任意砍伐，不知感恩和愛護。這也是二十一世紀的社會現象和狀態，把前人的「結果」據為己有，出書報導，也成為「專家」是也。

二○○○年，廣播金鐘獎頒獎大會，我被提名為「廣播終身獎」，在國父紀念館大會的舞台上，我舉著那座金鐘，向在座的所有觀眾、聽眾、朋友們致詞，感謝中廣公司，更感謝跟我共「甘苦」合作的夥伴們，能使一個廣播劇的節目，在十六年的歲月裡，在全國廣播的世界裡輝煌發光。

好消息衛星電視台的深情部落格

在現今，台灣的電視台眾多播放的節目中，除了藍綠兩黨的批評攻擊，其他節目除了散播「神鬼」，就是廉價購買中國大陸早期的戲劇節目，沒有水準，再就是政論Call In節目，謾罵、邪惡、攻擊……真像是一群在天空中懸吊著的靈魂，找不到哪兒求救。「好消息」電視台，除了牧師們的「空教」，就是音樂、訪問，以及許多含放人性光輝的外國電影。真情部落格，也是他們電視台的節目之一。為什麼特別提到這個節目？因為跟我有關——已經記不得他們何時訪問過我？在節目中，我請了中研院社科所的朱德蘭博士，述說她寫的「崔小萍事件」這本原著，對於我在一九六八年被誣告為匪諜案，分析甚詳。另外請了曾和我合作過舞台劇演出的演員張冰玉女士，傅雷先生，最「出色」的就是我的高足，「名嘴」，著名散文家馬國光先生，他出口成章，簡單幾句話，形容我抱著兩本日記，自己叫開調查局的綠色大鐵門，去跟那些「大爺們」說明，那一年我在抗戰時的大後方四川重慶讀書，沒去過毛澤東的老窩陝西延安，但是他們管你是否在那兒，捉到了就是一筆「好貨」。

「老師，你真是個呆子呀！你不是自投羅網嗎？有去無回，再回來已經是十年以後的事了……」

現在回憶起當年的那段被侮辱和被傷害的歲月，仍然會「熱淚漣漣」，我不是個愛哭的女人，但在那段「時日」裡，我沒有哭！

「好消息」電視台送我一份他們出版的刊物，名為「好消息」，裡面有我一篇被訪問的文章，還有一張放大的「老太太」照片，訪題是：崔小萍——「謎樣人生」，時間是二〇〇八年，元月號。播出時間是一月十日，晚上九點。我重抄下這篇訪問記。

五十、六十年代沒有電視、冰箱，但「崔小萍」這個名字卻每天透過廣播傳送，迴盪在千萬聽眾的耳邊。她，開創了台灣廣播劇新紀元，更憑著電影《懸崖》，幫台灣拿下第一座國際影展獎項，受教於她門下的演藝圈台前幕後工作人員，更是不計其數。

只要是年紀超過五十歲以上的聽眾，對於當時號稱是「廣播天后」的她，一定記憶猶新。

廣播天后，牽動聽眾的心

那時大夥兒愛圍在收音機旁聽著新聞和棒球轉播外，由崔小萍製作的廣播劇，更是受台灣聽眾的歡迎，不分男女老幼，一個星期當中最盼望的就是禮拜天晚上，收聽每週一次的廣播劇，大家隨著劇中人的遭遇時而歡笑，時而哭泣，在經過一個小時的「三溫暖」洗禮後，一家大小才能心滿意足的上床睡覺，迎接下一個禮拜的開始。

崔小萍十六歲進入四川國立劇專，算算至今，已將近七十個年頭都在戲劇裡度過。演戲、導戲、編劇、教戲……她是生來做戲的人。

「因為哥哥姐姐喜歡戲劇，從小就組了劇團，所以我也耳濡目染，浸泡在戲劇的環境中。台灣光復後，正好有一個機會可以來台灣演出，那時台灣對一般大陸人而言非常陌生，就像是國外一樣，那時候年輕、好奇心重，有機會可以出國，當然很開心。」

來到台灣，崔小萍一連在中山堂演了幾齣舞台劇，從跑龍套的角色演到主角，愛情也有了著落，加上「中」廣突然給了她一紙導播合約，於是她就順理成章的留下來。「沒想到這一留就變成「兩個國家」。再和親人好友見面已是半個世紀以後了」。崔小萍遺憾的口吻說道。

進入中廣，可說是崔小萍事業顛峰的時期。民國四十一年（一九五二年）還沒有廣播劇，從無到有，完全靠她一手催生。「我會寫劇本，也會導戲，加上我在學校教表演，有學生們可運用，他們聲音表情比播音員好得多」。崔小萍不僅自己編劇，她還請許多作家寫劇本，除了每週日晚間最受歡迎的廣播劇之外，週一至週五的「小說選播」，也很吸引聽眾的耳朵。

那時候廣播劇風靡到什麼程度？「我曾想調動九點至十點的重播時間，結果消息一出，一大堆家庭主婦來中廣反應，說調動時間萬萬不可，因為她們都是聽完廣播劇去市場買菜，要是十點才播，那買菜煮飯的時間就來不及了。」

還有一個讓崔小萍印象深刻的，就是有一位金門的阿兵哥，趁著放假之際，特別到中廣找她。「因為我在廣播劇中，大多演播老太太之類的角色，聽眾多以為我是個四五十歲的女人，那位阿兵哥之前就寫信給我，希望我當他乾媽，他來中廣那天，我一如往常穿著蓬蓬裙，高跟鞋，頭上還綁著兩條麻花辮兒，他問我崔小萍在哪裡？我告訴他我就是——嚇了他一大跳，怎麼也想不到劇中的老奶奶，竟是一位時髦的小姐。」

台灣第一，奪國際影展

當時崔小萍在中廣的發展，可說是如日中天，但她不以此為滿足，平日還在藝專（現台灣藝大），世新教書（現世新大學）。「那時，早上我在板橋上課，下午就趕到中廣上班，在空檔的時間就是看書（小說選播節目，需要讀眾多作家的作品），或是趕到電影院看一場電影，沒有一刻空白的。」崔小萍的拼勁兒讓跟她合作的人，不得不戰戰兢兢。在中廣的走廊上，永遠會聽到她高跟鞋發出急促的腳步聲，她的胸前永遠掛著一只碼錶，隨時準備上場。

三十歲就當上導播，崔小萍不僅編導，也參加電影演出。一九五八年，她以《懸崖》一片，勇奪亞洲影展最佳女配角獎，是台灣首次獲得國際影展大獎，當年張小燕也得到童星獎，兩人是當時的台灣之光。

「雖然電影得了獎，我也沒得到多大好處，記得只有「中影」總經理請我吃了一頓飯，而且獎座還被拿走，說是要存檔什麼的，後來隔了多少年，我想拿回來，他們告訴我獎座不見了，也許早被丟到道具間了吧？」沒想到台灣躍升國際影壇的「第一次」，就這樣被遺忘了。（註：這個獎座是有座的「銀鑼」，是在演員獎中男、女主角，及男、女配角獎，是獎項中四大獎，張小燕跟我不是在同一電影中演出。）

白色恐怖，羅織罪名入獄

在白色恐怖，風聲鶴唳的年代，只要跟共產黨沾上邊就必死無疑。崔小萍製作的廣播劇有七百多部，還榮獲過國際影展肯定，但就是這樣響叮噹的人物，也難逃被整肅的命運，「那時不只是我被害，也有一些很出名的人物也被抓進去，可能當時情治單位的人認為能抓到大人物，才能証明自己很有能力或是大公無私吧？」

當時崔小萍被約談了幾次，一向乾脆俐落的她，實在不堪情治單位這種「疲勞轟炸」（日夜逼供），這一天才索性把日記帶著，自己找上門，想徹底解決問題！「他們指控我哪年哪月幹過些什麼事，我把日記拿給他們看，証明指控不實，最後告訴我還有些事情說不清，要我向學校請假，向中廣同事代班幾天，在他們那兒住幾天。結果，再也出不來了。」

在朋友眼中的崔姐，是個最單純不過的人，任誰也想不到她會遭遇到這種事，但也沒人伸出援手，誰也不敢和「判亂犯」沾上邊。崔小萍說：「每次被他們訊問的時候，我巴不得我真是共產黨，那怕只當過一天也好，這樣我被逼供出來的話，他們才會相信，才不會日夜折磨我。」

一個原來在外面擁有一切，突然失去一切成為籠中鳥，其中痛苦不難想像。「沒有失掉過自由的人，不知道自由的可貴，沒有受過刻骨刺心痛苦的人，不懂得長夜哭泣的滋味。」

崔小萍表示她剛被關的時候，好幾次想自殺，簡直快瘋了。但她同房的獄友安慰她說：「自殺了就沒人知道你的冤屈，瘋了也只會把你送進玉理瘋人院，惟有好好的活著出去，才能証明崔小萍到底是個什麼樣的人。」

若要想她為什麼會和共產黨搭上關係，崔小萍認為是她在四川初中學校，因演戲關係，得罪了國民黨的職業學生，一紙黑函寫上崔小萍是奸黨；只因孩子間的爭執，竟變成她是共產黨的證據。從一審判無期徒刑，到二審判十四年。最後因老蔣總統過世，減刑三分之一，十幾年後才獲得自由。（註：減刑主因是未參加匪黨）。

頭四年，在監獄裡的日子很不好過，後被移送至「仁愛莊」，那是類似感訓的學校，因為她有名，在仁愛莊又恢復她老師的角色，教導獄友們唱歌、跳舞、演戲，心情很愉快。「當時，每天陪伴我的就是聖經和荒漠甘泉。在仁愛莊，我變成康樂主委、榮譽主委，很忙，後來成立了「仁愛之聲」廣播電台，在外面的世界我沒當過台長，在那兒竟做了台長啦！」

在人生最黃金的歲月，被人羅織罪名下了監獄，經過十幾年的磨難，出獄時已是白髮老婦人。中廣公司通知「不予復職」。她在台灣無親無故，她向誰訴苦？能向誰討回公道？她離開時，廣大的聽眾群一片茫然和誤解，當她再出現時，已是彩色電視時代，誰還會想起當年陪伴無數人歡笑、哭泣的廣播劇和崔小萍？

「我很感謝成舍我校長，入獄前，我曾在「世新」執教，出獄後他還歡迎我回校教書。王昇創立的國光藝校也請我，生活沒有問題」。「真是上帝的恩典數也數不盡。」

謎底解開，以愛彌平傷痕

對於十幾年冤獄能忘記嗎？對於那些害她的人，軍法官、調查員、甚至當年把她列入黑名單中的同學們，能完全不記恨嗎？「我都記得很清楚，只是盡量不使自己多想，心中喜樂，我活得坦蕩、快樂。」她的高足，名作家亮軒（註：本名馬國光）就說，從沒有聽崔老師對那些傷害她的人惡言惡語，甚至還為他們設想：「當年那種肅殺氣氛，若不判我罪，他們很有可能被認為是同路人，因此，我在禱告時，祈求上帝饒恕他們的罪，因為他們不知他們是犯了罪。」

跟著解嚴，開放，政府恢復她的名譽，也給了她幾百萬補償金……最後，她又回到她最愛的舞台，導演了好幾個叫好又叫座的舞台劇。更回到中廣公司製作一系列的「崔小萍經典劇場」的廣播劇，但她人生最戲劇化的高峰，是天父為她預備的紅地毯，領取二〇〇〇年廣播金鐘獎特別終生成就獎那一刻！

如同崔小萍在她自傳中寫到，很多人以為她是個「謎」，最後能看到謎底，還可以使眾多愛她的學生們、聽眾們、朋友們、影迷們，有一個快樂的Happy Ending，她覺得很開心。

她的故事令人想起聖經舊約時代的約瑟，兩人同樣被奸人陷害下了監，但上帝與他們同在，他們以耶穌的愛跨越仇恨，活出希望，崔小萍的氣度和故事，實在給當前社會上了寶貴的一課。

感謝這位年輕人為我寫的這篇訪問記載，在幾頁上還刊載了幾張從前的照片，有一張我在台中拍攝《貞節牌坊》時，台語皇后白蘭來探班，她是被某電影公司選為演員，是我單獨教她表演，那一天是男主角柯俊雄陪她來的。那是和導演李行合作的。另一張是我在中廣錄製廣播劇時，如果演員演播沒錯誤，我便舉起「ＯＫ」的手勢，這是在發音室中的演員們最愛見到的「手勢」。再一張是與張小燕，我跟她各拿一面獎座上的「鑼」，那是我們在亞洲第六屆影展各自獲得「最佳女配角」，和她的「童星獎」，不是在同一部電影中。那是我在飛機場，會見從馬來西亞吉隆坡領獎回來的中影男女明星們。再一張是我在「仁愛莊」介壽亭前花叢中美麗的照片，那時我沒到六十歲，還有一篇「日記」——「我犯罪了嗎？」是用紅筆寫的。再一張，是我八十歲生日時，是跟我美麗的學生合影，大家都梳起髮髻，穿著白紗的禮服，我們都捧著一束花。另外一張是中華民國八十九年「廣播金鐘獎」，我領獎後和我的好友們合照的。再一張，是我在教堂中向神祈禱，可惜放大的那張白髮老媽，舉著麥克風正在唱天上有一首《生命河，喜樂的河》歌，卻卡在兩頁之間。我還是要設法把她剪下來，我很喜歡這首歌，可以放開喉嚨高歌：

生命的河，喜樂的河，緩緩流進我的心窩——生命的河，喜樂的河，緩緩留進我的心窩，我要唱那一首歌，唱一首天上的歌，天上的烏雲，心中的憂悶，全都灑落！

當你在看我這篇記載的時候，您是否已聽見這首天上的歌，環繞在您的耳邊？老眼昏花，抄寫至此，字體歪歪斜斜，沒有我年輕時的筆力，龍飛鳳舞了！

崔小萍的貓家族

愛貓族公主——心岱小姐，她曾是《中國時報》出版部總編，她組織一個愛貓族俱樂部，搜集眾多外國的貓小姐貓少爺，還有貓奶奶貓爺爺們的珍貴照片，寄送給愛貓族。因為我是愛貓族之一，邀我參加他們的俱樂部。有一次在台北慶祝該部成立，共切蛋糕，為貓族們合唱生日快樂歌。

在心岱出版的《MAO——愛貓族》夏季號2期（一九九三年七月）登了我一篇短文，是寫我的愛貓們的生活。其實，要寫我貓兒女們的事跡，一篇短文是寫不完的，牠們，跟我共居時的歡樂、苦難，是跟一般愛貓人是不同的——我和牠們是共同生活在一所監獄裡。

在該刊物的內頁的標題是這樣的：名家與貓。

正題：我的老來伴；文：崔小萍；圖（其中登了我的Grace兩張照片，是我為她拍的）：Grace最愛照相，只要我喊：「Grace！看我！」她就會做一個「姿態」注視著我：她曾陪我十八年苦難的歲月，直到病弱，不得已，送她「安樂死」。

我的老來伴

說起「咪咪」的來歷，那真是感謝「基督」的另一項「恩慈」。因為當時，我正因誣陷於囹圄之中，居住於所謂的思想改正的一所學校裡。被囚的人，在那裡不被鎖在牢房裡，而允許「有限制的自由」的活動。我因為患嚴重的哮喘症，特許夜間睡在走廊的涼椅上。樑柱上有一盞昏暗的電燈，花園裡彌漫著些許的恐怖，在伸手不見五指的黑暗裡，似乎有些冤死的靈魂在遊蕩。

「崔阿姨！」忽然從我背後，傳來一個蒼老的聲音，差一點我從涼椅上彈跳起來。

「是誰」？我似乎發不出聲音，「心」將從胸膛裡竄出來，我懷疑是那位上吊死的女記者靈魂再現！後來才看清楚是康大姐，她是從年輕就被囚禁，至今是駝背彎腰，滿臉佈滿「災難」的紋路，她不但是個老太婆，而更像個老巫婆。

「崔阿姨，來，你來看……」她壓低聲音，神秘的，領著我走近籬笆——在黑夜裡，我看見兩個小紅球，像兩盞小電燈。

「是貓！是隻貓！」我幾乎失聲大叫，康大姐機警的捏痛了我的手臂。我看見一隻貓，蹲在一棵玫瑰花下，這個發現，使我興奮的幾乎犯喘，因為我愛貓，從幼小，我就是跟貓一起長大的。

康姐跟我躡手躡腳的抱著貓，回到走廊下，仔細的端詳，這隻從天而降的「貓」。牠有棕色的臉，兩耳和四肢，則是淺棕或深灰深棕混合的毛色，像圖案整齊的擺畫在牠的身上。湛藍的眼眶中，滾動著兩隻明亮的紅眼球（後來才知道是隻名種，俗稱暹邏種，也叫Siamese），看牠整潔，不怕人，應該是隻翹家的貓。可是，牠怎會越過高大的獄牆，重重的封鎖線，而鑽進這座牢籠裡來的？不是奇蹟是什麼？

因為在當天是我的生日，在自由世界裡的朋友們，教過的學生們，「面會」時送來許多吃食，我餵牠，牠很有教養的吃著，然後習慣的舔洗牠的手臉，然後，牠好像睏倦了，我用盛大蛋糕的盒子做牠的新窩，放在我的上鋪上，請牠休息。因為另一位受難者，尚未「送」進來，（我們是睡上下鋪），然後，我查看牠，是隻女貓。

康姐和我都很高興，因為在這苦寂的「圈養」生活裡，我們有了愛的信息，我們等待著明天，我給牠取名「咪咪」，以後成了我的專屬，康姐老了，無力伺候她。

在那樣的「特殊」的所在地，本來是不允許養小動物的，基於「仁愛」的精神，主管破例允准開禁，使咪咪使她的全家，能生存下來。

咪咪，她成了女生班的寵物，那些阿姨們，阿姐們，奶奶們，都對她寵愛有加。班上原有黑白花的小貓，成了咪咪第一位男朋友，男生班大黃貓，也因耳聞女班有了名媛而來追求；每在黃昏，我們可自由散步，我們會目睹他們相愛的情景，不禁大笑大叫：「崔阿姨，你的女兒戀愛了！」

「崔阿姨！快來看，兩個追一個呀！」咪咪神氣十足的走在前面，一黃一花兩隻男友，一左一右追隨於後，那樣子真是有趣味兒！一些因案情不平哭泣的女人們，在這時也會綻出笑容，有了笑聲。

有愛，就會結果像人類一樣，在有愛的蜜汁哺育出愛的結晶。咪咪做了母親，當然不能免俗的，「狗三貓四」，咪咪多產，我成了她的接生婆，也是她的一些小仔們的「乳母」，因為我得伺候她做月子，給小仔們喝餵牛奶，我給她們取名「甜甜蜜蜜」，「卿卿我我」，「嘻嘻哈哈」，然後在牠們滿月後，分送給愛貓族領養。當然我留下了最愛的：取名是「ＢＢ」，（牠全身黑，當時以為牠是女性，以法女星「比姬芭朵」命名）。吉利，如意，都屬「男」性。

當我去男生班參加上課時，ＢＢ常坐在教室的窗台上，他像隻小黑豹聆聽教官發表思想是否正確的言論，他吸引了全班的視線，連教官也停止了發言。他的變色的大眼睛眨巴眨巴的，似乎在分析「什麼是「正確」的思想呢？」咪咪帶著她的兒子們，在校園裡賽跑，如意跑起來像隻飛奔的「馬」，四腳懸空，真是英姿豪發。那時吉利還小，只有在花叢裡追著蝴蝶玩耍。

咪咪的一家，在這樂園裡的生活都很守規律，吹哨子起床，聽熄燈號睡覺，不隨便串門子，尤其是訓導人員的房間，更是視若「雷池」。每次有「大員」來參觀，或是觀察時，必須把他們疏散或掩避，以免引起事故，而有被逐出境的後果。

人，在那兒曾失掉「人權」，貓兒在那兒也失掉了貓族的尊嚴。

當我被減刑獲得自由時，我帶著咪咪、ＢＢ、吉利、如意，四個貓兒孫，回到我沒被「充公」沒收的居處，（借友人的名字，分期付款所購，當時付款尚在繼續中）。我從一個大校園裡，居限一層樓房裡，當然感覺房子很小，但是自由的範圍却擴大了，十年的冤獄生活，我已習慣了能伸能縮，逆來順受，却苦了貓兒們，他們不太欣賞我在四樓陽台上，為他們搭建的鐵棚，特築的小屋，以利他們在雨中散步和遊戲，因為他們大膽的奔跑，咪咪、ＢＢ、吉利，尚可適應，只有如意，受不了這樣的拘禁，因為連他的大小便都不能「興至所致」了，他爬窗，打門，像瘋了似的要跑出去，竟控制不了而一股腦的渲洩了！像我倆一「人」，一「貓」，兩個倔強固執性格，對立起來是很危險的。當然，如意無法反抗我的處治，在我憤怒之下，把他送到基隆一個朋友家，我是淚流滿面的去，滿臉是淚的回到台北，我難忘如意哀怨無助的眼神，低聲的叫著，祈求我不要拋棄他；就在我離開的第二天，基隆的電話來了，「如意失踪了」，我忽略了那個朋友的家沒有圍牆，房後就是山林——

我站在山坡上叫，我繞著森林跑，拼命的喊著：「如意！如意！回來呀！回來呀！」

如意永遠不會回來了，咪咪失掉一個漂亮瀟灑的兒子，我不知她會不會哭。這個不幸的事件，却在我的心上永遠去不掉一個悔的烙印，是我拋棄了他，他是需要自由的，走筆至此，我已熱淚婆娑！

咪咪的家族

十幾年以來，咪咪已做了曾祖母。但是「老蚌生珠」，最後一胎却是個「畸形女」小白，一眼無珠，一眼有薄膜罩住，一生都在觸探和嗅覺中度過因為視覺不佳，曾從四樓頂上摔下去。她弟弟也惹了禍，還使她生下一個嬌小的「莉莉」。以後全家做了結紮，以免繼續「亂倫」。BB是個大好佬，生性忠厚，但也難逃一刀。就在這時，忽然來了一個「外來女客」，波斯混血，取名Grace，溫柔美麗，但不容於咪咪老媽，只有使她們分房而居，其他兄姐還都會和睦相處。

咪咪於十二歲時蒙主寵召，放一朵玫瑰，和一個小十字架，寫上她的生辰放在她的懷裡，送她進入焚化爐。BB於十四歲時安享天年。只有吉利，被一獸醫誤診而死。最後只有莉莉，Grace和我相依為命。Grace像母親一樣的照顧莉莉，但莉莉體弱多病，最後跟我相伴的只有Grace了。她雖然不知詩書達禮，循規蹈矩，每晨叫我起床上課，晚上陪我看電視，習慣吃Whiskas罐頭，只是對我每在假期旅遊時，把她寄養在友人家甚感不滿而鬧情緒。她今年已滿十六歲，還是小姑獨處哦！（已結紮）。她很喜歡拍照，只要我舉起照相機對她說：「Grace！看我！」她就會做表情，故意作態，也許，這是「家學淵源」吧？因為我是研究表演藝術的老師呀！

僅以此文，感念咪咪的貓家族，在我受難時，給於我的安慰和揭示：「生命樂章的精采處在於挫折」。（荒漠甘泉）

一九九三年的一篇紀念貓家族的文章，在今年二〇〇八年重抄寫於稿紙上時，已無當年的文采，更是「老」眼昏花，抄寫費時，咪咪一家跟Grace的活潑身影，仍然在我的回憶的淚水中活躍。「崔老師」，「崔阿姨」，「崔導演」，仍然孤獨一身，是個無業遊民，已「無力、無房」和貓兒們相依為命了。

狗命（一）

在我住宅巷子的左方走廊，是髮廊、服飾店、販賣國外的特別玩意兒；再過去，是家賣彩券的門市，每次我路過門口，總會和老板娘打個招呼，忍不住發財心切，就進去買一百元的大樂透兩組號碼。發了財的願望，就是能大批金錢捐助一些弱勢團體，在自殺邊緣的窮苦小民……事與願違，但總抱著希望，否則，日子很難過。

我住家巷子的右邊走廊，開了間小鐘錶店。那位老板是獅子會的會員，因為我收藏了許多懷錶、手錶、掛錶、裝電池，也就認識了他。他的隔壁是李太太的豆漿店，她養著一隻小狗，我為牠取名為「寶貝」。牠很高興有「人」去跟牠打招呼。我還沒走到李氏夫婦的小店，就聽到「Cocko」的叫聲，因為牠聽到「狗奶奶崔小萍」的說話聲。我在這一帶算是「高齡居民」。每次出街購買雜物、水果、青菜……他們都會和我打招呼。崔阿姨、崔老師、崔婆婆……我就認了Cocko作我的「狗孫子」。當牠沒患皮膚病以前，我買些「特製狗食」送給牠，牠每見我到他們店門前，就大聲呼叫，興奮地滿屋跑跳。每當我抱起牠時，牠熱情的親舔。牠的狗命不錯，李氏夫婦趕五更趕早集，每晨磨豆漿、烤地瓜，做牛奶軟餅所賺雖是僅僅幾塊錢的小生意，但對於Cocko卻是捨得花大錢：現在因為牠皮膚病，尚未完全好，現在的飲食，是尊聽獸醫的「特別設計」，不可以隨便再吃一般販售的「狗食」。

「哈！Cocko的狗命很好！」

但是，在台灣的流浪狗，狗命卻是淒慘！收容所的員工人手少，忘了餵食，日前竟發生大狗飢餓難忍狗吃狗「新聞」。台灣人喜歡養寵物，但是不愛了，或是出國了就把牠們逼出家門，任牠們生死不顧。記得有一次，我站在巷口等朋友，忽然看見一隻短腿花毛狗，頸間掛著一個小紅包，神色慌張的，走到我面前，似乎在問我什麼，然後又匆匆忙忙的，繞到另一條街上。我的朋友沒來，卻又看見牠又回來了，頸上的「紅包」不見了。誰拿走了？沒幫助牠找到牠的主人？

「我沒辦法幫你呀！」牠祈求的目光望著我，然後，又慌忙的回頭「走」了。

「牠的主人大概是住在這附近，為什麼放棄牠？」

「有些人，什麼都趕時髦，什麼寵物都養，不愛了，就隨便一丟，你沒發現大條的鱷魚不也是在陸地上爬嗎？走吧！少管閒事！」

朋友來了，我們一塊兒去教堂。去尋求愛。現今的世界愛是太缺少了。

今年，屬像是「狗」，我屬狗，八十四歲，不知我的狗命今年如何？

狗命（二）

那一年，有一個披著長髮的女孩子，飄洋過海到台灣，去尋追一個謎樣兒的「愛情之夢」。意外的，也許本來就是意內想得到的——被騙的愛，最終一定破碎！也許，這是「狗命」逃脫不掉的災難。

以後的年月裡，在我們窮窩裡，朋友送了隻小狗給我，我為它取名為「凱撒」。誰叫我學過戲劇藝術呢？連狗的名字也脫離不開莎士比亞。可是這個名字不吉利，凱撒不是打勝仗回來，反對派懷疑他會統治國家，就被他的愛將羅勃特在國會議壇上殺了他？唉……當我意識到這個不幸的時候，凱撒竟被偷狗賊越過了籬笆把牠偷走了！我雖很傷心，但追尋無踪。朋友同情我為狗傷情，又送了我一隻黑白花色，短腿的牧羊犬種混血兒，還是取個和土地有關的狗名吧，於是為牠取名為「苔莉」，因為發現牠是「女性」。

好景不長，即便是「窮窩」，也會引起第三者的仇視，不得已為了雙方的名譽、安全，我被「逼迫」完成了所謂「協議離婚」，雙方各自租屋分居。當年「S」的租屋，可以養狗，不得已，我跟「苔莉」哭別，只有在假日時，我乘長途車，去探望苔莉，更去探訪「S」——雖然婚姻不存，但「情誼仍在」；當我「年青」時，我還有這種「傻思想」。

S，在靠海、靠公路的地方，租了一個頂樓亭子間，他每天採訪新聞，和朋友們飲宴，忘了苔莉的存在。牠日夜被關在那個小屋裡，飢一頓，飽一頓。每日，坐小屋外面的圍墻上，望著公路上來往的汽車何時會把「崔媽媽」帶來給牠？

屋門沒鎖，家徒四壁不怕有誰來偷，也是方便苔莉出入。誰會知道，這間頂樓上會住著一個窮記者？

「小×病了，我去南部看她。」」桌上留了字條兒，「無下文」。

我週末休假去探訪「老友」，老友卻去南部探望他一次「回鄉」而單戀的「小女友」。幸好有我的苔莉陪我。我抱住牠，牠激動的大眼睛裡卻充滿了淚水。

天已晚，無法回台北。但沒想到晚上卻發生了地震，天搖地動，小屋吱吱咯咯作響，苔莉被嚇得汪汪狂叫。如果小樓塌了會發現一個女屍抱著一隻狗屍：他們是什麼「人」？

等待天亮，我坐在榻榻米的木板床上寫廣播劇本——「芳華虛度」。苔莉睡在我身邊——這一生，真的是芳華虛度了。

不清楚S怎麼跟本地人合租了近郊的一塊地，取名為「黃金谷」。為了幫他的幾個鄉兄就業，買了幾隻「羊」，做販賣羊奶的生意。那時的苔莉也交了「洋」朋友，連續懷孕，生下了小黃（牠是大型，全身黃色短毛，站起來有我一樣身高）；另外一隻像馬爾濟斯，全身長毛，耳朵和額頭的毛總遮蓋住牠的大眼睛，取名小虎。另外一隻是棕色的取名「咖啡」，卻是體小多病，後來死於「肺炎」。

在「黃金谷」居住的這段日子，算是苔莉最快樂的一段日子，也是我「探訪時間」內，最難忘和狗兒嬉戲快樂時光；每當我去看S時，苔莉帶著牠的狗兒子們，等在村子口的路上，每聽到我的口哨聲，牠們便一擁而上，握手，擁抱，在草地上，在樹叢中追逐，也使我忘記了在來台後，因追逐那個愛的 所有的痛苦記憶。我似乎回到我的童年，在「家」附近的田陌間，和兒時的好友S放風箏，踏青，相互呼叫各人的名字，為了聽聞山谷間的回音。

「你在那裡？」

「我在這裡！」

好景不長，「黃金谷」中的羊奶賣不出去，鄉友們相繼離去，苔莉的小黃、小虎一夜之間失踪無影。S賠錢，也賠上了友誼，不得已又在城市租屋。我的「探訪時間」也已中斷。

後來聽說苔莉離「家」出走，一直沒再回來。因為沒了「家」，更沒了「愛」。金窩、銀窩、溫暖的狗窩已不存在。我的「窮窩」已隨著人性大浪的衝激而被淹沒。

站在海邊兒，披著長髮的女郎早已不見，只有一位銀髮老嫗在沙灘上數腳印兒。

「喂？你在那裡？」

人已逝，夢已杳，雖然夢碎，能回憶一些曾經歡樂過的時光，對來日無多的日子，也許還是一種鼓勵吧？

「哈！」自我嘲諷，「阿Q」魯迅精神未死。

咪咪，我愛你

一九八二年，當我向「宇宙光雜誌」投稿時，他們還不知道這是「誰」？也許「文情並茂」吧？他們刊登了。大標題是「話情——人情味小故事」。另外一組標題是我的主題——「咪咪，我愛你！」那是貓和我的其中一段故事。當年，我剛出獄不久，「崔小萍」這個名字很敏感——不明白這位中國廣播公司的節目名人，怎麼會關進監獄？於是我用了一個筆名——方一，否則，編輯部會「退稿」，一筆「稿費」便白寫了！我已不記得「宇宙光」是否寄稿費給我？多少年後，我在「宇宙光」做見證時，誰也不知道「崔小萍」姐妹曾投稿他們的雜誌？還為他們製作一位牧師的家庭談話錄音，很被歡迎——兩句話：「人情冷暖，世態炎涼」，「此一時，彼一時也」，對於別人對我的肯定，我永遠感恩！對於我的貓家族對我的愛，我更永遠感恩。

咪咪，我愛你！

方一

從上午就打電話給古大夫，一直只聽見鈴響，沒人接聽，後來才想起：古大夫全家去渡假了。這幾天為了咪咪的衰危，竟把禮拜日都忘了。我總想盡最後一點人為的力量挽救她，所以一直到晚上，仍然打電話到古大夫診所，他太太回話說，他要很晚才會回來。

「咪咪，不要走的這樣早，你還年輕，明天一定還有希望……」前兩天去看大夫，他說咪咪沒有病，只是「老」了，這樣不吃不喝的現象，「死」對於她，只是時間的遲早而已。

十二年的生命，就算老了嗎？還記得十二年前，不知從那裡來的？她穿越了層層鐵絲網來找我，我看著她被異性追逐，然後戀愛、結婚、生育，在我受難的歲月中，她跟她的子女們伴著我，使我失去光彩的生命中，增多不少活力，在我孤獨的時間裡，她曾偎依在我的懷裡，跟我共同咀嚼那被遺忘的感傷。她在我的生活中是唯一的主角。她循規蹈矩，沉默寡言，雖然她子女們的體態都比她壯大，但是，她的一個眼神，一聲低低的怒吼，或者左右開弓的幾個耳光打上去，牠們都變得乖乖的。我戲稱她是「老太婆」，她似乎也願意接受這個暱稱。當然，「咪咪」她聽起來最敏感，尤其誇她「乖」的時候，她的尾巴就搖個不停——唉，當她如此垂危的時候，她仍然未忘記她的尾巴。

「上帝啊，你把她賜給我，請不要這樣快就接她去！」因為我的生命，還有一段時間，才會到盡頭呢？

冒著雨，又送她去醫院，大夫為她注射營養劑，她只輕輕的吼一聲，她已無力去咬大夫的手了。為了節省一點醫藥費，我抱著她坐公車回來，車上擠滿了人，好歹還找到一個座位坐下，我撫摸著她的頭，淚流滿面，我不敢想到她死的問題，有的人用奇異的眼光注視著我。

「你的小貓病了嗎？」有人同情的問我，我點點頭，無法言語。

注射後，她顯得相當衰弱，我用小棉被把她包起來，吊一隻電燈在她身傍，以增加她的熱力。夜裡，聽見她深深的嘆息，我急忙起床，注視著她，束手無策。

終於，在當天的下午，她的心跳，呼吸完全停止了。她四肢僵硬，兩隻紅色的大眼睛瞪著我，好像對我說，她不甘心就這樣死去……

我抱她在懷裡，歇斯底里的哭著，呼叫著「咪咪！咪咪！」在她的屍體上，為她戴上一個小紙牌，上寫：「咪咪，得年十二年，死於老衰，請求神接納她」。

我親自把她送進焚化爐裡，望著熊熊的烈火，轉瞬間，將她在這人世間十二年的生命化為無有，但她留下了「愛」。

「咪咪，我愛你！」我劃著十字，淚眼模糊。

咪咪，是我心愛的一隻暹邏貓，她死於七十一年十二月二日。

抄寫完了這篇〈咪咪，我愛你！〉，老眼昏花。日後，繼續寫《碎夢集》恐怕要感到困難了。但「永不放棄生命的希望」！

我要把這篇文章所畫的一個充滿想像的圖，剪貼在這篇文章的後面，希望付印時能重現：「我愛你，咪咪」。

他，名字叫「咪咪」

不是「米孃」歌劇裡的「咪咪」。他，也不是她。可是我覺得這個迷人的名字很適合他。因為他是我最愛的，曾經和我相依為命的。最後悔的一件事，就是我不該遠離過他一次，他便孤獨的，死在荒野裡。

他，全身雪白，毛皮茸厚，尾巴粗而長，耳朵也長，碧綠的兩隻眼睛。如果不是一模一樣，而是一藍一綠的話，誰都會認為他是來自波斯國。

他，是一隻雄貓，是我的「貓兒子」，雖無正式過繼手續，但我卻視如「己」出（異於獸者幾稀？）我為他取名叫「咪咪」。他除了咪咪的叫，不會唱歌劇，否則一定會唱：「我的名字叫咪咪」了！

* * *

是在無意間發現他的，那是在我和S剛修整好一棟破房子裡，是我們婚後半年，才單獨有一個家的時候。

一連落了幾天雨，天剛放晴，他從日式房屋的地板下走出來覓食，是一隻瘦弱的小白貓兒；看樣子還未滿月。後來又發現他的「妹妹」（也許是他姐姐。因比他還瘦小，只好自作聰明，就如此替他們排輩數了）。灰色的，躺在地板下，餓的已無力行動，於是我沖了奶粉，泡軟了饅頭，救了這兩個小傢伙的命，他們那位不負責的媽媽，竟一直沒露過面，也無人招尋失貓，順乎自然的，他們就變成了我們的「家屬」，使我們這個小窩裡，忽然增加了一兒一女，女兒取名「灰灰兒」，兒子取名「咪咪」。

他們兄妹倆雖是一母所生，個性絕然不同，咪咪天生成一副傲骨而「知人達禮」，不貪食，愛清潔，大小便有定時，而懂得便在沙盤裡。灰灰兒則是疏懶成性，則隨地便溺，尤其是貪心不足，吃壞了腸胃，我就緊跟著她抹屎擦尿，比有個「真小孩」還麻煩。灰灰兒的生活散漫，又患腹瀉，終於死亡。咪咪便順理成章的，一躍而為「驕子」，真是備受寵愛，尤其是他對於我感覺到是特別重要。那時我初來台灣，沒親戚，沒朋友，人地生疏，S每天去辦公室，我則每天枯坐家裡，從他剛離家，我便盼著他回來了。自從有了咪咪，為我解除不少寂寞，我跟他玩，跟他說話，看他捉住老鼠，玩弄於他的利爪之間，而不屑於食其肉。我當時雖然已二十五歲了，還是童心未泯。喜歡小玩具，愛和小動物玩耍（至今仍如此，也許山難改，性難移吧？）尤其是貓。咪咪，是我在幼年時，失去「小花兒」以後，所收養的第二隻貓。

* * *

記得小花兒的被拋棄，便不能不想起那個「韓禿子」；她是哥哥同學的媽媽，因為未老先衰，還不到四十歲，就落光了頭髮，只剩稀稀的幾根毛，鉤扎著頸後的一個小髻髻。她溺愛她的三個兒子，卻不孝順她快八十歲的老婆婆，大家不恥她的為人，所以表面上稱她韓太太，我們孩子叫她韓伯母，背後就稱呼她為「韓禿子」。她丈夫在銀行做事，愛修飾，連鼻毛都剪得光光的，倒是一表人才，很奇怪這對鴛鴦配得如此懸殊。我們家人少，房子多，於是把前院租給他們住，平常我們把二道門關上，井水不犯河水，相安無事，她們家是天津人，愛吃魚，未料到小花的悲慘命運，卻注定在也愛吃韓禿子所燒的「鐵饽饽熬小魚兒」上。

小花是隻母貓，黑白相間的毛色，兩隻小黑耳朵，襯托著一張全白的臉，顯得格外俊俏。當我六歲時，抱她來家裡，直到我八歲，她被拋棄以前，一直是和我同床共枕的。她出遊按時，晚上離家，破曉歸來，當我覺得有隻毛茸茸的臉，在拱開我的被窩，耳邊聽得咕嚕咕嚕唸經的聲音時，我知道是我的小花夜遊回來了，也不論她身上髒淨，就掀開被子，摟進懷裡，她也習慣成自然的，把頭枕在我臂彎裡安然睡去。

其實，也不能單怪小花偷吃魚，那個貓兒不愛吃？只是怪媽媽固執己見，不管貓兒的習性，一味堅持給她豬肝泡饅頭，偏不給她吃小魚拌飯，從不替她著想，給她變變伙食的花樣。她在家裡得不到的，便只有出去偷了！何況是近水樓台？雖然二道門常閉，但是院子裡有四棵大槐樹，任她爬到哪一棵上，都會翻牆越屋而去的。

小花穿牆越戶去偷他們一次，韓禿子便來告狀一次，爸媽是愛面子的人，雖然她是隻不懂人事的貓，在被人家當面數落她的罪狀或是「貓贓俱獲」時，也像在人家辱罵自己不爭氣的孩子同樣難堪，於是便把小花痛打一頓，以示懲戒。我看著心痛流淚，卻不能替她爭辯，因小小花理屈。因她的缺點，使我臉上無光，我表示不愛她，冷落她，可是她對我仍一往情深，尤其在媽媽痛打她以後，她含淚的，顫抖的躲近我身傍時那種可憐樣，又使我不能不撫慰她！媽媽痛打她時，有時我會瘋狂的向媽媽發脾氣我恨媽媽，我更恨韓禿子。小花似乎更懂得如何報復，打的她越厲害，她偷魚的次數也越多，她不一定吃，有的僅僅拖出飯櫥，丟在地上，達到搗亂的目的而止。她偷魚記錄越多使得韓禿子，滾著一個皮球似的胖身體，移動著兩隻麵包腳，到後院來報案的次數也更多了。

有一天，我正午睡，聽見小花狂喊救命，我赤著腳跑出屋，看見爸爸正要把她裝進一隻麵袋子裡，要把她帶走，我大哭著把她搶救回來。爸爸說：「這樣不聽話，不懂規矩的貓，你還愛她做什麼？把她送給別人不好嗎？」

「我愛她！我愛她！」我跺著腳，哭喊著。

「你不知她為我們家找多少麻煩嗎？讓韓禿子天天來告狀，多丟臉！」

「我不管！我不管！」我仍然在哭喊，媽媽，姐姐，佣人們都勸我說像這樣的壞貓，還是丟掉的好，我緊抱住小花不鬆手，也不做聲。

「唉！你這孩子！」爸爸無奈的嘆一口氣，走了。

我放下小花，她在四棵槐樹上，輪流著爬上滑下，慶祝這次的劫難得救，我們倆在樹下追逐著，媽媽他們，站在廊簷下搖頭歎息。

小花似乎很懂事，當晚未外出，乖乖的跟著我，以後幾天未出事，韓禿子當然也未來報案，我慶幸小花已覺悟，改邪歸正了。

*　　*　　*

「小花！小花！」每當我放學回來，第一聲是喊媽，第二聲，就是尋找我的小花，她如果在家，會應聲而出的。這天放學回來，照例喊她。

「小花出去玩了，別找她了。」媽媽例外回答我，因為平常她是不管我與小花的糾紛或是感情的。但是，小花也例外，晚上沒回來吃晚飯，夜裡沒回來睡覺，這使我心神不定，根據前次的經驗，我預感到有何不幸將發生，因為兩年以來，她從無如此例外過。

等到第二天我再放學回來，仍不見小花的踪影，我問佣人：「我上學去的時候，小花回來過嗎？」

「回來過吧？我沒注意……也許又出去玩了……」佣人含糊其詞，我抱著希望，又等到夜裡，仍不見小花歸來。

第三天，當爸爸旅行辦公回家的時候，才證實了小花失踪的真象。

「爸爸！小花不見了！」我哭著向爸爸報告。

「啊？真的？沒關係，我們再找隻好貓！」爸爸說的很輕鬆，但是我從他臉上；覺察出他做了虧心事。

「爸爸！是不是你把小花帶到徐州去了？」

「啊……」爸爸一時無法撒謊，便對我說：「她在這兒偷人家的魚，我替她找一家每天吃魚的主人不好嗎？」

「啊！爸爸！爸爸！」我拼命扯著爸爸的衣裳，像瘋子一般，混身痙攣。

「放手！你這孩子！」佣人把我抱住，爸爸逃開了，媽媽來安慰我。我除了大哭，誰的話都不聽，我覺得她們太狠心！竟這樣懲罰我心愛的寶貝。我恨爸爸，好久，我躲著他，我不理他，我不願和他說話。我覺得人類是這樣殘忍，連爸爸也是。

對於韓禿子，我認為她是禍首，更恨她，常常詛咒她，咒她連那個唯一的小髻髻，也禿掉才好！

一九三七年七七事變，我跟隨姐姐離家逃亡到徐州，在日機轟炸中，頻頻注意逃竄的人和貓狗，我仍希望在街頭巷尾能看見我的小花，我一定帶她一齊走，絕不顧姐姐的反對，那時距小花被丟棄已有六年了。

「姐姐！小花住在徐州她還會活著嗎？」

「你呀！從前是個小傻瓜，現在？是個大傻瓜！」姐姐也許是聰明的，她從不浪費情感。哼！

為了我對小花的歉咎和懷念，從小到大一直沒愛過第二隻貓，直到咪咪闖進我的生活裡來。直到我有了自己的家。但是我和S的小家庭生活，常因人事上內憂外患，並不安寧，幾度搬遷，使得咪咪也備嚐藤籃，陋室幽閉之苦；但是他通人性，頗知主人難言之苦，而解人意，不給人增加麻煩，例如帶著他坐火車，不放心交貨運，客車裡又不准攜帶貓狗，便把它藏在籐籃裡放置身邊，不時跟他說話，給他一點吃食，穩定他的情緒，有時他急躁的咪嗚呼叫時，便只好低聲威脅他說：

「咪咪！別叫！不聽話，要打你了！」他很自愛，所以很少挨打，他懂得人的聲音表情中的喜怒哀樂，他更瞭解警告的語氣。因此他能乖乖的，臥在籐籃裡，而躲過查票員的耳目，不被驅逐下車。

有一次坐短程小火車，是在夏天，我把他包在毯子裡排隊通過剪票口，因為忘記把「貓臉」蓋住，才不致洩密，他卻在裡面熱得忍不住大叫，我只好拍他，搖他，以示警告。

「太太！是『嬰那』（台語：孩子）害病了嗎？要我幫忙嗎？」一個女人熱心的要來抱他。

「不要！不要！謝謝！是啦！病可重哪！」我慌忙躲開那兩隻伸過來的手，哭喪著臉回答，一邊抱緊了咪咪，因為當時他在拼命的要跑出來，我在毯外面不得不重重的打了他兩下。

「把毯子打開，讓他透透氣就好些了！」「孩子病了，還要打他，真是……」那個女人很不以為然的搖著頭，她一定以為我這個「母親」太沒心肝了！幸好輪到叫我剪票，才匆忙離開那個女人。我在火車上的廁所裡，才讓咪咪出來透透空氣，否則，真把他悶火了，他不顧一切的竄出來，跳下火車我到那兒去找他喲！

* * *

女人，就是這樣的，男人看女人也是這樣的，不論她有多少輝煌的過去，等她一旦結了婚，過去的一切，似乎不曾存在過似的，尤其當她把生命全部，像賭注似的投入一次愛情的輸贏裡以後，而只有「丈夫至上」，男人的那種優越感，認為也勢必如此，才能相親相愛，那麼只好「嫁雞隨雞，嫁狗隨狗」，追隨丈夫左右了。從前的「小姐」，假使有幸變成一隻金絲雀，關在籠子裡唱唱歌，不愁吃和喝，自我陶醉，倒也好。不幸變成了老母雞，也只好蓬頭垢面，每日在鍋灶邊咕咕打轉轉，如果再無隔宿之糧，就更煩惱。但是，女人就是這樣的，她會在一個「愛」字裡，尋求到忍耐和勇敢，能伸能縮，適應環境，旁觀者會笑她是傻瓜，她卻自認為是偉大的愛神——當然，我也不能例外，所以，一談戀愛時，在情人眼裡的公主，女王，變成「老婆」以後，主觀、客觀的環境也都變了，老婆沒有主權，好、壞只有跟著丈夫走。當年，我就如此隨着丈夫轉的，沒有舒適的生活，沒有個像樣的家，幸好沒有孩子，但是咪咪，卻像個孩子一樣的，跟著我東？西遷的受活罪。

我變得憂鬱，咪咪變得孤傲，這跟居住的環境有很大關係的。

當台北的那棟破房子，用節衣縮食儉省出的錢，修整得像個「家」的時候，S卻被幼時婚姻上的舊「債」，逼去台中一所育幼機構工作，咪咪和我，當然也隨了去，那個「家」，就無條件的送給了別人。在台中，我們住在一間小屋裡，連廚房也包括在內，而且不是「宿舍」，是屬於公家的一間小辦公室，在辦公時間內，我不好隨便出去走動，以免人家說我妨礙公務，咪咪也不敢自由活動，他是怕天真的孩子們和他糾纏。於是一人一貓，整日便悶坐在那間不見陽光的斗室中，只有到了晚上，我們才能在室外，僻靜的馬路上散散心，活動活動筋骨，而且在白天，公家養的一隻雜種狗老F，卻常蹓躂進房裡來，尋找點食物，餵飽牠那個老是乾癟的胃。咪咪吃剩的牛肉拌飯，總是被牠幾口掃光，可是他對咪咪並不友善，畏於我對咪咪的愛護，不敢動粗。咪咪也自信不是老F的對手就敬而遠之，因為老F的體型比咪咪大了好幾倍，可是咪咪卻並不示弱。為了自衛，常迅雷不及掩耳的給老F幾個耳光，然後跳上窗台傲然下視，使老F莫奈他何。這兒附近沒有貓伴，所以，咪咪便常坐在窗台上，漠然的望著窗外街上的行人，紗窗上挖個洞，就是咪咪的交通要道。

咪咪，常是背脊挺得直直的，昂首而坐，密縫起兩隻眼，似在思索，又像追憶，窗外強烈的陽光，反襯著他白色的身型這姿態能保持很久不變，這情形在他中毒得救後就更顯著了。

* * *

我不會忘記咪咪中毒的一幕，那時S調職花蓮，我孤單的和咪咪，寄居在一個友人的農莊裡。這個農莊，座落在台中市外，去台中市時，需步行兩三里小路，再須乘坐約半小時的小火車。

當我搬住農莊時，老F也像孤兒似的跟了來，因為那時在育幼院的孩子們吃不飽又乏人照顧，當然更無人照顧一隻老狗，大家為「生活」在那兒工作，無人有心情去愛一隻狗。我因經常招待牠吃喝，又與牠友善，牠雖遭咪咪白眼，跟我卻成為朋友。在農莊裡，闊大了天地，我帶牠爬山越嶺，山澗戲水，牠和我的友誼有增無減，這很引起咪咪的嫉妒。因此見機打老F耳光的事，也經常發生。老F看在我的面上，也只「呲呲牙」，發發威，嚇唬咪咪而不敢真動嘴咬他。所以，在農莊裡，這一貓一狗，仍然各自為是，未能求得諒解，終未能成為好友。以後老F有狗友來往，咪咪仍無貓伴兒，那些雞鴨，他也不屑於為伍，雖然跑跳的範圍大了，沒有小動物玩耍，仍覺無聊，不知他怎樣竟與四腳蛇（蜥蜴）做了朋友，終因交友不慎，幾乎喪掉「九條貓命」，為了尋求獸醫，卻使我疲於奔命。

* * *

農莊生活更寂寞，S走了，和鄉下人沒有往來，貓狗成了我唯一的伴侶。咪咪仍迷戀於我，他常坐在我臂彎裡，用兩隻前爪摟住我的脖子，我抱著他，身後跟著老F，我們三個倘佯在田野之間，有時清晨，有時黃昏，老F像個老褓姆，保護我。咪咪像個孩子依偎我，只是他不會「人」語；蕭規曹隨，像昔日年幼時，小花與我生活一樣，晚上，他仍在我床上睡覺，吃飯時，有他固定的一把椅子擺在飯桌邊，他聽候命令，撿食面前盤子裡給他放置的雞骨魚刺，他只要聽見我說：

「咪咪，這是你的。」他便把兩隻前爪搭在桌子上，吃它應得的東西，這時老F便蹲坐在咪咪的椅旁，羨慕的仰望著。

有一天晚飯時，咪咪照例跳上他的椅子，但幾次三番的跌下去，我奇怪他的腿怎麼軟了？抱起他來看，忽然發現他的肚子膨脹的像小鼓一樣，而且精神萎靡，他是隻雄貓，當然我不會懷疑他是懷了孕。

「呀！咪咪，你吃了什麼？」

「咪嗚！」他回答我，當然我聽不懂什麼意思，但是一下子我就想到他那些惡毒朋友——四腳蛇，他總是像玩弄老鼠一樣的玩弄他們，含在嘴裡，或是捉來拋去，一定是牠們厭煩了他的玩弄，在他嘴裡注射了毒液，以示顏色。

我看他痛苦的表情，使我心痛的食不下嚥，臨時只有給他服用萬金油解毒，希望他能好轉，可是到了晚上，他的四肢已無力站立，癱瘓在我的床上，瞳孔漸漸放大，神智不清，最初我呼叫他的名字，他還能回答我，慢慢的，他只能睜開眼睛望望我，而不能作聲。

「咪咪！咪咪！你怎麼啦？」我伏在他身邊，熱淚像泉湧，我不敢想，我的小伴兒將捨我而去，聽著他微弱的呼吸，我想起，我的命運為何這樣壞？現在連一隻做伴的貓，也要拋我而去？我為了追尋一個奇異的愛情，拋棄了事業前途，和優裕的環境，到台灣來嫁給一個窮小子，但是在愛的路上卻佈滿了荊棘，並沒有鮮花，待我明瞭夢醒時，已無法回程，忍受現實的打擊，抱著一顆受創流血的心，渡著像修女一樣的生活。咪咪是我的知己，他曾陪伴我，度過那些孤獨無助，被漠視的日子，我怎捨得他就這樣死去？我聽著他微弱的呼吸，一夜未曾闔眼，祈求他的生命力，能延遲到天亮，好讓我有時間去給他請醫生，否則會使我終生遺憾，會詛咒我自己是個見死不救的劊子手。

為了咪咪哭，為了咪咪不能下嚥和緊張，佣人很覺奇怪。

鄉下人們聽說我要帶貓去找醫生，好奇的圍著我。

莊主是冷漠的，他不關心咪咪的中毒，更不管咪咪的死活，他沒有愛心。

匆忙的，我把咪咪提在一隻籐包裡，跑向車站，咪咪快兩歲了，體型特別大，是有七八斤重，當我必須走過那些高低不平的小路時，我不得不時時把他放下來休息，可是為了搶救他的生命，又得趕快把他提起來趕路，這條路是不能行車的，必須靠兩條腿，不慣急行的腿腳，卻不能勉為其難。正當我舉步艱難的時候，遇見了救星，遠遠的看見了金，我的同學，他正來農莊看我，有幾年不見了。於是他替我抱著盛咪咪的籐包，翻山越嶺，上車下車，奔到台中，但是到哪兒去找一位獸醫？那時還不時興給貓狗治病，所以也無公開掛牌的獸醫，逢人便問，也是咪咪命不該絕，終於問到在農會供職的一位獸醫，可是醫生不在家，醫生太太打電話去農會找他，又說他去某農莊出診了。怎麼辦呢？

「這隻貓真可愛！」看得出醫生太太也愛上了咪咪，他已不能動彈，聲音也沒有了，我哽咽的也無法言語。

「這樣吧！你把牠放在我家，等我先生回來就給他診治，明天早上，你再來看他好嗎？」感謝這位善心的太太的緊急措施。

「謝謝你，只要能救活他，用什麼貴重的藥都可以，拜託你先生多費心！」就這樣約定，明早去接咪咪。

「咪咪！我走了，乖乖聽話！」他躺在人家的榻榻米上已毫無反應，我淚流滿面的暫時離開他。

那夜，借住在朋友家裡，和金約好，明早仍要他陪我去接咪咪，我無法入睡，我擔心看到明天早晨的悲劇，我是否能承受得了？看今天的情形，咪咪已在九死一生的邊緣了，我計劃，萬一不幸咪咪死去，我要為他墓前立一個小碑，還要為他寫一篇墓誌銘：

這兒埋著一隻通人性的貓，也埋著他主人的寂寞與悲痛，他的名字叫咪咪，他的身體純白如雪，他的心地良善，與世無爭。他供獻情愛而無條件，不幸偶與蛇蝎為伍而遇害，死於×年×月×日。

那天早晨，我躊躇於醫生門前，我不敢拉開那扇玻璃門，我怕看見的是咪咪的屍體，而不是我活著的咪咪。

「勇敢吧！要來的一定要來。你真是個孩子，為了一隻貓！進去吧！」金鼓勵我。

「我害怕他會死呀！」我哭了。

「咪嗚！」咪咪在房子裡叫起來，他一定聽見我哭的聲音。

「啊！咪咪會叫了！咪咪還活著！」我拉開門直奔進去，咪咪也迎著我跑出來，我把他抱進懷裡，頻頻的吻著他的貓臉：

「啊！咪咪！你好了！你活了！你站起來了！你又會跑了……」眼淚在我的笑臉上奔流著，金和醫生太太哈哈的笑開了。

「高興了吧！你的貓病好了！」金說，醫生太太報告診治的經過。

「昨晚醫生回來，立刻給他診查，說是受毒過深，而且送醫時間太晚，不一定保得住命，先替他注射強心針，再給他灌腸，又吃消炎藥，又注射……我先生一夜沒睡，守著他，今天早晨看見他能跑了，我先生才放心上班去……我已經餵了牠些牛奶了……」醫生太太也興奮的很。

真感謝這位愛貓的醫生，否則咪咪早已命赴黃泉了！咪咪得救，除感激醫生的仁心仁術，付了一筆不算少的醫藥費，並借了人家一條大布袋，把咪咪裝進去。因為他恢復了生命力，不肯安臥於小籐包之內了。我買了一大塊豬肝，給他增加營養。金沒送我回農莊，他說：「這兩天為了你的貓事，耽誤了我的人事，不送你回去了，現在可安步當車，慢慢走吧！」

咪咪自從病後，更長時間的坐在窗台上，昂著頭，挺著背，坐得直直的，密縫著眼，望著遠方。是懷疑生命的奧妙嗎？還是追憶在那個死亡國度裡短暫的徘徊？他似乎變得更孤傲，更深沉了，簡直不像隻貓。

「咪咪！你想什麼？」我問他。

「咪嗚！」像以往一樣的回答我，兩眼深情的注視著我。

*　*　*

生命，不要可以，不能不要愛情。女人就是這麼癡。在和S的誤會澄清以後，便有立刻看見他才心安的感覺，於是我又拋棄現有的職業，到花蓮去找他。當然又帶著咪咪——行李可以不要，不能丟掉我的咪咪，像愛S一樣的執著，只是攜帶他的籐籃越來越大了。也變重了。

去花蓮，正值蘇花公路塌方，不通汽車，海路沒船，那時還沒飛機的生意，我只有走一段再設法前進一段，有何危險我是顧不了那麼多的，只要我們盡快抵達花蓮。愛情是勇敢的糧食。在我去花蓮全部旅途中，我隨身攜帶的兩樣最重要的東西，一是錢袋，丟了它就寸步難行，一是咪咪，有了他，越提越重，也幾乎是寸步難行，我那樣小心的照顧，別人還以為我抱了一大籃珠寶呢？

先坐火車到蘇澳，經人介紹，要到南方澳坐小火輪，才能去花蓮。當晚住在南方澳小客棧裡，一個單身女人，帶一隻貓，這行徑就夠怪的，幸好那間客房全部是三個榻榻米，沒有一個窗，也許是旅館從前裝棉被的庫房，而是離地有兩尺多高，拉上板門，就像在櫃櫥裡一樣，不怕壞人偷襲，最安全的是咪咪不會走失——他真是一隻通靈性的貓，只要有時間讓他記清環境，他一定能找到我在的地方，他的智慧不弱於一隻狗。抵達客棧，放他出來大小便以後，他便在榻榻米上跑跳，活動活動被囚困一天的筋骨，夜裡躺在我身邊咕嚕嚕大睡，在天破曉時，他抓板門的聲音叫醒我。

「咪咪！要出去大小便嗎？記得回來呀！」我放他出櫃子，不必再跟著他，他已認清了環境，我很相信他這種本領和忠誠，果然，不一會他回到櫃子裡。

「咪咪！我們又要走了，乖乖啊！」他順從的躺回到籐籃裡，我提著他，拿著錢袋，工人為我提著兩大件行李，登上那艘五百噸的小火輪，我是唯一的女客，咪咪是唯一的貓客，只是他在籐籃裡沒敢露臉，否則為了海上的什麼迷信，萬一他被驅逐時，我也只好跟著他一起跳海了。這艘小船沒有任何遮攔，搭客都在露天甲板上，裝雞鴨的籠子，挑著薯簽的擔子，菜蔬、魚、肉大籃小筐，都擁擠在我的四周，海風的鹹味，混合了這些腥臭，一陣陣的刺激我的嗅覺，加上船身的搖恍，使我昏昏欲吐，我仰面躺在那個高起的艙蓋上，下面就是引擎噗噗的震動著。海面平靜，幸好沒有浪，我仰望著青天，沒有一絲雲彩，陽光照射著，雖是夏天，海風吹著並不覺熱。小船在大海裡，像一片小葉子在飄盪，這麼多人擠在一堆，又像坐在救生筏子裡尋找陸地，又很像諾亞的方舟。白色的海鳥咿呀的在頭上掠過，咪咪的籃子緊靠著我的頭，他聽得見我的呼吸，便不吵鬧，睡的很好，他是首次坐海船，也許已經在暈船了。

黃昏日暮，船抵花蓮港，換乘小木船，泊進靠海邊，船伕拿了渡費，扔下我們就撐著船走了，這兒不是碼頭，沒有力伕，也無行人，我如何把咪咪跟我，及兩件大行李運進花蓮市？從海邊，還得爬一個高坡呢？正在發愁，卻看見坡上有兩個人走下來，這真是喜從天降，無論如何，總可向他們求救了！我正待呼喊，只聽見那人大聲叫著：

「P！」可謂無巧不成書了，愛人們有心電感應，來者正是S，和他的朋友H，他意外的，在這個荒無人煙的海邊，突然看見我，幾乎愣住了，不是我大聲呼叫他，他還以為是他思念我的幻覺在作怪呢？

第一件事，是將咪咪移交給他。咪咪認得他的聲音，在籐籃裡喜歡的大叫。

「咪咪！你也來了！」他提著籃子高興的舞起來。他竟沒問我，他最愛的人是怎麼來的？在颱風中海上，陸上……這是人貓車船歷險記。

* * *

愛情，眾水不能熄滅，
大水也不能淹沒，
若有人拿家中所有的財寶要換愛情，
就被全然藐視。
——歌林多前書八章七節

咪咪外一章

一九五二年，花蓮六點七級大地震，房倒屋塌，吊橋被震得翻了一個身，到處塵土飛揚！我幸未被震死，愛貓咪咪也被震得糊裡糊塗。但在這大災難中，意外的我卻接到中廣公司寫來的一封信，通知我，「請在五月一日到公司報到任職」——這是個幸運的消息，因在地震前，我曾被中廣節目部主任邱楠先生約談，開播廣播戲劇的工作，我也曾寄一個廣播劇劇本給他。意外的，我得到這份「導播」工作，決定去台北，再披戰袍，不做家庭的灶下婢，因為為「愛情」，把自己的表演藝術工作幾乎拋棄得一乾二淨，黃臉婆已做了九年多了（一九四七年來台後與S結婚），這次的工作機會決不能放棄；S也同意那個「家」，離開多災多難的花蓮——本來是離開另一個災難才遠去花蓮居住的呀！把親愛的貓兒子咪咪，托給朋友暫時寄養，等待我在台北有個住處時，再來接他。但是，我去台北不久，卻接到朋友的來信說：「咪咪已經好久沒回來吃飯，田地裡有農藥，他又習慣去那兒散步，也許……很抱歉……」

「咪咪！咪咪！」我痛哭失聲也喚不回咪咪，我們倆全部的愛，「抱歉」——兩個字，能補償嗎？

發現用中廣稿紙寫的一本舊稿，讀起來確使我心酸淚下，文章中雖然是關於一隻「人貓」的愛戀，更包括了「人」的「愛」，也表現了我年輕時，不怕苦，能衝的毅力，是愛情的力量嗎？還是個傻瓜蛋做的呆事？那年，我是二十四歲，今年，我已八十八歲了！我仍然愛貓。

天涯存知音

彷彿記得是在一九九五年吧？我從美國紐約飛回台灣時，那是張翔弟和他的摯友Roger，和我最後一次聚會（如今，他們二人已雙雙飛向天國）；但在西雅圖機場，卻遇到一位跟我同姓「崔」，同年同月生的女士，她竟是我的廣播劇知音，她提到了「小說選播」的《茵夢湖》，她清楚的記得那一對兩小無猜的小情人，男孩子在湖中去為女孩子摘那朵白蓮花但是女孩子卻嫁做商人婦，男孩子孤獨到老：這是一個德國小說的故事，她記得很清楚，更記得一個廣播劇導演姓「崔」的人！我們倆併肩坐在候機室裡聊天，她是從北加州小城搭機回台灣，多年前，張翔和Roger曾駕車送我去該城看視難友李金夫婦，那時，尚未與這位崔鈺民姐妹相遇。

「你認識台灣有個廣播劇導演嗎？從前在台灣，家家戶戶都愛聽她的廣播劇，很有名喲……」

「認識。她也姓崔……」

「想起來了，她叫崔小萍，你貴姓？」

我們談了半天，才有時間互通「姓名」。

「我姓崔。」

「我也姓崔，我叫崔鈺民……」

「我也姓崔，我叫崔小萍——那個中廣公司製作廣播劇的導演……」

我們二人相視大笑！廣播聲中催遊子登機，將起程飛向我久居的台灣島。匆忙中，我們互道平安，並留話說：她的兒子住台中，以後我們可在台中來往……

今年是二〇〇六年翻舊書，翻出了一張小紙，已經變黃了，竟然寫著我在七十四歲時，寫著我和鈺民相遇的一段小事，她那年，還有個「美國夢」，還未打算在台灣久居，現在，她有了國防部為過去的官員所分配的舒適的房屋，寬大舒適，不必在美國出租費，窩居一間小房。

這張小紙上記著：

天涯海角存知音（廣播劇）你和我在天上有知。
你，我，在地下得識。（美，西雅圖機場）
是主　的旨意，你、我、成為姐妹。
你目將盲（左眼）
我音已啞。（離開廣播藝術的國度，如同啞子。）
主的杖　主的竿，
引領你我走過死蔭的幽谷，光照你我的生命。

寫這段小語時，正值中共飛彈演習指向台灣，是我在一九九五年三月十六日由美回台後。如今我已八十四歲，漸漸走向另一個新的「年度」，我已十多年未再去美國，在那兒的老友們，不是病逝，就是疏離，已無友誼可言，和崔鈺民老妹相知相遇也已有十二個年月了。

天下若比鄰，何處不相逢？我們倆都已八十幾歲，看外表，我們倆都還美麗，未顯老弱。主的恩賜，使我們活得喜樂，阿們。

良人

愛情，就像一座堅固的城堡，熱愛的男女，拼命的想攻進去結合，但已經在城堡裡面的，愛情之火已經熄滅的時候，就設法衝出這座城堡，以解脫結婚的枷鎖；「人」總是在矛盾中自我傷害，當甜蜜的語言，變成詛咒時，便覺得生命已毫無意義，於是自取毀滅、積廢、消沉、自殺……

當我十幾歲離家流浪，在成長成大姑娘時，就很想找一個「家」，在追逐者的心目中，也更想撲捉到一個「家」裡去；尋覓、偶爾有一點相遇時發出來的一點火花，可就像徐志摩的詩——〈偶然〉：

> 我是天空裡的一片雲，偶爾投影在你的波心，你不必訝異，更無須歡喜，在轉瞬間消滅了蹤影。

本已消滅了的蹤影，可在一次奇特的重逢，卻重拾起童年時，模糊的那點情愫，愛戀，追趕那個瘦弱的蹤影。以為再不要「尋尋覓覓」，促使我放棄了已經迸出的火花，而飛落在那個城堡裡的深淵中。本來是：

你我相逢在黑夜的海上，你有你的，我有我的，方向；
你記得也好，
最好忘掉，
在這交會時互放的光亮！

我忘不掉，我更記得，我放棄了已經迸出火花的愛戀，去追求那個瘦弱的踪影，而飛落在那個城堡裡的深淵中，不能自拔！也正如徐志摩的詩——〈怨得〉：

怨得這相逢，
誰作的主？——風
也就一半句話，
露水潤了枯草。
黑暗——放一箭光；
飛蛾他受了傷，
偶然，真是的，
惆悵？喔，何必！

詩人徐志摩愛上有夫之婦——陸小曼，光亮的生命，毀於一念之差。徐志摩在一九三一年八月從南京乘飛機去北京看望陸小曼，不幸在山東省黨家莊飛機撞山而不幸罹難，使陸小曼悔恨終生。我卻愛上一個有婦之夫，半生尋覓卻痛苦一生；那個女人不是他所愛的，那個女人卻鬥爭了他一輩子，使他鬱鬱死去，連他的骨灰都不放過，把他擱置在靈骨塔的最高層，使他的靈骨永遠受著寒風的吹打，真是「高處不勝寒」啊！

真是，飛蛾受了傷，這一支邱比特的箭，這一點點黑暗中的「火」！我們倆，都受了傷！我和他；都喜歡寫日記，在那字裡行間，有甜蜜，也有哀愁，更充滿痛苦和淚痕斑斑！也是心血，多年忘了的事；在那些變黃的紙頁上，在那些潦草的筆劃裡，記載著年輕時的熱情，對國家，對所愛的，嚮往著新的世界，擁抱著大海，藍天，無比的希望，如今，對逝去的人、對離開的好友，期望著今生能再……見，但是，白髮蓋滿頭，視覺茫茫時，卻忽然覺得一無所有！真是，怨得這相逢啊！

一九四一年，我以同等學歷，考進國立劇校改專科第一屆話劇科一年級的時候，卻在此時，收到一封從山東沂蒙戰區寄來的一封信，信封已經破破爛爛的了，但無損其中娟秀的筆跡，當我看信首的稱呼和信尾的名字時，我幾乎呆住了……

「萍妹」——這是開頭的稱呼，信尾是四哥宋柏泉……

啊！「四哥」，多麼熟悉的稱呼，是那個我童年時的玩伴嗎？他是哥哥的中學同學，跟著哥哥叫他「小四兒」，我稱呼他「四哥」，他因為被逼迫的早婚，過得很不快樂，我嬉稱他是「憂鬱小生」。

他在信上說，他在沂蒙山區打游擊，打日本鬼子、漢奸，他想念萍妹，他潛回濟南市，到我們家住的地方「乾德里」，去探聽崔家兄妹的消息，崔家二老已過世，三舅青山和舅母，在看管我們的家，他才知道我學校的地址，他在信上說：

「……每次在戰鬥後，我望著炮火的背後，敵人正焚燒著我們的家鄉！思念我的小萍妹，不知她如今流浪何方？每次，疲憊的，走過多少山路，越過多少溪流，我呼喊你！你在那裡？我們能重逢嗎？……」

好像是滿浪漫的，也像電影裡的情節。

就這樣，我們相互知道了我們都還「存在人間」，就在當年戰亂的時代，八年抗戰勝利後我們在南京相見，那時我已是劇專校的畢業生，正預備和我的男友結婚。四哥他是傘兵退役，留在南京一個兵團辦事處工作。但是，這期待已久的重逢又怎麼樣呢？卻是個婚姻的悲劇！真是怨得這相逢啊！

重新整理這篇回憶，已是過去了半個世紀之久了，再和另外一信連在一起，真像一部奇情的連續劇，悲歡離合，這就是人生！怨嗎？恨嗎？還是愛？

舊情

整理被潮濕損壞的一些書和一些雜誌稿件：忽然在一本電影雜誌的封面上，發現了一張熟識面龐：那本雜誌的封面上記著：「一九八二—二〇〇五，大眾電影雜誌」。那顯然不是台灣出版的，台灣的雜誌封面所登上檯面的，不是「名模」，就是「歌星」，大都不是露奶（現在台灣用語），要不就是「露大腿」、「露臍」……這本雜誌，這麼大膽竟然登了一版面的「男星」做封面。追憶這個臉，對我是太熟識了，他是我在中國大陸劇專時期所相戀六、七年的男友張雁先生。這個封面登上他溫厚的笑容，是他在中國電影界，以《月亮灣的笑聲》電影獲得「第二屆金雞獎」的男演員。這個獎項在中國大陸，除了其他獎項，是對「演員」的崇高榮譽，是由電影、戲劇等一些專家們所認定的。他曾是一位好演員，對戲劇、電影執著。他不是帥哥型的人物，但他憨厚、誠摯的個性，和他自然的演技，使他在中國大陸很有名氣。

記得，有一年，我在美國舊金山吧？在新華書店發現了一本《中國一百位名演員》，上面記載了他的成就。使我寫了一封信給大陸的朋友尋找他，想不到竟然有了回音：相隔半個世紀以後，台灣開放人民能到大陸探親，我第一次去北京，找到了他，看到了他，沒有擁抱，只有淚水婆娑，無法言語。在中國大陸，幾次的反右、文革、紅衛兵的無知，因為「有名」，也受到衝擊。他被下放勞改，妻子被打成「右派」，受不了折磨，投井而死，後來連屍首也難尋覓。他在勞改後，守著兩個兒子和一個「潑婦」型的後妻過活。當我和他重逢時，他正與他的二妻辦離婚上了法庭。

相隔半個世紀，中國和台灣的政治路線改變不少，使我們還能再相見，他那時，真的被改變成一個「鄉野的老頭子」了。文革時，被打成「牛鬼蛇神」，生活困苦，電影雜誌上的笑容沒有了。但是老友相見，還是像過去一樣的誠懇可愛，並沒因環境的改變而疏遠。

幾次去中國大陸，都和他相見、旅遊，使他的人生也有了歡樂，有了希望，但是舊情能復燃嗎？當年，因為第三者的介入，使我們的「誤解」無法解開。我來了台灣，他留在大陸，人世的變幻，兩地相隔，已無法「破鏡重圓」。他在一九九七年因病去世。他在世時，常常唸唸有詞的說：「為什麼？這是為什麼會變成這樣？」

我會回答他，如果他地下有知：「是因為兩個年輕人的倔強的個性。誰都不能認錯！」

他在中國大陸被打成「牛鬼蛇神」被清算勞改，我在「中華民國的台灣」，被誣告成「匪諜」，坐了近十年冤獄。

「房事」問題

一覺從碎夢中醒來，一件「房事」問題却纏繞在心際不散！

從前，在中國廣播公司十數年工作，「中廣」並沒有給我一間職員的住屋居住。在我被逼和S君離婚後，租屋到期，我向中廣申請宿舍，結果給了我一間工友的住房，只有三個榻榻米大小，好在我能屈能伸，一個皮箱，一個網籃（那時用盛物的大竹籃），幾十本書，移居「新屋」；那時，興建國民住宅剛剛萌芽。請中廣同事，借給我他夫妻的身份證，以三千元訂購將要建築的一批國民住宅——獨身人沒資格購買，十五年分期付款，一次付七百元——地址在六張犁，大片耕地，坟塋滿山，後來他們夫妻要購買中廣將建築的職員宿舍，把他們的身份證取回，剛好有一位太太因他們的宿舍建蓋好，他們放棄該國民住宅權利，該建築小組人員建議我償還她所付的一期，二期的建築資金，約二萬餘元，把將來分期付款訂購的權利賣給我，土地銀行的分期付款收據在我手裡，却仍是她的名字，名義上是她付款，實際上是我出錢，等待十五年到期後，請她換名字蓋章過戶給我，問題：就出在這兒了。

意料之外的，我被誣入獄十幾年，該屋有友人負責修理，代租，收七百元的分期付款交土地銀行，但是租據上的名字仍然是她的，十五年到期後，她仍然有權利將該樓收歸己有；意外的，總有她的意外吧，十幾年冤獄，我竟然「活」著出獄了，我請她跟我辦理過戶手續，可是，她拒絕了，置之不理，她是等待還有兩年分期付款的時間如到期，她就有權利把該樓房收歸已有，事情很嚴重吧？我付款，她購屋，怎麼辦？十幾年的冤獄生活，我已學會了如何逆來順受的本領，一切照辦。這件房事糾紛完美解決。最後和解，損失一點金錢算什麼？財去人安樂，我被騙的金錢已不計其數了！這是「人性」之一瞭解。

好友曾勸我把這層樓房賣掉不要在這兒居住：會倒霉。

「你從後窗望出去，滿山都是墳墓，你的樓傍是台北醫學院，巷道狹窄，大片的稻田，出入也不方便……」

我沒有接受她的美言，我花費十幾萬元，把這間第四層樓房裝飾得美奐美倫，我是學過舞台美工的，當然這間最初無門無窗的空屋，變得很藝術。可是，我並沒有太多時間在那裡享受，因為每天我在中廣工作到十二點以後，沒車送我回來，就是有車，這兒還沒有建築通到樓房的車道。因此，我還待在那間三個榻榻米的小屋「委曲求全」——每次在該華屋「渡假」，遠望坟塋，聽著喪儀隊吹奏「何日君再來」的名曲，要不就是「北醫」去去來來的救護車尖厲的笛聲。在這兒真是另一個世界光景，「走」了的人，不會再回來了！有一次，我在台灣電視台，帶著另一女學生錄完電視劇（那時是現場播放），他們駕轎車送我回來，車子却陷在稻田裡，第二天請吊車拖吊回去，那天，我也忘了帶鎖鑰，見門不得「入門」，最後，大家走回到巷口，招呼計程車，各自歸家，那時，已是深更半夜了。

十年冤獄歸來，朋友們把這層樓房，重新修飾，重現當年的光彩，只是「主人」已失去了過去的一切光彩，只有貓兒們的歡跳，帶給我溫暖和愛。冤獄生活，磨練得我堅強和學得忍耐。《聖

經》上說：「就是在患難中，也是歡歡喜喜的，因為知道患難生忍耐，忍耐生老練，老練生盼望。」（羅馬書五章三—四節）

一封寄向另一個世界的信

名倫侄：這是一個心願，我要來你墳上看你，今天我終於來了。

當你童年時，你是一個最聰慧的廣播劇團的「小演員」，當我被冤誣冤獄十年出獄時，你已經是藝專畢業生，名聞國內，和得過國際演技獎的優秀「大演員」了！雖然我沒教過你，但我對你的期望很高，因為你的外型，你的努力，你熱愛電影藝術的執著，你會使中國的電影藝術起死回生，而且你有遠大的抱負。我曾對你的父母說過：

「恭禧你們，你們有一個最有希望成為名演員的兒子——涵涵」（你的乳名）。

但是，曾幾何時，當我在六十七年十二月二十五日早晨，我竟在疑惑中寫信給你的父母：

「請節哀，我悲痛一個未來大星的殞落……」

二十四日，聖誕節前夜，電視新聞中播報你的消息：「跳樓自殺！」

為什麼？為什麼？孩子，僅只為了未得獎嗎？還是不能再忍受那些電影界的暴發戶、流氓所給你的侮辱？還是對中國電影藝術這個黑暗的圈子絕望了？

多少人，對你的死挽惜，誤解，不滿，說你太自私，不值得，說你不孝，因為你是獨子，竟拋下兩個老人而去！

只有我瞭解，只有一個對愛，榮譽，生命熱愛的人，他才有勇氣，用自己的手，去毀滅生命而維護榮譽，你失去了生命，你在天上獲得了新生。

我明白，你的悲憤，大海的水也不能沖洗得去，我所以明白，因為我的生命曾被迫失去過！

名倫侄：我像《哈姆雷特》劇中，王后向奧菲莉霞的墓穴中撒花一樣：「……我本要裝飾你的新娘床，但是却來你的墳上撒花……」

我曾祝福你有一個美麗的小仙女（張璐），將要為參加你的婚禮而喜悅，但是，我却坐在殯儀館裡，為你的死熱淚滿腮——影劇圈的新人們，不認識我，舊的劇友，皆以驚訝的眼光望著我，因為謠言說我早已被「正法」了！「法」是什麼？被那些禍國害民，他們毀壞了多少熱愛國家民族的忠貞份子，我是其中之一被侮辱和被損害的——倖存下一個被人誤解的生命，毀掉了過去所有的榮譽。

近十年的獄中生活，學會了逆來順受，學會了「退一步想」的人生哲學，假使不是癡生幾十年，我也會為了維護那個榮譽犧牲生命，名倫侄，因為你年輕，所以你為它犧牲了生命，這意義，不是一般凡夫俗子所能瞭解的。

名倫侄，今天來看你，雲遮住了太陽，陽明山上的風大，如果你泉下有知，你會說：「喝！這是郊遊的好天氣！」安息吧！雖然你抱恨而死，但在天國中，一定會治癒你心靈上的創傷，在這裡，要對你說謝謝，我接受了你的一部份電影藝術的存書，因為你的父母認為送給我是對的，我會像愛你一樣的愛那些書籍。安息吧！

不要怕，你不孤獨，仰慕和愛你的觀眾很多，他們不會忘記你，他們會來你的墓前獻花，因為你死在主降生的日子，你的死曾震撼了全世界！

我將再來看你，安息吧！可愛的孩子！

崔阿姨（小萍）

於中華民國六十八年九月十六日星期日　自由台灣

此信在名倫墳前焚燒。

谷名倫之死

整理一些英文參考書，發現了一本舊舊的，裡面的英文句子註解了很多中國字：這本書的名字是「Modern Acting A Manual」，很明顯的這本書是關於表演藝術及表演訓練方法，和對戲劇表演藝術方面的解讀。註明是由一些戲劇教授們編著。翻開封面，裡面卻寫的是國立藝專影劇科，谷名倫。另外還記著：「彼得奧圖，李察波頓，勞倫斯奧立佛，約翰爾格——偉大的三代演員」很顯然他（谷名倫）是崇拜這幾位演員。另外，還有不同的筆跡……電影《黃埔軍魂》演員獎，他在一九七八年聖誕節跳樓身亡，為他被蔑視的榮譽而死。這本書是他母親在他死後送給我的書中的一本。

名倫的父母過去都在國民黨所屬的康樂隊工作，他的母親更是一位名女演員。谷名倫的乳名是「涵涵」，這兩個「名」字很有含意：即是「名倫」。更應該是「涵」包天下名倫。他小時候，曾參加過我的廣播劇演播，是個聰明又知禮的「兒童」。

一九六八年，我被誣告為「匪諜」進了監獄，我在十年牢獄後回到自由世界時，名倫已從國立劇專影劇科畢業，而且已是個有名的演員，更是個大帥哥。他們一家請我吃飯，暢談他們的獨子名倫在過去十幾年裡，在表演藝術方面的成績。我很為他高興能學以致用。

當年，有一篇新聞報導，說因劉編導的《黃埔軍魂》，宣揚國民黨軍為國捐軀犧牲的精神，國防部要頒獎給這部電影的製作、編導與演員們。在名單中有谷名倫，他飾演一位軍官，戲份很重，而且演得很出色，很被劉導演賞識。曾通知名倫，準備聖誕節一個星期假日在國防部舉行頒獎典禮。

「聽說」，在聖誕節前夕，他和他的女友張璐舉行訂婚，更為他的得獎慶祝。

有一天，收音機報告：聖誕節的早上，有一個「男人」，從一家六樓建築物的樓頂跳下來……死了！後來證實是名演員谷名倫。

為什麼？為什麼？這真是個「謎」。

據說是，就在他和未婚妻和父母親慶祝，得到這份表演藝術的榮譽。但是聖誕節前夜接到一個電話：「他被除名」是他沒資格得演員獎嗎？

這是個「事件」！一個名演員的死，曾震驚影藝界。是誰侮辱了？還是誰害了他？

谷家二老，失去了他們的獨子，我失去了一個勤學不輟的好學生。我沒去參加他的喪禮。在會上，無論說多少原諒、致歉，已救不回名倫已魂飛魄散。傷害者傷害了他「人」的尊嚴，侮辱了他純真的心靈。後來，我去他的「墓地」看他，他的老爸把兒子的墓地修建的很神氣。可憐爸爸因思子死的冤枉而得了精神病。

我在名倫的墓前焚化了一封信給他，我寫：

名倫，你已不知崔老師來看你……安息吧，你純潔的靈魂……我們都是被侮辱的和被傷害的……

後來，谷媽媽把名倫的一些書送給我，那時我住在台北一棟小樓上，當我把一包包的書籍搬運進書房，我正站門口擦汗，忽然一陣冷風吹來，使我全身顫慄：

「涵涵！不要嚇崔老師！」我大喊一聲。是涵涵的「魂」來看我了嗎？

有些書，我代名倫送給台中大里市青年中學圖書館。那時我在該校執教戲劇組。

天涯海角覓知音

「亞美利加」，是個充滿青年活力的國家，西部的天氣是四季如春，東部的卻是春夏秋冬四季分明，除了都市裡的大廈林立，樹林、綠草地、花……大片大片的隨處可見，藍天白雲也特別明朗，沒有空氣污染，當然也免不了有污穢所在！但對我個人來說，旅美數月，遍遊東西南北，再逢許多「老友」，「老學生」，「老聽眾朋友」們，雖說已是滿面風霜，多是白頭，在隔別二十餘年後，有生再話當年，真是人生極大樂事！他們的關懷，他們熱情的照顧，使我帶著滿身的寒冬去，卻在異國滿懷著溫暖回來。

尤其是「看見」許多老聽眾朋友們，我說「看見」，因為在過去，他們只聽過我的名字，從未見過我本人，如今才能「驗明正身」。他們說起《釵頭鳳》、《芳華虛度》……許多廣播劇，尤其是節目開始前的一段報告：「崔小萍導演，李林配音……」如數家珍，更記得「小說選播」──《紅樓夢》，有百人參加的節目，應該是空前！研究「紅學」的胡適博士也曾參加作業，還有其他幾位國學教授參加討論，如今也已作古。他們問我，演播老太婆聲音酷似崔小萍的趙雅君哪兒去了？演林黛玉的白茜如在哪兒？還有……曾在空中劇場，發揮過聲音魅力，「聽聲音如見其人」，那些美好的聲音都在哪兒呢？他們相信，「當年」，「聽廣播劇的孩子，不會變壞」──我這次在美國，遇見許多曾聽廣播劇的「孩子」，現在的事業、家庭，都已是很有成績的中年人了。

第一次匆匆路過洛杉磯，曾打電話給白茜如，我聽說她病的很嚴重——肌肉萎縮。她是我製作廣播劇節目時的夥伴，是我考取她進中國廣播公司電台工作的。她曾因節目受歡迎而飛黃騰達，聲音瘋靡全島……在電話中傳來她的聲音，語調未改，只是不似當年嬌嫩。我告訴她，我從東部回來一定去看她。

那天，我和老友蘇寶秋，我的學生黃萍，特別在公司請了一天假，開車接送我。在美國，地方很大，沒有車是無法行動的。

那天，陽光明媚，已是春天的感覺，她家的門前，像一般的美國家庭一樣，有綠樹、草地、有花……她的丈夫陳已在門前等我們。

「茜如早坐在那兒等你了，她多喜歡有老朋友來看她！」陳先生說。

進到屋內，光線並不明亮，我看見她，正坐在客廳裡等我。她是坐在輪椅上，前後用枕頭支架著她，整個人體，像要把輪椅「漲碎」，誰說她是肌肉萎縮？她有手，有腳，有身體，但是，「不能動彈」。從前那位瘦瘦的小媳婦，現在卻是個龐然大物，「癱坐」在輪椅裡，她的頭不能轉動，如一下歪了，必須靠陳先生的手，替她扶正；陳先生是她的替身，除了說話，他是她的守護神，自她病後，二十餘年來，伺候她、愛她，無怨，無尤！

我們無法擁抱，我只能抱住她剪短了，變黃了頭髮的頭，相對飲泣！一個字也說不出來。很久！很久！誰能想到，這是當年的白茜如？

「我們來美國做什麼？病也看不好，把我的女兒也累死了。為什麼呀？我們從前多好啊！我們從前多好啊……」她回想著製作廣播劇時的許多趣事……

「我勸茜如，不要想過去，向前看啊！未來的日子是我們的……」陳先生的聲音，仍然那麼有力，過去他也曾經參加過廣播劇的演播，還是小生呢？我在想，當今社會，到哪兒去找這麼個意志、愛情，都如此堅定的男人？

「茜如啊！你怨什麼？你悔什麼？有陳先生這樣的愛護，在人力無可挽回的災難中，你不是已經福杯滿溢了嗎？」我不忍多看她變了形的外貌。

她信了主，在主手中，她祈求有奇蹟——相信愛她的人們，都會如此為她祈求！

離美前，在電話中，為她朗讀詩篇二十三篇4章5節：

我雖然走過死蔭的幽谷，也不怕遭害。因為你與我同行，你的杖，你的竿，都安慰我。在我敵人面前，你為我擺設筵席，你用油膏了我的頭，使我的福杯滿溢。

我也曾靠了祂的杖、竿，走過死蔭的幽谷。

在旅遊期中，偷空先看了一部金嗓子周璇的老電影《馬路天使》，當然跟她合作的著名明星，都像她做了「古人」，我在看她那部新作品時，我還是個拉著衣角的小女孩兒。

「天涯呀！海角，覓呀覓知音……」這首主題歌，至今我還唱得出來。

多少知音，多少人慘痛的遭遇，多少中國人在異國艱苦奮鬥，多少離合悲歡的故事，仍然像廣播劇似的連續演播著……

大約是一九八八年六月七日接到一通電話說：

「白茜如，已在美國逝世。」

又一年，我到洛杉磯去她的葬地「玫瑰園墓地」看她，她埋在土地下，地面上有一塊石板，刻著她「生」與「死」的年月，我獻上一個美麗的花圈，放在她的墓前：

「茜如，今天我又來看你，願你安息主懷。」

翻檢舊稿，抄閱舊稿，我仍住在「寶島台灣」，有「中國人」的地方，雖有幾次決定「去美國」居住，但是，有一個聲音告訴我說：

「你不宜遠渡重洋，你的老友都已作古，你的事業，更不在美國，你在美國會「寂老」而死！」

當然，死在異國，就不如死在中國人的土地上，會有老朋友們、晚輩們為我辦喪事，飄泊的靈魂也會得到安息。

阿們！

為陳萬里寫序

「老」學生陳萬里，從美國寄來一封信，告訴我：他八十歲老頑童，要出書，請我寫「序」，信內寄來一些他在美國《世界日報》，及美國論壇新聞報上的一些文章，請我參閱。

陳萬里在政工幹部學校（國民黨執政時，蔣經國創辦的學校。）接受戲劇表演訓練；當年，我被聘為兼任戲劇系教授，教導戲劇「表演藝術」，那時他二十幾歲，從軍中退伍，重修學分。這些班的學生們，年齡都比較「大」。那時，我三十一歲，任職於中國廣播公司導播，並組成廣播劇團，擔任製作、導演，並訓練廣播員戲劇表演中的「聲音表情」，如何發音，如何「演播」劇中人物。

在戲劇表演訓練中，有許多不為「行」外人所瞭解的課程，尤其是「禽獸模擬」——那天萬生在班上表演「小狗撒尿」，名震全校，因此對他的印象特深，想不到從那時起，「萬」生一直跟我有交往，尤其是我去美旅遊時，多次要跟我「說媒」，計劃我年老時可以住留美國。感謝他的關愛，無奈本人對做「美國公民」沒有興趣。命相士更說我是「孤鸞命」，沒有婚姻緣份（結一次，已經夠多了）。但，從他在海軍康樂隊，開小差兒，移民美國，他的二女兒又在「國光藝校」做我的學生，他的第二屆「夫人阿春」，是我為他們証婚，那時我剛從菲律賓講學回來（一九六二年），順便買了一對「白金戒指」送他們。當我蹲坐冤牢時，他製作主持電視台兒童節目很「紅」，很賺銀子，但他「避嫌」不能去獄中探親崔老師（劃清界線嘛！）只有託失業的「老」學生崔天如（政戰畢業，已逝，基督徒，父親是牧師）來看我，並送些食物給我。很感謝他們倆對蒙冤的崔老師的照顧，尤其當我出獄時，「萬」生與「崔」到獄門外接我（那時萬生已離電視台）……

敘述了這麼多，是因為六十幾年的「師生友情」，一直延續著。我教過這麼多學生，只有陳萬里這個學生，從他年青時到我至今年老時（算是高齡八十七歲了啊！）。他出書，他請我為他寫「序」，怎能不寫？雖然，至今我是一「無業遊民」，已「默默無名」，但政壇變化，人情淡薄，何時「歸去」天家相聚，誰也不知道，但此情此憶，值得回味。

序

白色恐怖時期，我蒙冤入獄十年，因證明非「諜」，得能獲減刑出獄。老學生陳萬里、崔天如駕車來接。當年，他已是某電視公司兒童節目名主持人，藝名「上官亮」。我帶了四隻貓兒女，回到所謂的「自由世界」。

那年，是一九七七年（民國六十六年）十月，正值中華民國國慶日，到處是「青天白日滿地紅」的國旗，隨風招展。「萬」生請我在某大飯店吃早餐，大樓上飄著「歡迎歸國華僑」的大條幅，裡面的食客眾多，歡祝國慶。

「老師！你也是『歸國華僑呀』！」他還送我五千元台幣，做為我的生活費；那時我已一貧如洗，兩袖清風。

回憶從前，我任教於「心戰學校」戲劇系時，教授表演藝術。那時，我是中國廣播公司的導播，廣播劇導演。一頭長髮，馬尾甩甩，身著玫瑰花朵的洋裝，足登高跟鞋。該校學生們多從軍中退役入校深造，年齡都比較大，在表演訓練課程中，有一「禽獸模擬」，訓練學生的想像力和觀察力，及「肢體語言」，那次，「萬」生竟有驚人的表現，他表演「小狗撒尿」，唯妙唯肖，全班學生凝神噤聲，多少眼睛望著我。

「教授！我表演完了。」他從地上爬起來，拍一拍衣褲。

全體學生等我說話。

「好！」我鼓掌，「很好！你可以再表演一次嗎？」

時間停止片刻，最後全體鼓掌大笑……驚動訓導來查班，以為發生了什麼大事。

多年前，陳萬里攜三個女兒一個兒子移民美國，現在兒孫滿堂。他有一位年輕的夫人名張兆英，對他幫助最大，照顧他的兒女們長大，她現在仍在餐館打工。我每次赴美旅遊，都是萬里到機場接我。有一次，我從洛杉磯轉機去舊金山，但是，敝人看錯時間，上錯飛機，卻飛到另一個機場，只好請櫃台幫忙呼叫舊金山機場找Wan Lee Chang：「這裡有一位中國女士，在××機場呼叫S.F.機場，請她的學生陳來此接她……」

陳萬里，看著地圖，找到這個機場已是下午時分。開車去他「牡丹市」的家，又遇到傾盆大雨，視線茫茫，很危險。

「老師！注意黃線……小心……」車至牡丹市已是午夜。從洛杉磯機場到舊金山，竟費了一天的時間。這一段行程，很似電影鏡頭。

我已十餘年未去美國，萬里也老矣，不宜開車，我也已是銀髮老嫗。他每次由美來電話：

「老師！你好嗎？我在美國！」雖然心臟裝了多少管子，其聲仍如洪鐘。

「老師！你好嗎？我來台灣，住國軍英雄館。」

雖然，日月如梭，時光不似當前，該館還未被「改名」。

老頑童雖然風流成性，但對兒女，妻，家，很負責任，對朋友講義氣，忠厚待人。

政工幹部學校，曾造就了很多「寶」，在影劇、美術、音樂等閃閃發光。陳萬里——「上官亮」，是寶中之一。忽然來信說，他要「出書」，邀我寫「序」，我現在是「無業遊民」，「無名無堂」，謹以此短文，祝福老頑童——陳萬里，仍然會鵬程萬里，並感謝多年來對我的關懷。

再為老學生寫序

老學生陳萬里來電話說，他又要自費出書，不賣書，「送」書，又要找我寫「序」。寄來他摘錄書中的內容，當然都是他接觸的人，他曉得的「事」，有些我知道，大多我不曉得：我跟萬里六十幾年的師徒之誼，不好推「辭」，但我對寫「序」確不上癮。

這個人，活的很喜樂，如今兒、孫、孫女、妻滿堂。在他寄來的照片裡看他坐在孩子「堆」裡，光光的頭（第一次上課就認識這個「光頭」，很像彌勒佛）。他這一生，應該說活得還好，他是位笑匠，可他更會「闖世界」，使他的下一代在金元國——美國，各有自己的餐館，活的都很好，對他們的這位「老」爸，都很孝順和感恩。雖然老生的風流事不少，可都很負責。

我為他這本：「開心、八卦、螢幕外」——這大概是書名吧？寫的序，記寫如後：

老頑童——陳萬里，在電話裡告訴我，他又要出書了，女兒供應經費，沒有版稅，又請我寫序，真榮幸。

唉！沒聽說出書還有上癮的——不過這個癮，不傷害社會、國家——當然，仁者見仁，智者見智；可是，「頑童」都喜歡「玩火」，玩到國不泰，民不安就「大條啦！」

近來陳生的身體健康不佳，但在電話裡的笑聲還是鏗鏘有力：「哈哈哈……」會笑的人不寂寞。

六十幾年的師徒友誼，都希望我們「未來」的日子，能活得好一點，笑聲滿藍天——對萬里棣來說，他的日子還算美滿。聖經上不是說嗎？

「喜樂的心乃是良藥，憂傷的靈使骨枯朽。」（箴言17章22節）

看他這本書的朋友們，我想都是會以「愛」的心去欣賞吧！

流浪人之歌

不知為什麼唱起了這一段歌：

無情的炮火吐著殘忍的紅光，
殘暴的敵人，做著無恥的勾當，
這裡不能再住，只能老幼逃亡……

也許，如今的中華人民共和國的子民，正傾向復古，把四書五經作為教導年輕人的資料，大學教授「于丹女士」正宣揚孔孟哲學，她說了一句話：「最難忘的名字是家鄉，最遠的地方是牡丹江。」

自從一九三七年，七七抗戰，為了逃避對抗燒殺淫掠的侵華的日本帝國主義的軍隊，我跟隨兄姊離開濟南市的家四處流浪，那時我年齡不到十五歲，正迷醉於「流浪」的浪漫思想，想像背一個「吉他」渡海，爬山，在每一個腳印中都充滿美麗的「圖像」，但是每一次日本鬼子飛機轟炸，機槍低空掃射並不浪漫，我不知道害怕，雖然，剛離家時，乘坐的火車在軌道上急駛，日本的飛機追著火車丟炸彈……我曾隱身在停駛的火車下的鐵軌上。望著遠處熊熊烈火燃燒著的村莊，聽見傷痛的呼叫，從風裡傳過來。

現在追憶起那些景象，真是像電影上的畫面一樣精彩。可是唱起罕西的那首《流浪人之歌》，卻感到很辛酸，如今我八十幾歲「成人的思想」，孩子時期的天真思路已經被殘暴的事實毀滅。那時的罕西，那個韓國籍音樂老師——韓悠韓先生，他也被年青的浪漫思想，寫在他的歌詞裡，炮火之下逃亡的中國人群怎麼還會唱著：

走過遼闊的草原，
嗅著野花的芳香，
今日從這裡離開，
何時再還鄉？

千萬大山，洶湧海濤，敵人的炮火步步追趕，誰有心思還去嗅野花的芳香，疲憊的身體只能回望著被丟棄在山道上的最愛的子女，和無力背馱的一點細軟，逃啊！敵人正在背後追來……

無情的炮火，吐著殘忍的紅光，
殘暴的敵人做著無恥的勾當。
這裡不能再住，只能老幼逃亡……
走過遼闊的草原，
嗅著野花的芳香，

今日從這裡離開，
何時再還鄉？

在我童年時，殘破的日記本上，幼稚的一筆一劃裡，忽然發現這首不是全記錄的《流浪人之歌》，于丹教授的「家鄉」難忘的名字，又飄起飛絮似的回憶。

那又是多年往事了。跟著姐姐離開家，經過河南，到了戰時的最後方陝西西安，尋到了哥哥，姐夫「齊」失踪，我們參加了一個話劇團——中國戲劇學會，是位老劇人戴涯領導的。過去，我們不認識他。在這個團裡，他收留了從四面八方逃來的一些文藝、戲劇方面的知識份子，以戲劇演出來維持生活；韓老師從山東帶出來他兩個女學生——姜榮和姜蝶兩姐妹，那時雖然痛恨日本人，她們卻喜歡叫「子」。於是我們便叫她們是「榮子」、「蝶子」、感覺上好像很新鮮。另外姓范的一家，帶著他們的姨妹胡小風從徐州逃出來（聽說她來台灣嫁給一位飛將軍），但我們倆都沒有聯絡。在這個團裡，除了老、壯，我們這四個十幾歲小姑娘，每天說說唱唱，沖淡了許多鄉愁。韓老師的《流浪人之歌》更唱得響徹雲霄，幾乎忘記了前線敵人的炮火，正佔領了一個個中國的城市，焚燬了無法計數的，我們中國人們的大好家園。

多少年後，兩岸隔絕四十年，國民黨的蔣經國總統，開放黨禁，報禁，更開放可到中國大陸探親觀光！我也去了中華故國，重見故人，見到了蝶子，她已是著名的花腔女高音的聲樂教授，榮子是名記者的夫人，被大陸官方招待旅遊。韓老師早回南韓，和他的太太葉紅葉重聚。可是有一天，他卻出現在台灣。他借讀師範大學研究中國文學——他已是南韓梨花大學的教授。

他雖然年邁不顯蒼老，但精神健康都很好，從前十四歲的小姑娘，如今是中國廣播公司的著名廣播劇導演。雖然我是個路盲，招待「老」友逛逛街，還不會迷路。

他何時離開台灣回韓國？我不知道，匆匆一別數年，未通音信，想必這位喜愛中國的韓國人已去天國。榮、蝶姐妹也早已斷線。童年、青春，早已隨時間的風遠逝。八十幾歲老嫗，已不會迷戀流浪人的浪漫情懷。也許還會追夢啊！

赴菲律賓講學

一九六二年四月，經菲律賓救國總會的邀請，和王藍先生等六人組團去菲講學。為在那兒的華僑子弟，在暑期中開辦一個學術講座，內容分國學、小說、新詩、繪畫、和戲劇藝術；我是擔任戲劇概論講解，表演和排演課程。國學方面是由李雄，王怡之（王藍的大姐）擔任。小說課程，當然是由王藍來講，他的《藍與黑》小說，暢銷海內外，我在中廣公司導播的「小說選播」節目，曾是《藍》書的大製作，在空中傳播也為該書增勢不少。新詩方面，則是由四川人覃子豪先生擔任，在菲律賓喜歡寫詩的人很多。繪畫，當然是梁又銘教授的教導。我們這六人，二女四男，平常在國內是很少有碰面的機會，大家都很忙，有這次聚結去菲講課，大家都很高興。救總為我們租住在中國城的叫TPP的小樓上，房間狹小，沒有冷氣設備，窄小的樓梯，無法雙人同時上下樓，一旦遇上火警（在菲華人區是常發生火警——人為縱火，聽說音樂教授朱永鎮先生就在菲講學時被大火燒死），那就不堪設想。我們的伙食，除了在外上課時有人負責，平時得「自炊」，有一個小土著幫忙，客觀的生活條件很差，但是我們的精神，灌注在為青年人傳播知識，大家都沒怨言，只是有高血壓的梁教師，每日上下樓梯數次，很是辛苦。

當年駐菲大使是段茂瀾先生，山東人，胖胖的，一口的山東官話！他好像是濟南人，所謂官話者，就是不像膠東一帶的人鄉音濃重。多少年後，他和一位國大代表王女士結婚。

在我們這個講學團的老少六人中，屬李雄教授年紀最大，我算是最年輕。我們尊稱他為「李老伯」。他愛飲酒，吸煙，吟詩填詞，頗有名士之風。在菲缺少四川大麵，也沒有台灣的紅露，他老人家只得喝白蘭地彌補酒腸，每飯一杯在手，吟吟唱唱自得其樂。

梁又銘教授，論年齡稍輸於李老伯，因此稱「二叔」，當他和他的孿生哥哥中銘站在一塊時，如果不是中銘鼻下的那撮小鬍子，很難分辨出誰是「中」，誰又是「又」。二叔是廣東人，廣東國語說得很動聽，人也樂觀幽默，會說笑話，他有高血壓，每天必依照偏方，喝點什麼「××草」泡水，防患未然。我讚美他的國語說得好，他說：

「我一向有語言天才！我對上海人說四川話，對四川人說蘇州話，對外國人說中國話。他們都承認我的『語言標準』。」

我喜歡聽他講笑話，早年他曾送我一本「漫畫集」，他的連環漫畫「土包子」的造型，使人感到諷刺中的憐憫，不失一位藝術家悲天憫人的性格，及極盡藝術抗敵（日本人）的功用。

「三叔」是詩人覃子豪，他老人家當年雖已高齡五十，但外型嬌小玲瓏，活潑天真，用四川話朗誦新詩，其味更濃。他有不少著作，並有新詩理論集出版。我第一次碰見他，是在數年前同赴救國團主辦的「歲寒之友」，在台中的暑期青年文藝講座。我也很喜歡胡亂填些詩詞，曾因去菲，麥堅利堡（美軍反攻日軍佔領時，是犧牲的美兵墓地），寫了一首〈七千個母親的兒子〉，在當地《中華日報》發表，他願意收我這個「天才學生」。覃老講課，往往廢寢忘餐，菲籍華裔的學生們，都喜歡寫新詩。他不幸得肝癌不治，在一個國慶日的前夕，魂歸天國。

王怡之教授是王藍的大姐，也是我們「當然的大姐」，她在師大執教，因為身在異國，在團中又只有我們兩個女性，所以我們的情感更像親姐妹一樣。崔姓在國外是「弱小民族」，沒有祠堂，但我的外祖家姓「王」，於是我常跟著「王」姓朋友進「王家祠堂」參拜。那麼王家姐弟，便成了我的當然「表姐」和「表哥」了。

說到我這位「表哥」王藍，他不喝酒，不吸煙，但喜歡「吃」，每次被邀宴，菜餚都是大同小異，我們都已沒了胃口，但他卻吃得津津有味，並且常發明些「吃法」，常把罐頭食品混合著水果一鍋煮，他說這比「李鴻章的雜碎」還美味——當然吃後腹瀉是免不了的。老來，他躺在醫院裡，治療胃、肝等疾病，我想，那是年輕時吃出來的後果。

我，沒有吸煙、喝酒的習慣，「喝茶」是從小養成的。北方人的家庭，一天都斷不了喝茶。茶的好處是「化痰止渴」、「清潔腸胃」、「提神壯膽」。去菲時，我帶去了茶葉數罐，除送禮外，就是自我享受了。

TPP的小樓上，學生們常在課餘，再來跟我們歡聚，各組的學生和老師自開補習班。只是，每日播放的「南管」音樂甚是擾人。在菲律賓，從閩南來的移民佔多數。

除了我們六個人，救總為我們雇了一個土著小廝，他不通英語，只會土語「大家樂」，名叫什麼「××度」，是西班牙語的姓名，我們便稱呼他「你可到」，「他可到」或「都可到」，他都會應聲而來。每晨，煮一大壺咖啡，烘烤很多片麵包，每人煎三個蛋，不管你吃不吃。他沒有少年人的活潑，總顯得憂鬱，或是無精打采，聽說他的家人是在日本人佔領時被殺掉的。可愛可憐的小土著。

回憶在菲律賓講學的日子，生活雖「苦」，但我們都沒要求較高的待遇，如今，除了「崔小萍」還存在，老友都先後飛向天家，我想，以後，在那個黃金鋪地的天家，我們再相會。

很高興和學生們共同演戲

《玫瑰紋身》（Rose Tattoo），是美國田納西威廉斯（Tennessee Williams）所寫的一個舞台劇，後來拍成電影，男主角是由畢蘭卡斯特和義大利女星合演（我已忘了她的名字），多少年前，我曾看過這部電影。

在一九五九年，國立藝專編導專修科第一屆畢業要演出這齣著名的舞台劇，邀請我為劇中女主角羅太太，並請五年影劇班的同學們協助演出，吳恒飾演卡車司機，洪芳飾演羅太太的女兒，張英碩飾演那個熱戀女兒的小水兵。演出地點是在台北市南海路，國立台灣藝術館。

他們在說明書上，印著：

演出的話。

我們這次演「玫瑰紋身」，具有兩種用意：

一、向教育當局，我們的家長和師長，以及關心我們的社會人士呈獻我們三年來學習的成果。

二、目前，我們的舞台上很少演出世界名劇，我們都知道話劇是從外國傳入的，要想提高我國話劇和演出的水準，就必須介紹一些世界名劇，基於這種觀念，所以我們作一次大胆的試驗演出，我們所受的戲劇教育雖然現在已告一段落，可是我們永遠是戲劇藝術的學徒。關於這次演出，我們熱誠希望觀眾與先進們能給我們嚴格而公正的批評和指教。

最後，我們以無上的敬意感謝我們的校長，師長對我們教育之恩。這次演出承崔小萍老師，顧毅先生的幫忙，以及影劇科同學的協助，我們在此一併敬致誠懇的謝意。

他們全班同學擔任改編劇本和導演工作，當年的校長是張隆延先生，舞台設計是顧毅先生。

《玫瑰紋身》的故事：

在羅太太心目中，羅先生永遠是一個忠實於她而深愛著她的丈夫。因此，當他丈夫亡故的噩耗傳到以後，她悲痛到了極點，尤其是一想到丈夫對她那種忠實的情形，更是痛不欲生。於是，本來是一個最有信用的裁縫師，現在卻整日被顧主催迫提交訂貨。原因是這位裁縫師瘋狂的想念著死去的丈夫，已無心從事剪裁的工作。顧客是夠倒楣的，但倒楣的不只是他們；羅太太的女兒，那個中學行將畢業的麗莎，因為和一個水手來往，羅太太幽禁她。因為她認為，羅家是有教養的，凡是羅家的女兒，絕對不能和外面的野孩子在一起。誰說水手不是野孩子呢？光看他穿緊窄褲，就夠不順眼的啦！

有一天兩個女客的話，使這位羅太太的心理疑雲陡起，她們說：羅先生曾經和一個叫馮妮娜的女人非常要好，他們倆為了互示愛意，都在胸口刺了一朵玫瑰花。這使她想起，那女人曾到羅家，願出最高工資，為一個男人做件玫瑰紅綢子的香港衫。現在，羅太太如夢初醒，原來馮妮娜是自己丈夫的情婦，她又憤又恨，把供在聖母像前的丈夫骨灰罐子摔得粉碎。

羅太太認識了一個司機趙連生，他長得並不漂亮，但他裸露的身體，卻像極了她的丈夫，他的胸前更刺了一朵玫瑰花，經過一番挑逗，她壓抑不住情慾，為了要報復丈夫的不忠實，她顧不得天主的教範，鄰居的閑話，便糊里糊塗的留他同寢。

麗莎知道母親的事，最初表示不滿，但後來想想，又覺得不該這樣對待母親，這時，羅太太也覺得完全是一念之差，鑄成大錯，心理又愧又悔，把趙連生趕了出去，自己只有跪在聖母像前痛哭，求聖母寬恕。

《玫瑰紋身》的電影在表演「羅太太」這一個角色給我的幫助很多，尤其是在造型。那時我是有一頭捲捲的長髮，散開來不整理，再穿一身骯髒衣裙，在舞台上瘋瘋癲癲的行動說話，待遇到趙司機後，再打扮整齊，在心理上，是明顯的對比。那位義大利女星的演技，也給了我創造角色的靈感。這次和學生們合作，心情愉快，又因為這一班影劇科的男女生，大都是我教過表演藝術的學生，因此在藝術溝通上沒有問題。至於編導專科的學生，我也教過他們表演，雖然時數很少，他們跟我在藝術上的創造，也很容易溝通。

《玫》劇是在一九五九年六月演出，距離今年二〇一〇年已有四十幾年的時光，那時天真活潑的孩子們，現在也都已是祖父母輩的人物了。有的在影視界成為有名之士。只有飾演羅太太女兒的洪美美（洪芳），為了母親禪寺的產權問題，不得已去當了尼姑，承繼她母親的遺志——我和引商，劉華，曾去她的禪寺探訪，她仍然改不了在國外生活的習慣，飲牛奶，喝咖啡，吃麵包，不知現在有些改變沒有？她今年也應該有六十幾歲了。

曹禺先生的《雷雨》在台灣台北

二〇〇六年五月三十日，新象集團許博允先生邀請中國北京人民藝術劇院來台演出《雷雨》舞台劇。這個劇團在過去演《雷雨》已超過一百多場，該劇是曹禺先生（本名萬家寶）年輕時所寫的第一個劇本，曾轟動一時。現代觀劇，因劇情的激情，仍被觀眾所欣賞；我在一九四七年，參加「上海觀眾演出公司」來台，在那時台北唯一的演出劇場「中山堂」演出，我曾在《雷雨》劇中擔任「魯媽」一角。作者萬家寶先生曾是我在「中國國立劇專」讀書時，他曾教我們「劇本選讀」一課，那時是一九三九年，我十七歲。

萬家寶先生，筆名曹禺，生於一九一〇年，湖北潛江縣人，字小石，在中國人民共和國成立後，在「反右」及「文革」大鬥爭中都曾下放農村受到整肅及鬥爭，於一九九六年十二月十三日，是在北京逝世享年八十六歲。

萬老師執教於「劇專」（改專後），時值全民對日抗戰時期，生活艱苦，那時劇專的名教授可以說是雲集，如洪深、黃佐臨、方勻（女，留法）、焦菊隱（是我話劇科的主任）、張駿祥……在中國以共產黨政策治國時，他們都未免被鬥爭的命運。

萬老師，那時我們都稱老師們為「先生」，他教我們「話劇專科」的「劇本選讀」，為什麼我要特別強調「話劇專科」，因為當年余上沅先生從舊「劇校」改專後，設立話劇科（學習五年）、樂劇科（五年），主任是著名留德教授應尚能老師，曾教我「聲音訓練」。另外一科是「高職科」，三年畢業，訓練戲劇師資，畢業後，就可領導劇團或任戲劇教師。

萬先生教「劇本選讀」，往往被劇中人感動而「忘我」，有時情緒激動得熱淚盈眶。在他的劇作中，深受「莎士比亞」長篇劇詞的影響，如《哈姆雷特》等劇，在劇詞中探討劇中人物的情感，心理，如《雷雨》與《日出》劇中都有長篇的「獨白」劇詞，他每在劇情前介詞中，寫出對劇中人物的瞭解、心理、情感等等，這對擔任演員對創造角色都有很大的幫助。以後在他的《原野》、《北京人》劇中，長篇的劇詞沒有了，但在《原野》中卻增多了很多的虛幻的情節，更寫出人性的險惡，仇恨的心理，無法被愛克服而造成同歸一死的結局——在我於冤案出獄三十年後，被中廣公司邀約以「風華再現」歡迎我，因該公司再製作廣播節目，名為「經典廣播劇」，邀請作家改編萬先生的舞台劇。《雷雨》、《日出》、《北京人》、《原野》是我改編，他在舞台上的許多幻覺的「景象」，如何利用「聲音表情」去演播，應該是另一種「表現方法」，劇中主角仇虎，我請名演員王玨大哥擔任，女主角金子由王玫擔任，大星由毛威擔任，他們由新加坡來台北，一切自費，共襄盛舉；另一個女主角「焦大媽」由我擔任，我一直引為遺憾是在舞台上我沒機會演出這個瞎眼狠毒的婆婆角色。王五爺是由王孫擔任，他是廣播劇團的元始參加人物，白傻子由我的學生白崇光擔任，他因父親白克廠長在白色恐怖時期中的冤死，受了不少苦，他的弟弟白崇亮，卻是世界有名的人物。當年，因我演出《雷雨》也成了罪證之一，調查局的人誣告我是為「中共宣傳毒素」，付出十幾年不自由的歲月，未赴黃泉也算是不幸中的大幸了。

說到演《雷雨》，那真是又有雷，又有雨，而且落在美國去了——我在某年被邀請去美國，導演

「雷雨」，在加州，舊金山，山城劇院演出，清流業餘劇社為主體，他們多為從台灣去美，有好多是工程師，劇中人飾演繁漪的王可麗，演周萍的崔仙岩，他們的演技，現代的演員們應該說是「望塵莫及」。只可惜雖轟動觀眾從各城市駕車而來，因無「劇場」可訂，無法再見「雷雨」。

萬老師幼時家庭，應該說是官宦之家，年幼喪母，繼母疼愛，常常帶他去劇院觀戲，他欣賞舞台上的形形色色，因此，編寫劇本的種子已深植心中，他在一九三三年，年二十三歲時，就完成了「雷雨」這個舞台劇。

萬師教學認真，每在介紹一個劇本後，我們學生必須去圖書館找劇本寫「讀書報告」——當年劇專的圖書館是校長余上沅先生的寶貝藏書，後來這些書籍由北京中央藝術學院接收。在台灣和中國大陸隔絕四十幾年後，我曾去該學院訪問，他們還熱情的找出我在劇專的借書證。

從小時候，我喜歡寫日記，我們的小學老師，鼓勵我們寫日記，如此可以補助我們的國文寫作。我在破舊的一本日記本中，竟然發現我記載了萬老師對我的「讀書報告」一文的錯誤，有一篇是這樣記的：

星期六，二十八日，雪。（那一年已無法回憶）

萬老師寫給我：

讀書見用心但亦有忽略處，多讀幾遍方能領悟莎士比亞深刻的地方，參考不知從何處來頗有錯誤，應來解談。

萬　九・二七。

我在日記裡如此記著：

我預備跟萬先生約一個時間，請萬先生多告訴我一點，這是個好機會

當年，我們在劇專時都稱老師為「先生」，不稱「老師」。後來我在台教書時，當初也稱我為「崔先生」，引起頗多回味。抗戰時期，我們是稱為「流亡學生」，因為家鄉已被日本帝國主義的軍隊佔據，已無家可歸，每逢過年過節，老師們都在他們家招待我們去吃喝，就是四川話的「打牙祭」，記得當年在萬老師家，我還有一張跟萬老師、他的女兒「黛黛」（我記得他叫她為代代）一些小照片，在台被誣告時，被調查局搜去失踪，頗為痛心，因為當年拍照，不是如現代這樣方便，尤其已不見當年萬師的瀟灑模樣。

在一個世紀之前吧？有一位叫「廚川白村」的日本作家說「文藝是苦悶的象徵」。萬老師就是在他那間有深棕色地板的小樓上，以寫作來舒解他對戰爭、人性的種種苦悶吧？

萬老師習慣夜間寫作，因此早晨來校上課時總是匆匆忙忙的，他習慣穿長衫，冬天穿棉袍，因為趕時間，常常只扣住領子上的扣子，而忘了緊大襟上的紐扣，飄飄的就站上了講台。他幼時生長在湖北，後來讀書生活在天津，所以他的口音有湖北天津口音，讀起劇詞時，很有意思。有一年冬天，他穿著長袍來教室，他朗讀劇詞，時時分析編劇技巧，怎麼就看他在講台上扭扭捏捏，混身不自在，忽然他對我們說：「對不起，我要出去一下」。

接著就跑離教室，奔向教務處，我們學生也跟著他跑出去，以為他「病」了，還是發生了什麼事情，我們圍在教務處的窗外，忽然在裡面的老師們傳出了尖叫，接著是大笑，又好像在追逐什麼東西：「耗子！耗子！小耗子！」

在中國四川省老鼠叫耗子，因四川是「天府之國」，那裡的耗子長的都像小貓那樣大壯，有的貓都怕耗子牠們。可是，這次藏在萬老師棉袍衣袖中取暖的卻是隻「小耗子」。那次的名劇選讀，那隻小耗子「即興」演出了大名，也許萬老師在他《北京人》劇中，小耗子咬破了大少爺曾文清表妹愫芳寫的情詩而唉聲嘆氣，哭不敢流淚，引得嫉妒成仇的大奶奶暗暗心喜，幸災樂禍。

萬老師的前期作品，不能不說深受莎翁、易卜生、希臘悲劇Euipides的影響，例如人的命運、遭遇、人倫、因果報應、復仇等等故事。中華人民共和國建國後，他的作品思想受制於國策限制、社會生活的變化，已沒有寫作的自由，寫些應景應時的東西，已無法舒解他心中的鬱塊，所謂「豔陽天」的劇作，變成了他的「憧憬」而已，他心中的太陽已被烏雲遮掩。

萬老師在二十三歲寫出《雷雨》劇本後，因為劇情、人物引起很大震撼，中外劇團演出的很多，他自己也親自執導過，有些演員因飾劇中角色而奠定了「演員地位」的人很多。

有人問他怎麼會寫《雷雨》這樣的劇本？他在《雷雨》劇本的〈序〉中說：

> 我不知怎樣來表白自己，我素來有些憂鬱，而暗澀。縱然在人前，有時也顯露著歡娛，在孤獨時，都如許多精神得不甘於凝固的人，自己不斷的來苦惱著自己。這些，我不曉得寧靜是什

麼，我不明瞭我自己，我沒有希臘人所寶貴的智慧——自知除了心裡永感亂雲似的匆促、切迫，我從不能在我的生活裡，找出個頭緒，所以，當著要解釋我自己的作品，我反而是茫然的。

我們對藝術家、作家們的一般瞭解，以為他們是「任性」而「傲」，我們是旁觀者，不必為他們「蓋棺論定」——亂蓋更不可為。

當年在抗戰時的重慶山城，有個演話劇的所在，那就是「抗建堂」，當年在那兒曾演出過中外名劇，也造就出許多名演員，現在中國大陸把那個劇場定名為「文明古蹟」。我們的萬老師就在那個舞台演出過《安魂曲》，莫扎特這位音樂神童就是他飾演的，在劇中莫扎特正是成名後，但是貧病交加，為一伯爵所譜的《安魂曲》給追著索討。當年在重慶，談話劇、欣賞話劇的熱情，真是筆墨難以描繪。每有話劇上演，住在江北嘉陵江的那些大學生們，是上午乘船過江來重慶爭著買票，晚上才能看到在「抗建堂」的舞台上，那些成功的演員們的精彩表演，晚上沒有船回學校，就露宿街頭；幸好那時重慶汽車不多，如果像現在的台灣，那是想像得到的車禍連連。

萬老師，能編、能導、更能演，我從江安劇專，乘船到重慶，看他排演《安魂曲》，他飾演莫扎特，女主角叫張瑞芳小姐，改編是焦菊隱博士，導演是美國回來的張駿祥博士（他的筆名是袁俊），《萬世師表》一劇，就是他編的，一九四八年「上海觀眾演出公司」在台灣的中山堂劇場演出該劇，我擔任此劇中的女主角「爾婡」很轟動。

這次《安魂曲》的陣容，真是太偉大了，演出時也很轟動。但是我們學生，坐在排演室的地板上，聚精會神的注視著萬老師他的「表演藝術」更被感動！

那一場戲，是莫札特對他的妻說話，當時莫札特已經是病體衰弱，安魂曲還未完成，說著說著，他抱住他的妻哭了——萬老師真的哭了！然後，他坐在鋼琴前的櫈子上，上半身撲俯在琴上，只聽見叮叮咚咚琴鍵高高低低被震動出聲，他抬起頭來說：「啊！我是這樣的衰弱啊！」

全場鴉雀無聲，只聽見低迴的一些啜泣聲，忽然響起一陣熱烈的掌聲，我們呼喊著：「萬先生！萬先生！」我們圍在它身傍，他抬起頭來，一邊用手摸擦淚水，一邊笑著說：「謝謝！謝謝各位！」他永遠那麼有禮貌。

他永遠不會想到，中國大陸十年文革，他被批鬥，下放牛棚。曾聽說有國外慕名來拜訪名作家曹禺先生，卻找不到他，那位領導說：「那個看門房的老頭兒就是曹禺呀！」

安魂曲，已無法安魂，他當年怎麼意識到，他的魂將歸向何處？

老作家巴金，當年也是被批鬥的名作家元老之一，他在一百零幾歲時病逝北京，生前已成植物人，他逝於曹禺後兩年，曾在追述萬老師文革時的一篇日記，題名為「已經忘却的日子」。當我年輕時，都看過巴金、茅盾等名作家的小說。後來在台灣白色恐怖時期時，凡是看過他們作品的人都是為「共匪」宣傳毒素思想不正，都成為罪人。

現在讀述萬老師那篇〈已經忘却的日子〉記載，對文革災難時的情況仍有餘悸。

萬老師是這樣記的——

……天一亮，隔壁人民大學的高音喇叭便呼囂起來，起先我以為是批鬥人，後來才漸漸聽出是兩派互相斥罵。一陣刺耳激昂的辯論，一陣陣叫罵，連綿不絕，從清晨吵到傍晚。我煩惱，又說不出的懼怕。我是反動學術權威，這一切都像是對我而來的。尤其一位女高音，又念又喊，聲調亢奮且單調，刺人耳鼓。酷熱的夏天，本來在我的小屋裡就很感悶，現在更加不能忍耐，但是一定要忍耐。我犯了罪，我說不清是什麼罪，我卻誠心誠意服了罪，我這種混沌的感覺像一口無底的陷阱。

半夜醒來，不知從什麼地點傳來一陣粗野的聲音，那鬼哭狼嚎，使我的胸口隱隱作痛，我心驚膽顫，我覺得不久這群發瘋的黑狼將會包圍我，抓著我，用黑爪子抓我的臉，我的背，我感覺我自己已變成一團……

文長只抄錄一部分。在他的記憶裡，連他的女兒們，都不敢跟他親近。那個時代稱為「劃清界限」，有的還批鬥自己的父母親人，以示清白，也許，可保住小命一條。

他的女兒萬方追憶起她父親曹禺先生時，說他常寫些偶感小詩句來宣洩他胸中的鬱悶。萬老師逝世後一年，集結許多紀念他的文章成冊，名為《聽，雷雨》。在該書中，萬方一篇的〈靈魂的石頭〉中記著他父親所寫小冊子中的詩句。

孤單、寂寞，像一個罐裝抽盡空氣，
我在壓縮的黑暗中大喊，沒有聲息，
孤單、寂寞，在五千丈深的海底，
我渾身陰冷，有許多怪魚在我身邊滑去。

孤單、寂寞，在乾枯無邊的沙地，
罩在白熱的天空下，我張嘴望著太陽喘氣。
孤單、寂寞，跌落在深血瀰漫的地獄，
我沉沒在冤魂的嘶喊中，恐懼。

在另一篇詩中，由於原文較長，我抄錄最後幾句，可瞭解詩人作家渴望自由的心情：

……我是人，不死的人，陽光下有世界
自由的風吹暖我和一切，
我站起來，因為我是陽光照著的自由人！

萬老師跟我的師生緣份，可以說比其他的同學們久遠。記得是在八年抗戰初期，我離開家，跟著兄姐流浪到大後方的陝西西安，參加老劇人戴涯先生所主持的中國戲劇學會，為了維持團員的生活，演出萬老師的第二部劇作「日出」。我那時不到十五歲，身材小小，就飾演了劇中第三幕，妓女戶中被收養欺凌的「小東西」，因為她沒有名字，就叫她小東西，當然，那時我只喜歡演而演，也不知道寫劇的是誰，更不知道曹禺這個名字。

八年抗戰勝利後，劇專學校劇團復員南京，我在南京廣播電台和同學們，以廣播劇的方法，播演了萬老師所寫的一個獨幕劇——《正在想》，是編寫一個走江湖賣藝的班子，其中鑼鼓，喇叭，吹吹打打，說說唱唱，很多「聲音效果」。

我那時，已是劇專五年話劇科的學生，更是萬老師曾教過的學生了。常言說，世態千變萬化，說不定是那個獨幕劇《正在想》的牽引，使我在台灣居住時，從舞台走向廣播電台，在中國廣播公司，擔任導播，主持廣播劇團，製作，編導廣播劇十六年之久，直到被誣告為叛亂犯，在監獄裡休息了有十年之久。在台灣的監獄裡的生活和在大陸被批鬥的待遇有如天壤之別。我在監獄裡活著時伙食好，住樓房不做苦工，有很多閱讀的時間，更不愁失業，我倒是「樂」在其中呢？

記得是在一九四七年，我和一個由高年級同學所組織的劇團，來台為台灣糖廠中南部巡迴公演話劇。在台北中山堂劇場，我們劇團公演過很多話劇，在「雷雨」劇中我飾演過「四鳳」的媽，那也是「周萍」和魯大海的親媽，因為劇情動人，裝置簡單，就把「雷雨」，一路從台北演到屏東，都是以糖廠裡的「禮堂」做劇場，很轟動。因為劇中角色有魯大海引導工廠罷工，政府當局認為有宣傳共產主義思想，我雖是擔任劇中一個角色，也要承擔為匪宣傳毒素的責任……那時候是「軍法」獨立審判所謂叛亂犯，是先關下獄，再審再判，等待宣判時，也許已在監獄裡居住好多年了。我是被初判「無期」，二審判十四年，然後，被減刑三分之一，獲得自由。當時出獄時，我已六十幾歲了。

台灣中華民國政府，在蔣經國總統任內，開放新聞報導自由，更開放大陸觀光探親的限制。我在一九九八年，開放的第二年，我也到隔絕四十年後的中國大陸探訪。當年我已無親可探，父母在戰爭期間亡故，兄姐在「反右」、「文革」期間死亡，只有和他們留下的孩子們見面，但卻是「陌生人」。那時，正值「六四學生運動」的大事件發生。全國交通癱瘓，無車無船，在轉了一大圈子之後我到了北京，看到了尚健在的同學們，和被批鬥的許多位老師，我特別去醫院探望萬家寶老師。他已老弱，已非從前戴著金絲眼鏡留著分頭瀟灑的萬先生，他的耳朵已經背聽，我在他耳邊說：「萬先生，我從台灣來看你，我是那個十七歲的小姑娘崔小萍阿。」

「啊？十七歲小姑娘崔……」他已經不記得我了

「萬先生，我現在是七十歲的老姑娘了……」

「啊？」他想了一會兒，忽然說：「唉！我是這樣的衰老了啊……」就像劇詞兒一樣，眼中有了淚影，師母李玉茹趕緊拿面紙給他：「好了！好了！又傷感了！」

以後去大陸旅遊，我都會去看望萬老師。有一次是帶了我在台出版的《表演藝術和方法》一書送給他，書上有他為我寫的題字，他稱我「小萍老友」，署名是「曹禺，一九九四，五一前夕」。

再一次去看他，他病況稍好回家休養，我告別時，他堅持送我到門外，師母扶著他，他又走上陽台向我揮手，嘴裡喃喃嘮叨著：「再見！謝謝妳啊……再見……」

「再見！再見……」

這是最後一次相見，他走了，戴著「滿心」的疲憊，無法解脫的鬱塊走了。

我收到北京寄來的訃文：

……曹禺同志因病醫治無效，於一九九六年十二月十三日五時五十五分在北京不幸逝世，終年八十六歲。

後來收到師母李玉茹的來信說：

……現在萬先生已長眠於北京離香山的萬安公墓陵園裡了……萬先生家鄉湖北潛江，為萬先生修了一座墓穴讓他魂歸故里吧……

萬家寶老師，名劇作家曹禺先生，在他過世十年之後，想不到在台灣竟燒起了曹禺熱：名京劇演員李寶春先生，邀請國際名導演謝晉先生來台導演他主演的《原野》，以京劇說唱的表演方法，有文武場伴奏，演出很轟動。另外有一個劇團，以演電視劇的一些明星，請名電影導演李行先生，也演出過《雷雨》，現在新象基金會，更邀請了北京的人民藝術劇院，全班人馬來台演出《雷雨》舞台劇。

萬老師如地下有知會笑了吧？他已不再孤獨、寂寞，他在天國看到了藍天和豔陽，他被「主義」所捆綁的思想，得到了解放，祈求他漂泊的靈魂得到安慰，阿們。

* * *

這篇長文記於二〇〇六年，為什麼寫了這麼多，是因為新象的許先生，為了增加宣傳，使「人藝」劇團的票房好一點，請我和我的學生馬國光先生（名散文家，筆名為亮軒），做一次演講。因為我和萬先生在校的幾年相處，於是做了這次演講，遺憾的是，那麼廣大的一個議會場地，只有親愛的聽眾幾位而已。我沒收他們的酬金，只在會後，請吃消夜一頓而已，賓主盡歡。

二〇〇八年七月三十日整理

舊金山導演《雷雨》舞台劇

一九九〇年十一月間，我接到一個從美國舊金山打來的越洋電話：是一個甜美的聲音，字正腔圓，略帶一些天津口音女孩子的電話。我記得她是一位出類拔萃的業餘演員，曾是在一九八八年九月，我為她們的卿流劇坊，導演過一個喜劇，是從法國莫里哀的「恪嗇人」改編「守財奴」，她飾演到處說媒騙錢的媒婆，她是女主角。大段的，像繞口令似的的劇詞，她卻能說得滾瓜爛熟。她的外型也很秀麗，她曾做過美國航空公司的「空中小姐」。可是，她總以她的額頭太高為憾，我卻是認為她另有風姿，別人認為是她美的地方，她卻抱怨這是她的缺點。

「老師，我們要請你來美國，導演《雷雨》舞台劇，希望您答應」。

她叫王可麗，是這次演出的負責人，她不知道，我在九月間，才從加州回台灣，那是一次長時間的旅遊：從北京，四川，南京，三個月的旅遊，九月初旅遊到美國。

導演萬家寶（曹禺）老師的《雷雨》，當然是一件很值得高興的事：《雷雨》在台禁演了四十幾年，台灣「解嚴」後，如今興起一陣「雷雨熱」——過去，我曾因演劇中「魯媽」一角，而被誣告宣傳「共匪」毒素，坐牢近十年，現在正值曹禺八十壽辰（我寫此文時，他住北京療養院，我曾去北京探望他）——北京藝術劇院演出雷雨做為賀禮。時隔四十餘年，由我再導演他的第一部鉅作《雷雨》，真是感慨很多。

在北美舊金山，每年都舉行一次盛大的文藝活動，是國民黨在美僑委員會支持，由在美文教服務中心主持，當年主持人是張璟珩先生，他很熱心，他請「卿流劇坊」負責演出。稱為「海華文藝季」（第二屆），其他包括音樂，舞蹈，京劇等演出。

我沒拒絕，雖然她說「導演費」很少，（去回飛機票自付）。因為這是我愛做的工作。從前，我導、演、舞台劇，被邀拍電影，我從沒跟人計較過「報酬」，製作單位也都以「師」輩尊敬我，在局外人看我，一定「存款」很多，其實是兩袖清風，飄飄然，樂得自由自在——尤其出獄後，人家對我的「禁忌」很多，我更不會去「毛遂自薦」。記得在美國鄉村歌曲中唱出：

「Freedom is just another word of nothing left to lose.」

歌詞是「自由不過是兩袖清風而已。」不經一事，不長一智，如今，在我垂垂老矣的時間，才深切瞭解歌中含意，可是，沒失去過自由的人，又怎知自由的可貴？

在時間上，我只能停留兩個月，因為在國光藝校和世新專科剛剛開學。（意外的是卻因赴美，而遭到學校解聘。）

三月三日，我飛抵舊金山機場，有華航的朋友陪我簽證出關。世界日報的記者現場訪問，「卿流」的朋友們接機，王可麗小姐獻花，儼然是VIP來了，然後和《雷雨》劇中主要演員見面。然後是每晚、每週六全天排演，一直到四月十三日（星期天）正式上演，我才暫時放下導演的十字架。

演出地點是山景城（Mountain View Center）新建的一個小劇場，外表造型特別，外漆粉紅色，醒目溫馨。這個劇場的全名是：Mountain View Center for the Performing City是一個小型的表演劇場，座位是分樓上兩百個，樓下四百個，梯形排列面對舞台成一馬蹄型，電腦控制燈光，舞台面積不大，化妝室，服裝室男女演員分開使用，都有浴室和廁所。舞台跟外圍是一鐵門及小門隔開。場外的雜音聽不見，但是休息室內的喇叭，卻可以聽到前台觀眾說話的聲音……應該說是一個理想的演出劇場。「雷雨」劇的場面多是兩個角色對戲的多，所以，在這兒演出，觀眾會感到很親切，演員的聲音也不會費力。

領導一個業餘的話劇團體演出最費精神，因為成員們大都是對戲劇知其然，而不知所以然，尤其是沒有表演訓練。無論台上的，台後的，舞台劇所需的各種藝術條件，戲劇藝術的基本知識，都得像教戲劇藝術學院的課程似的教給他們知道，示範給他們看，聽，再請他們演練出來。有關角色創造過程，角色造型，都必須使他懂得如何把握，才能展現一個完美的演出，我曾指導過許多社會團體，學校社團，都以教、導盡心的精神，使他們的演出很成功。在美的這些業餘演員及舞台工作人員，他們都有固定的工作，有的是工程師，有的是醫生，每晚開車一兩小時到排戲場所已經筋疲力竭，但是他們都熱烈的喜愛戲劇，每每排練到十二點以後才解散回家，實在辛苦，但都能尊從我的教導努力學習不敢懈怠，因此都有超水準的表現。

關於燈光、音效部份，也都是我把每幕每場的設計寫在紙上，翻譯給「電腦室」的美國的工作人員瞭解，這些工作人員大都是應徵來的，沒有報酬，他們喜歡和這些中國人一塊兒「玩」戲劇。這次演出雖不是十全十美，但受觀眾們稱讚，他們是在美國第一次看「華人」演「話劇」，有這樣的成績，演員們接受獻花、謝幕，心情特別興奮，掌聲不斷，拍照的燈光閃爍……遺憾的是只演出一場，再計畫繼續演出時，卻訂不到演出劇場了。

不能忘記的一件事，是我的學生劉引商女士，帶兩女兒來美旅遊，我請她做我的副導演，在後台用電話和電腦室人員通話聯絡。另外一幕插曲，是在謝幕後，北美台灣協調會處長劉恩第先生，頒獎給我和引商，感謝我們從事戲劇藝術的熱誠和成就。在台灣，我從來沒被頒過此類的「獎」，我的住處也不掛獎牌，從十七歲考入「劇專校」學習戲劇藝術，至今七十餘歲，戲劇是我的「至愛」。就是我在失去自由時的感訓學校中，也在為那些受難的朋友們編導演出舞台劇呢！

現在把劇中擔任演員的名字記在這裡以做紀念：

四　鳳：盧競驥
魯　貴：袁丕德
魯大海：黃家良
周　沖：王元侃
周繁漪：王可麗
周　萍：崔仙岩
周樸園：焦可昀
魯　媽：艾毓齡（曾是中國北京演員）
僕　人：張自立

附註：那個「大」的獎狀，是用玻璃框罩起來的，我如何把它帶回台灣的？不忘海那邊朋友們的敬意，不可以隨便丟棄：陋室狹小，也沒法掛在牆，只有做收藏品放在書房裡地板上為了紀念這趟海外戲劇之旅，我把它的內容記下來：

獎狀

崔小萍教授贊助金山地區第三屆海華文藝季活動導演雷雨話劇宣揚中華文化貢獻良多，特頒獎狀藉茲誌念

北美事務協調委員會舊金山辦事處
處長　劉恩第
一九九五年四月十三日

獎狀正面是中華民國國旗，另嵌印金色獎章一個。

前事已隔十三年之久，寫下來吧！最近雙眼昏花，有些「字」，竟然不知如何寫了！唉！不嘆氣，又能如何呢？

二〇〇八年台灣又改朝換代，民進黨執政八年競選慘敗，國民黨翻身，馬英九當選第十二屆總統。仍然稱「中華民國」，將在五月二十日登基。

黃絲帶和黃菊花

我記得有一首歌，叫《老橡樹上的黃絲帶》（Tie A Yellow Ribbon Round Old Oak Tree。1973年Tang Rolando唱頌）。歌詞的大意是一個將出獄的男人，寫信給他的妻子說：「如果你還接納我，就在我回家的路邊椅上，繫上一條黃絲帶……」當他回家時，看到近家的地方，一路上都飄著黃絲帶……，他哭了，這顯示不但他的妻兒歡迎他回家，就是鄰里朋友們，都張開雙臂。擁抱他，原諒他過去的錯誤。

這次我來美國，又看見到處飛舞著黃絲帶，樹上、櫥窗上、家家戶戶，都是歡迎從波斯灣戰爭中幸好能回來的兵士們，尤其那位曾被伊拉克兵士俘虜的女兵。他們能在戰爭中幸運的回來，真是神的恩賜。我也看見到處擺放著許多一盆盆的黃菊花。那是追悼在炮火中犧牲了生命的戰士們。從一九九〇年，伊拉克暴君海珊（Saddam Hussein）侵佔科威特，控制全球的石油使用，引起二十八國的憤怒，由美國老布希（George Bush）發動，集體向伊拉克開炮，美國有四十萬大兵，各種科技武器運向中東戰場，速戰速決的戰略，疲勞轟炸，使海珊投降，因此美國人的兒子們，沒有像越戰打了二十年，傷亡無數失踪無數，美國的母親不能容忍而反戰。在越戰中不知道造成多少孤兒寡婦，這次老布希打了勝仗，在電視新聞節目中，看見母親們，妻子們抱著新生兒，熱烈的擁吻她們的兒子們，和她們的丈夫，熱淚滿腮……戰爭是慘酷的，無論是誰輸誰贏，都是人類的浩劫！

我在美國寫〈黃絲帶和黃菊花〉一文時，在一九九一年的三月，距今二〇〇九年已近二十年之久。美國總統喬治布希下台，他的兒子小布希（George Walker Bush）上台八年，使伊拉克的戰爭好像還在繼續，伊國統治者海珊雖然已被正法，美國大兵還駐守伊國。美國的母親們反戰，希望孩子們能早日撤兵，返回美國家園。小布希執政八年，使美國經濟落後，失業率大增，使人民交不出房貸，在郊外搭帳篷居住。加上號稱美國金元國的，近年來，不是龍捲風作亂，就是水災頻頻……有些已移民美國的亞洲人，中國人，台灣人……不得不考慮，是否留在自己的國土上，比移民美國好生活？

* * *

二〇〇八年美國總統大選，非裔美國民主黨參議員巴拉克・歐巴馬（Barack Obama），與久戰沙場的共和黨約翰麥肯（John McCain）競選，竟贏得二〇〇九年總統大選，歐巴馬，是第一個「黑人」身份取得美國總統的寶座，也可以說是黑人贏得世界的總統。歐巴馬很年輕，學歷很高，家世很好，父母各是經濟學家和人類學家，他在一九六一年六月四日出生於檀香山。他的夫人叫蜜雪兒，很會打扮自己，不奢華而有禮，有兩個女兒。

美國的白宮，早年我曾去參觀過，那應該是克林頓時代。如今，是首次，有色人種，登上美國總統大座，入住這個名聞世界的「白房子」。

狗女苔莉

我，不是名門閨秀，也缺乏貴族血統，我不像凱第似的，他的爸爸是什麼「尤利親王」，也不似裘莉，她的父親得過什麼爵位，她母親的祖上是什麼王朝後裔。我只是秉承了母親忠厚負責的性格，和父親短小精悍的健康身體罷了，用不著吹牛，因為由我外表一望而知，所以也瞞哄不了明眼人，自己也以知足為樂，不必為自己的不美外型而憂愁，雖然現代美容術是如此發達，能巧奪天工，使醜婦改頭換面變成美女，但那樣削一塊，補一塊，東也是塑膠，西也是塑膠，凹凹凸凸，但總比不上天然的美，所以，我反對進美容院，雖說「女為悅己者容」，但只要遇上對眼的適合的，再醜的也會出嫁結婚，愁什麼？因此「樂觀」，也是我性格中美好的一部份，我並不自卑，所以，當我剛滿月的時候，我的小主人美美就拍手笑著說：

「看這個小肉彈喲！送給安阿姨，準可以讓她忘記凱撒的失踪！」我知道肉彈的意思，雖然我沒看過外國電影，但聽人們嘴上說起MM、BB、CC之類，說到凱撒，他並不是古羅馬的統治者，被普魯斯殺死的那位，那是家兄，在上次母親生產後送給安阿姨的，據說「神秘失踪」，曾使她萬分傷心，因此美美答應，再把我們這一胎其之一送給她——怎麼選中了我呢？平常聽說安阿姨是個很好的女人，可是我不願意離開父母，到一個陌生人的家裡去，當我剛斷奶的時候，我就觀察出有準備使我離家的跡象了，我曾哭著向母親抗議，母親卻搖著牠的大尾巴安慰我說：

「哭什麼呢？安阿姨家沒有孩子，會待你特別好的，雖然這兒老小都待我們很好，但是孩子多總疏於照顧，何況他們整天的出國開會，什麼「社教」，什麼「高教」，怎麼有時間特別管教你們？」

「出了這個家，要注意自己的風度儀態，雖然我們沒有貴族血統，可也不能讓人家笑我們沒教養！」父親的大鼻孔兒出著氣兒，黑眼圈兒瞪著我，將他的闊下巴擱在那雙大拳頭上，當時我真生氣，不是父親的長相壞，也不會傳給我這難看的小短腿了；幸好我有母親的一對大耳朵和稍微卷曲的長髮，還有一條美麗的，捲起來像翎毛似的尾巴，我的嘴中和了父母的優缺點，不長不短，眼睛大而圓，被長睫毛包圍著，牙齒整齊，笑時嘴唇不露牙床，只是頸子短粗了些，不能使我有婷婷玉立的觀感，但我身上的黑白花樣卻生得均勻合適，我的頭臉卻完全是黑色的，沒有一點雜毛，記得安阿姨曾叫過我黑美人呢？所以即使黑一些，我也樂得承受了。

終於離家了，美美用她的毛線圍巾包裹著我，我坐在她的懷裡，只覺得三輪車的輪子轂轆轆的在地上滾著，開始了又停下來，然後聽見很大的音樂聲音，嗡嗡的機器聲，因為頭臉被包在圍巾中，看不見，也悶的透不過氣來，但我不願意掙扎著出來，因為正值冬天，美美怕我受凍才這樣抱我的，我不能辜負人家的一番好意，所以只感覺到她抱起我下了車，又上樓下樓，我一直溫馴的偎在她的懷裡，幾乎睡著了。

「來了！來了！」我聽見許多男女的聲音，當我離開圍巾的時候，我發現自己正爬伏在一個辦公桌上，四周圍著一圈人注視著我，初入社會，乍見世面，不禁使我畏縮戰慄。

「真是個可愛的小肉彈！」一個女人用一隻手抓起我來，使我渾身骨節疼痛，我忘了禮貌，面對她哇哇吼了兩聲，她緊張的把我丟回桌子上，「哈哈！好兇阿！還不吃虧呢」？人們都笑了起來，把我的臉都笑紅了，幸虧黑黑的看不清楚，否則真難為情。這時另一個大眼睛的女人溫柔的抱起我，輕輕的親親我的頭，拍拍我鼓鼓的肚子說：

「真胖得好玩！她比凱撒來我家時還胖呢？」

「安阿姨，忘了凱撒吧！她一定比他還可愛！」這時我才知道，這個女人就是安阿姨，是我未來女主人，她是個怎麼樣的人呢？將來會怎麼待我？此時注視著她那副圓圓的臉，挺挺的鼻子，微笑著的嘴，心裡不覺在嘀咕著。

「小胖子喲！你現在就是我最親愛的狗女兒了！」安阿姨又頻頻的吻著我，我伏在她胸前，聽見她興奮的心跳，和著我的忐忑不安起了共鳴，我用舌頭舔著她紅潤的面頰，她更高興了，將我裹在她的外套裡，要帶我馬上回她的家，以後我才知道，那天去的是她工作的什麼工廠，怪不得音樂聲音比電唱機裡傳出來的大多少倍呢？當時我聽見美美向人介紹我的家世：

「她母親是牧羊犬，父親是拳師狗……」何必介紹呢？我不過是一隻普通的混血兒罷了。不是大丹、不是哈巴，不是狐狸，不是好鬥狼犬，沒有什麼名堂，平平凡凡，但說到母親的負責忠厚之作為，卻很使我以母為榮。

安阿姨抱著我，乘坐一輛大汽車，回到她的家，應該說是我的家；這個新家比不上我原來的闊綽，只有一間小房，衣食起居全部在此，家具簡單，一個大沙發算是唯一像樣的東西，但已縫縫綴綴破綻百出，暫時做了我的床舖，但睡上去覺得彈簧凹凸不平，使腰身頗感不適，不像在美美家裡，大型皮沙發，絲絨墊子，伏在上面軟軟的，香香的，地上有地毯不像這兒的洋灰地，走在上面冰涼的。在美美家，可以從客廳、書房、臥室、飯廳——到處遊蕩，在這兒，只有足不出戶了，安阿姨告訴我不要出去，出了房子就是街，凱撒就是這樣一去不返的，這屋子的一面牆，全是日式壁櫥，衣物及零星東西都收藏在那兒，所以屋中的裝飾顯得簡單整潔，另一面牆上掛著男女主人的結婚照片，她頭上蒙著白紗，笑得甜甜的，男主人很英俊，也有一個挺秀的鼻子；還有一張，那是女主人的單身照，咦？怎麼穿的那麼稀奇古怪，滿身都是花朵，有一大片白珠子掛在胸前，頭上還頂著山形的大帽子，她坐在有龍形雕飾的大椅子上，正在思索什麼？啊！記得美美說過，安阿姨是什麼業餘的演員，但為什麼穿這樣的怪衣裳呢？以後處久了，我總會明白詳情的，我自信是一隻聰明伶俐的狗呢？應該是「善解人意」吧！其他兩面牆是各有兩面玻璃大窗，但只著一層花布窗簾，記得美美家裡，是掛著紗的，絲絨的裡外兩層呢！好在光線充足，不覺陰暗，尤其好的是坐在窗台上，能夠望見街上的行人和同類，這是在深宅大院中享受不到的樂趣。以後，當男女主人出去工作的時候，我就這樣坐在窗台上等他們回來，這是棟舊式公寓似的住房，樓上樓下，人們來來往往，形形色色，以「看」來消磨時間，還不太感寂寞。綜觀這個「家」，並不是富裕的，跟一般的家庭比起來覺得有些寒酸，就剩我一個在家的時候，更覺得淒涼些，我告訴自己一定不能存有嫌貧愛富的觀念，不能以美美家的格式做標準，只要他們愛我，這比食金波咽玉粒，居高樓大廈還要幸福，智慧的所羅門王不是說嗎：

「吃素菜，彼此相愛，強如肥牛，彼此相恨。」一

一所羅門，以色列王，紀元前970-931，以智慧著名。舊約箴言17章17節。

這是安阿姨常常背誦的，典出何書？她沒說給我聽過。

每天，等他們回來，帶給我的是無比的愛，等待雖覺無聊，但相見時的歡欣，擁抱，愛撫，更覺短時間的等待情意深長。

命名

為了給我取名字，他們研究斟酌了很久。男主人習慣喝一點小酒，他贊成用我代表他心愛的酒，例如「香檳」（Champagne），聲音不但聽起來響亮，音近於冠軍（Champion）之解釋也很有意義。安阿姨說不好，她擔心我會被醉漢「叫」走了，其實我也不同意，俗話說：「名不正，言不順」，我以為香檳的外國發音就像「槍斃」，每天這樣叫我「槍斃」、「槍斃」，那不倒霉才怪呢？安阿姨堅持她知道洋名女人裡的名字，什麼奧菲麗亞，什麼朱麗葉，埃及女王克麗奧派屈瑞……她說這些女人，代表純潔美麗，愛情和權威，叫起來也順口，又是世界名著裡的名揚國際；此時男主人也提出他的反對意見：

「你忘記凱撒啦？就是因為你給他取這個倒霉的名字，才剋的他神秘失踪，像朱麗葉、克麗奧派屈瑞，一個殉情另一個殉國，下場都慘，每天呼喊起來有什麼吉利的？」男主人是一個O型人物，往往容易衝動發脾氣，尤其當他小飲之後，常是藉酒發瘋，大嗓門兒一吼，會嚇得我渾身戰慄，安阿姨雖和他同一血型，但她總是容忍他的缺點，我認為他是故意「撒嬌」以增加愛情，但是丈夫也像小孩兒一樣，嬌縱慣了就不容易駕馭了呀！因為我看見父親怎樣對母親兇暴，卻因母親好脾氣的緣故，當時我雖然看出了這種危機，可能造成日後夫婦的失和，但我無法用言語告訴她。

對於我的名字兩人相互爭執堅持很久，最後折衷取名「苔莉」，我倒是真喜歡這個名字，「音義全佳」，台者，在台灣出生；莉者，花也，代表美，叫起來稍帶洋味兒，以表示我有外國血統，看起來字體平正大方，比叫什麼「絲」，什麼「娜」脫俗，台字上的草字頭兒，是安阿姨加添的，她說這樣更「女性化」，如此，我的芳名就決定為「苔莉」。

「苔莉來！苔莉去！」「苔莉坐！苔莉起來！」「苔莉手呢？握手！左邊！右邊！」就這樣，以簡單的口令，開始訓練我，安阿姨的口哨最好聽，只要她吹出「苔——莉——」優美的調子，我就能知道她在那兒，我知道她在呼喚我，便會急忙的趕過去。

「小傢伙，你真聰明呀！」安阿姨拍拍我的頭，我親吻她的手，表示我的謝意。

「親這兒！苔莉！再親這兒！」以後我能辨別出方向、部位時，就更使她高興，只要她手指按在那兒，不用言語，我就會正確的親對了地方，苔莉！多漂亮的名字，它將跟隨我一生，我就是苔～～莉啦！

男主人日間很少在家，當他夜晚歸來時，我已經入睡了，可是我願意醒著等待他，因為他們夫婦晚間相聚的時候，會一同抱著我去吃宵夜，我真像他們的孩子，小麵攤上來碗麵，或是牛雜湯，另一碗一定是屬於我的，每晚一碗，以致使我的體重直線上升，何況我平常的伙食專吃生牛肉伴飯，喝些牛奶，而不吃剩湯剩菜，水果、棒棒糖是我的零食，雖然主人家吃食簡單，但對我卻是特別優待，再就是夜半散步，也是我最喜愛的，靜靜的，走在人們已經睡覺的小巷中，能聽見自己的足音，嗅著人家院中散放出來的花香，或者消遣的咀嚼一枝從人家籬笆內，偷偷伸出來的小草，跑跑跳跳，這世界現在是我的，不懼怕人會攫走我，無躲避車輛輾壓的緊張，走走停停，等待跟隨在我身後的主人，他們正手攜手、肩挨肩，卿卿我我，喁喁密語，彷彿這樣才能將黑夜留住，不讓明晨分離的恐懼佔據，將在白日的相思之苦，都要在此刻盡情傾吐。他們走得很慢，我有時要坐下來等待，這時，我望著天空的星星，暗暗的為他們祝福，多恩愛的一對呀！情愛能醫治窮苦，生活艱窘算得了什麼？像美美的父母，豐衣足食，養尊處優，倆人都有顯赫的社會地位，平時工作、應酬忙，少見面，但每碰頭就吵架，而詛咒對方早日死去以解恨，否則，就是兩張鐵青的臉，面對面，像是陌生人，夫妻如此生活，還有什麼意義？但是「為什麼」？我不很瞭解人類的許多問題，據說是複雜而高深莫測！所以，每當他們口角的時候，我們一家子便躲在廚房的犄角裡，誰也不敢吭聲，免得惹來無妄之災！美美的爸爸氣極了會摔東西呢！有一次我父親不知趣在客廳裡坐著，就被砸了一記烟灰缸，背上紅腫了一大塊，晚上睡下來總是喊哎唷，母親還數落他不識時務，不會看眼色，才會遭此一擊，其實母親忘了父親的過去，當他們夫婦沒有「第三者」加入之前，父親曾是他們的寵兒，後來夫婦反目，父親才被打入冷宮的，所以，我明白了「第三者」一定是個破壞者，據美美說，這個第三者，是她爸爸的女學生呢！當我未出生時，她常來向她爸爸請教些問題，當時她媽媽因為出國不在家，「問題」就出在這兒了……唉！人類的問題是真多呀！像我父母，不被放到大門以外去自由閑蕩，就不會有第三者的問題發生，幸而母親的體格壯大，在不能容忍時也會一反平時的溫柔，還能夠壓得下父親的越軌行動，因此我們這個「狗家」尚稱樂也融融！直到我離開他們之前，還沒聽說有問題發生。但當我在這個新家安居下來時，我也感到在這裡潛伏著的問題也相當嚴重；男主人白天很少在家，連休假日也不在，安阿姨除了去工作，就在家守著我，以我為伴，閱讀是她的消遣，沒看見他們曾共同去看看電影，或是打打衛生麻將，以為娛樂；尤其在過年節慶放假的時候，我可憐安阿姨的孤獨，就說舊曆春節吧！是中國人大團圓的節日，幾千年的傳統，凡是在十萬八千里外的遊子，都一定千辛萬苦的在除夕之前趕回家去和家人團聚，一夕之團聚，象徵永生之吉祥。但是，我的男主人卻在每個除夕，都丟棄安阿姨一個人在家，使她等、盼、流淚、嘆息，聽到別人家十二時放鞭炮迎新年除歲的時候，安阿姨卻抱著我哭泣，「苔莉啊！好悽慘，這樣的生活能忍到幾時？」我親她、舔她，但無法引起她的高興，也無法瞭解她的痛苦，待熬到天亮時，還不見他回來，人家「恭賀新禧」的人在大清早來了，她還謊稱說他已經出去給別人拜年了，我看見她苦笑的臉，盈盈欲滴的淚水，然後一咬牙忍了回去；「為什麼」？但他們是相愛的呀！我無法問男主人為什麼這樣虐待安阿姨？她做錯了什麼嗎？有一次他喝得醉醺醺的回來，我聞得出他身上吃了「香肉」的腥味，那是我們被殘殺的同類的肉呀！我撲上去撕扯他的衣裳，向他狂吠，阻止他進門，當時我不明瞭自己會如此瘋狂和大胆，我想是一向同情安阿姨的心情，因為他吃狗肉而遷怒於他，當時他打開我憤怒的叫著：

「滾開，滾開！你瘋了，狗東西！」但是，我仍然不得而知，他為什麼每在節慶的日子，便必須離開安阿姨而去別處的原因？直到幾年以後，我才明白這是齣愛情的悲劇，而且深刻的同情這一對現時代的犧牲者，我只有以一隻狗的心情，從他們那兒接受憐愛，也以我的全部生命之力，獻上我的安慰。

當我漸漸長大的時候，我便離開沙發的床墊，被移置在屋外，安阿姨叫工人為我修建了一棟狗舍是木製的，有一門一窗，寬大敞亮，躺在裡面，四肢可以儘情伸展，翻滾而不碰壁，頂層蓋鐵片，地板下地基墊高，如此能遮避風雨，和不受雨水的浸淹，它靠窗放置，假如我在「舍下」內有任何動靜，在屋內的主人能聽得很清楚，當然我也能探知他們屋內的情景，因為攀著窗台看進去，我能看見安阿姨正在做什麼？她把兩窗之間的空地，用籬笆圍成一個小院子，它就成了我的遊樂場，有時安阿姨白天在家，就打開籬笆門上的鎖，允許公寓裡的小朋友進來和我玩耍，那時我頸上的皮項圈解下來，我可以自由的跑跳了，但是安阿姨絕對禁止我和街上的異性來往，雖然隔著一層籬笆交談也不可以，有一次隔壁的「老黃」，來拜訪我一次，以盡地主之誼，（牠是房東的老家犬了）就被安阿姨不輕不重的責備了一番，平時，我不犯過錯，她是很少責罰我的。

記得那一天天氣晴和，我躺在土地上做日光浴，聽見籬笆上有輕輕的抓爬聲，沒看清是什麼？先向外面高吠了兩聲，以顯示自己有責任在身。

「喂！你好嗎？你是才搬來的嗎？」是一付蒼老的聲音傳過來，我從籬笆縫中眇出去，看見是一隻老態龍鍾，渾身黃毛的老傢伙，一眼看上去，就知道牠是在台灣土生土長的，但我秉性忠厚，我並沒有藐視牠的表示，而且歡迎牠的拜訪，因為我感覺自己也是孤獨的，但我小心的看了一下窗戶，不知安阿姨是否已注意到外面的交際？

「謝謝！我是才從房間內搬出來的呢？」我輕聲輕氣的。

「我住隔壁，有什麼要我幫忙嗎」？

「謝謝！我想暫時還沒有吧」？

這時候，有幾隻在街上閑蕩的狗，聽見我們談話，也聚在籬笆外面看我，七嘴八舌的問我的生活情形，和探聽我的主人是怎樣一個人，並希望我能出去和牠們遊玩，因為我從生下來沒見過這麼多的狗朋友拜訪，竟使我高興的忘形，圍著小院狂跑，在籬笆底下，用前爪刨起許多大坑，我竟想從這裡鑽出去，忽然有一隻白色的小狐狸狗跑過來，排開牠們，對著我尖聲叫罵，說我不知羞，在這裡招蜂引蝶，我無緣無故被牠如此羞辱，除了哭泣又不習慣還擊，這使得老黃牠們代抱不平，一齊指責小白狐狸，指責牠太不懂睦鄰之道，就這樣牠們相互爭吵起來，幾家主人都因此跑出來看發生什麼事？弄得我很難為情，安阿姨今天在家休息的，也不得不出外干涉了，因為亂子是我惹出來的，最後各家把各人的狗帶離這塊是非地，才算「息事寧狗」，老黃在臨走的時候，我還聽見牠嘆息著說：

「唉！真沒想到！真沒想到！本來是好意的問候，竟被白狐狸精弄得不歡而散！」

當牠們都散去的時候，安阿姨才察看籬笆上的破洞，和地上被刨的碎石爛土，我倦臥在狗舍裡不敢出來，我知道自己闖禍了。

「苔莉！出來！好好的出來，不打你」！安阿姨蹲在我的舍外向我招手，我只好垂著尾巴，豎著充血的耳朵，眼皮搭拉著，慢吞吞的踱出來，伏在安阿姨的腳前。

「苔莉！你來看，這是你搗亂的成績吧！」她站起來，指著每塊被我破壞的地面，我不得不跟著她走。

「多難看！你知道安阿姨很忙也窮，沒有時間處理，也沒佣人伺候你，你應該懂事一點兒，還有多難為情，引來這麼多狗！人家會笑話我們沒家規呢？你說該不該挨打？」這時她兩手捧起我的腦袋，兩眼注視著我，很像責備而又似痛心，我就乘機親舔她的臉以示謝罪，她也就緊緊的抱住我，而不顧我渾身的泥土沾髒了她的衣裳，嘴裡喃喃的叫著：

「苔莉！以後聽話，乖！挨打是不光榮的事！」我記起安阿姨特為我準備的一把戒尺，曾警告我說，在我淘氣闖禍的時候，就要利用它來懲罰我，我擔心此次會不會「擇吉開張」呢？但是沒有。

「來！苔莉！有好東西給你！」我又搖起尾巴，跟隨安阿姨到廚房裡去，她拿一根很豐潤的肉骨給我，哈哈！我願意永遠接受這樣的懲罰！以後得到安阿姨的允許，我便經常和老黃閑聊，而拒絕那些刁鑽古怪挑撥是非的狗來拜訪，尤其是小白狐狸狗，一直到我們搬離這棟公寓的住宅前，我沒再理睬過她。

所謂「知足常樂」，我很滿意我的小環境，雖然這兒沒有花台亭榭，但就是一根小草，一朵小花，都是經安阿姨辛勤灌溉長大的，她並在我的屋頂上盤結了很美的蔦蘿，小小的紅花像鈴鐺似的掛下來，她說這樣不但增加美觀，在夏天的時候，能隔絕陽光直晒的熱氣，後來蔦蘿又爬到籬笆上，很像一頂黃帽子上（乾竹子是黃色的）縫著綠色細紋的花邊，有一枝紅玫瑰開在我的門傍，雖然清香撲鼻，但我不小心就會碰上它身上的刺，弄得癢癢的，有時很想把它咬得遠遠的，但是安阿姨卻說這是全為我才買來的花枝，我又怎能如此的不識好歹呢？而且後來地上也鋪了草皮，青青嫩草遮蓋了過去醜陋的土地，洗過澡在上面打個滾兒，做做運動，也不會弄得滿身是泥了！

「苔莉！看看！這是你的家，滿意嗎？」每當安阿姨修整過後我的小天地，就會這樣的問我，我除了用撲跳向她身上表示我的感謝外，我無法用言語形容。

「每一個人都有他自己的家，不管是快樂的，或是愁苦的，他們總是用愛來充實他們的屋子的，你以後，也要有一個兒女滿堂的家的，雖然我現在限制你交朋友，因為要替你擇婿而嫁，否則，一失足會成千古恨的！」我不懂安阿姨的語言，但我看得出她的感傷，因為她的雙眼裡當時充滿淚水，但是我無法告訴她我並不急於找朋友，我覺得只要她陪著我，愛著我，我便像獲得了整個世界。

安阿姨的家雖不富足，但卻是寧靜的、溫馨的，雖然他們夫妻倆整日為生活奔波而少於會晤，但是多少個短短的別離，使他們結成更牢固的愛情堡壘，誰說「貧窮從前門進來，愛情由後窗飛出去」？不幸的，使他們生離的不是由於愛情的破滅，而是過往的一個時代的殘蹟，便把他們壓服了，而且被傷害的體無完膚。

安阿姨這些日子很忙，每天午飯以後便出去，要到夜裡十二時以後才能回來，我的晚飯是拜託樓上的稽太太為我準備的，聽鄰居們談論，說安阿姨正在一個劇場上演話劇，扮演一個為想念留在大陸上的兒子，而哭瞎了眼睛的老太婆，演的很像，劇名是「音容劫」，我真想跟安阿姨去觀觀光，劇場是什麼樣兒？她變成老太婆好看嗎？聽他們的口氣，對安阿姨的演技都讚美的很呢？可是，她這些天很少有時間和我講話，晚上更沒帶我去宵夜，他和男主人之間像有什麼爭執，兩個人回來很少說話，散步是無形中取消了，所以每天早上我都餓著肚子從夢裡醒來，伸著脖子，豎著耳朵等待著，盼著能早一點給我早餐才好，但是他們昨晚睡得很遲，今天又是星期天，我不敢吵醒他們，我只攀上窗戶小聲哼哼，希望能引起他們的注意，我看見男主人正準備出去，說是替我買牛肉，安阿姨還沒洗漱，突然我從籬笆內嗅到一股「生人」的味道，隨著晨風飄過來，我下意識的呼喊了兩聲，凡是住在這個公寓裡的人，我都能由氣味上嗅辨得出來，我正納悶，這個來人是誰呢？隨即聽見像擂鼓一般打著主人的房門，我連忙又攀著窗台看個清楚，門開了，是一個蓬頭垢面，橫肉皺紋滿臉的老女人，穿著古舊怒氣沖沖，她沒向安阿姨打招呼，便衝著男主人高聲的吼著：

「叫你來，你怎麼不來，你的胆子不小！」

「我正預備去看你，誰想到你來的這麼早？現在還不到七點呢？」男主人微笑著回答她，安阿姨倒了一杯開水給她，問她早，她連瞥一下都沒有，一直豎眉横眼的對著男主人：

「好哇！你們倒睡得舒服，你以為不來就躲得了嗎？沒那麼便宜！我就來找你們，你們是有頭有臉的人物，你們怕吵出來丟人，我可不怕！我要把在你家做媳婦的時候受的罪，受你媽的虐待，都講出來讓人家知道，讓人家評評理，我千辛萬苦的到台灣來找你，你敢不理我，你家裡的事，我什麼都知道，你不理我，我就都給你張揚出來……我對你家沒有功勞也有苦勞呀！好哇！你竟另外結婚啦！」

「我結婚，並沒有對不起你，你在戰時失踪了，我在抗戰以後才結婚的，我和你是十年不通音訊了呀！」男主人面紅耳赤的辯駁著。

「我不管那些，最可恨的，是你們倆結婚！」她用手指著安阿姨，「什麼青梅竹馬？狗屁！」嘴巴眼睛藐視的對安阿姨。

「在你我訂婚之前，我們就是好朋友的，是我爸爸把你強賴給我的！我自己並沒有甘心娶你！」

「那是父母之命，媒妁之言，我一輩子都遵從！現在你老子不在這兒，你就敢抗命了？從前你怎麼不敢啊？你欺我沒有靠山啦是不？」她叫的聲音很大，樓上樓下的人都被攪擾起來了，他們穿著睡衣，睡眼惺忪的，圍在我主人的門口，互問著發生了什麼事？這時候看到男女主人的窘狀，我急得要哭，來往的在小院裡跑著，但籬笆門鎖著，我無能為力，我想她是不是「第三者」呢？第三者總是家的破壞者，她是來摧毀這個家的嗎？看她那副目空一切，氣勢兇狠的樣子，倒像是個最權威者，一手插著腰，一隻手跟著說話的聲音在空中畫圈圈，她在那間小房子內，大踏步的四處亂走，碰倒了家俱也不扶起來，一次次的揮著拳頭衝向男主人，他輕輕將她擋回去，勸她安靜下來講話，我很氣她的蠻橫，便對著窗戶狂吠，想使我的聲音遮蓋住她的獅吼，但她像一個瘋子叫著，跳著，忽然又撲向男主人，被他拉住了她的手，安阿姨卻在一旁冷靜的看著他們撕扯。

「你要怎麼樣？告訴你，一切我都可以給你，但是你甭想得到我滴點愛情！」

「我不要你的臭愛情！給她吧！我要你死！我要鬥到你死！我才罷休！」

「好不知恥！」男主人把她丟到那張舊沙發上，相信那上面還留著我小時候的尿臭味；他轉身走向安阿姨：

「我們已經忍受了九年了，不是嗎？你還能耐得下去嗎？可憐的人！我被舊式婚姻害了一生，我不忍再繼續讓你痛苦！我放你自由吧！我們離婚，原諒我！一切都是我的錯！」他忽然又惡恨恨的衝著那個女人：

「妳聽見了！我們要離婚了！得意了吧？達到目的了吧？」他說完話，像個慷慨就義的英雄似的，排開門口的人群走出去，把苦難丟給房門內的人咀嚼；那個老女人似乎是沒想到有如此的結果，愣了一會兒，像發現了賊追贓似的，大喊著「你別跑！」緊跟著追出門去……

鄰居們議論紛紛的散去時，他們推出稽太太折進屋來安慰淚流滿面無聲飲泣的安阿姨，她坐在床上，兩眼獃獃的凝視著牆上的結婚照片，嘴裡喃喃地說著：

「怨得這相逢，何必！」

「怎麼回事？怎麼會突然發生了？」稽太太拉著安阿姨的手在問：她是三個孩子的媽媽，住在樓上，她性情溫柔，愛幫助人，和安阿姨差不多的不高身材，小巧玲瓏，她的小妹和兩個小弟，是我最好的玩伴，在這棟公寓裡，安阿姨和她也較知己，所以有些事都請她幫忙。

「早在九年前就發生了！只是我為他的愛，隱忍著，因為我也同情她是舊家庭的犧牲者，幫助她，可是她誤認我的懦弱，一年年變本加厲的逼迫，我不明白用這樣打鬧挑撥的手段，拆散一個美滿家庭，而又成全不了一個沒有情感的姻緣，有什麼好處呢？」安阿姨的淚水和著飲泣，斷斷續續的講述她的痛苦。這是一個動人而含詩意的故事，很簡單也很複雜，反正人類的問題總是那麼多，這是從上帝造了亞當和夏娃以來，在天地中亙古不變的老故事，所不同的也許在形式或者是內容，總之男與女的情愛，永遠統治著這宇宙，是不能否認的事實，尤其是經過長期的戰亂，人們的心理多半不正常，每人的境遇雖不盡相同，但差不多都是家破人亡，顛沛流離，死裡逃生落得滿身瘡痍，孤獨流浪的逃亡者，或是戰鬥疲乏的勇士們，渴望著同情、溫暖、切盼能重逢被敵人炮火逼散的家人，和失掉聯絡的至親好友，好再享受家庭的溫馨，能重過自由的生活。希望能在被破壞的廢墟上，撿拾回過去的舊夢，回憶蝕骨的情愛，再重建自己的前途和幸福，但也有人恐懼著，從紛亂的戰爭裡回到平庸，如何應付現實？渴望戰爭結束，好能實現多少偉大的計畫，但當戰爭一旦結束，發現家被破毀，親人無存，茫茫人海四顧徬徨，何處是依據時，依賴戰後的希望破滅了，當剛停戰時的那股興奮瘋狂沉靜下時，就會變為空虛和頹喪及需要的安慰，假設在此時，尚存有在戰前曾備受挫折，而未能了結的一段情愛，突然重逢了，而雙方仍然相互等待著，一個未娶一個未嫁，誰願意再放棄這遲來的幸福？誰能不舊情復燃？可憐安阿姨和他就是其中幸又不幸的一對，因為男主人在戰前是被逼早婚的男人，他們的悲劇，也就發生在這筆老賬上，被老父綑綁而成的婚禮，使他絢爛的生命蒙上一層陰影，而使他永陷愁苦，終生不得解脫。

「我們在家鄉就是朋友，可是他父母強迫他娶了現在的這位妻子，接著二十六年七七中日戰爭爆發，我們離開家鄉各自逃亡，直到抗戰勝利後，我們重逢，因為聽說她在戰後就失踪，一直沒有下落，所以我們才結合，但事情竟那麼巧，當我們結婚的第一年，她竟然出現了……她恨他，她不接受調解，她折磨他，她情願他死，因為他們之間本來就沒有愛情，她是在報復，把過去舊家庭所給她的痛苦，要在他身上得到報復！她以為她的青春是被他葬送的，所以她誓死要毀掉他！他已經夠苦的了，我能再怨他嗎？今天的情形你是看見的，唉……九年，不算是一個短時間呢？」

「沒有其他的辦法好解決嗎？」稽太太皺著眉頭

「沒有，除非我們三個有一個死亡；或者是像剛才他說的結果——離婚，三個都不得幸福！」

「希望不會有那種結果，還是再忍耐一次吧！像這種婚姻，在戰時多的很，戰亂造成的錯誤，有什麼不可諒解的，尤其是他們奉父母之命而結婚，他既不是負義，又不是負情，兩個人也沒有深仇大恨，她又何必這麼不通人情？你也看開些，船到橋頭自然直，不管怎麼樣，總得設法活下去，我知道你是個很達觀的人，用不著我多勸你，別難過了，今天下午不是還演日場戲嗎？你得準備去劇場了吧！自己的事業要緊……」

中秋後的氣候涼爽，太陽也顯得嬌弱了些，我雖然饑腸轆轆，可是我伏在自己的房頂上，還支撐著聽完安阿姨的故事，其實這個故事並沒有完，還長的很呢？因為我饑餓，和剛才憤怒的狂吠，弄得筋疲力竭軟弱無力，幾乎睡著了！當我聽到籬笆門開鎖的聲音，我突然迎著那熟悉的腳步聲撲上去，高興的圍著她打轉轉兒，感謝她在遭到這樣大的刺激以後，仍然未忘來餵我吃食，但這次缺少慣例的口哨了！我喜歡聽她那愉快的聲音：「苔——莉——！」

「苔莉！餓壞了吧？真對不起你！苔莉！希望我們這個破家能夠保存，希望我們不分離，希望我還能這樣照顧你的飯，希望……」安阿姨的眼淚像斷線珠子似的，掉在我的食盆裡，淒涼的聲調，忽然像個老太婆，它像針樣的刺穿我的肺腑，使我注視著面前的牛肉拌飯，竟難以下嚥！

唉！真是怨得這相逢，何必？

屋裡沒有燈，外面落著濛濛細雨，我小院裡是一片漆黑，我縮在狗舍裡，細聽著從巷口傳進來的車輛和腳步聲，當每一個聲音出現時，我都希望是安阿姨，希望她今晚能早一點回來，自從家變以後，第三者或「權威者」沒再來過，男主人也沒再回來，只有安阿姨每晚演戲完回來，就把自己關閉在屋子裡，我聽見她嘆氣，長長的，計算時間約摸過去一個星期了，我不知道他們的事情有無解決，因安阿姨是沉默的，只有在舞台上才會歡笑，只有在劇場中的觀眾，才會給她喝采，她是個成功的演員，但在真實人生裡，她是個失敗者，她之痛苦，但是沒有眼淚，不再有人聽到她的言詞，我瞭解她的性格，我心裡很不安靜，不只是由於餓，我耽心的是像她這樣的一個小女人，能負擔得起這侮辱和損害的重擔嗎？在她自己遭遇不幸的時候，她還得負責把戲演到合約期滿才能退出，我心想那個劇中的瞎眼老太婆，和她的故事相同嗎？她怎麼還有心情來取悅於觀眾？捲臥在我的狗舍裡，聽見雨點淅瀝的落在我洋鐵板的屋頂上，我忽然憂愁的很，也可恨自己是隻狗，面對可愛的人類，無能獻出我的幫助，假設我真正是他們的「女兒」的話，事情也許會好辦些，可也說不定會更糟糕；可惜我是隻狗女……巷子裡傳來三輪車的鈴聲，一個女人在車篷裡叫著：

「到了！停下！停下！」聲音雖然窒悶，但我聽得出是安阿姨的，我跑到籬笆跟前，對著外面熱烈的叫著，用爪抓著籬笆。

「苔莉！別鬧！就來了！」她對車伕說：「請你等一會兒就走。」

她先打開我的籬笆門，把一包熟牛肉倒在我的飯裡，這時我沒有禮貌的狼吞虎嚥起來，她當時也沒阻止我，平常是不許這樣沒教養的，她總是說：「一個女孩兒，要斯文些，尤其是在吃東西時，最能看出她的教養如何？坐好，兩隻前腳並立，頭部垂下來……」現在她卻拍拍我的背說：「可憐的小東西！好好的吃吧！」她走回屋內開了燈，窗戶裡的燈光透出來，我才看見大堆牛肉，已被我的嘴挑撥的散置在盆子的四周，很不好意思如此失態，我細心把它再撿來吃了，然後我去找安阿姨，這時我的肚子已大腹便便了。

安阿姨正在整理東西，一隻小皮箱擱在床上，她正把那張牆上掛的結婚照片放進去。

「苔莉！我們要去旅行了，喜歡嗎？」我用頭部磨蹭著她的手，我的大尾巴像扇子似的搖著，「來！把這個帶上」！我高興的把頭鑽進皮套裡去，拖著皮帶轉身就往門外跑：「苔莉！等一下！」她提起皮箱，站在屋子中間環視了一下，「唉！有情恰似無情，相見不如不見！過去的，不會再來了」！她熄了燈，鎖上屋門，抱我坐上三輪車。

「苔莉！我們現在是去一個朋友家裡住，你要乖，要聽話，他們有一個小弟弟可陪你玩……」在車子裡安阿姨用毛巾擦乾我的皮毛，不知是因為興奮，還是因為冷，還是害怕一個未來而不可知的命運，我全身在戰慄，我緊緊的靠著安阿姨坐著，不時的想從篷布裡把頭露出去，可是對面來的汽車大燈，像兩隻怪物眼睛照著我，嚇得我又急忙縮進來：

「怕什麼？土包子，沒見過世面的鄉下佬喲！」安阿姨笑起來，她彷彿一些心事也沒有似的，笑吧！但願因我的愚蠢，會惹她笑一笑，是很久不見她笑了。

當晚，我睡在她朋友客廳的地板上，安阿姨為我鋪了一塊小地毯，讓我喝了一些水，我便昏然睡去，做了很多夢，夢到她帶我去各處旅行，我又交了許多新朋友……

第二天早上，我已正式被介紹給這一家人——他們是做繪圖廣告生意的，夫妻倆有一個小男孩，叫「橋」，大概有四、五歲了，性情蠻悍，我在他們家住的幾天，每天受他虐待，碍於安阿姨的面子，我不敢破口咬他，可是他撕扯我的尾巴，用小棍棒穿刺我的耳朵，用小手摳挖我的眼睛，實在使我難以忍受，這真是個小土匪，她的媽媽還一個勁兒的稱讚他「乖」，「能幹」，「聰明」，哼！我不相信把自己的快樂，建築在別個痛苦上的人，會有什麼好結果？他們的佣人有好幾個，廚子、洗衣婦、打雜兒的男孩子都有，可是我覺不出有一個是愛狗的，我除了被他們的孩子戲虐，沒有人和我親近，他們正在忙生意，忙賺錢，忙著討各自己的生活。更可悲的是每當安阿姨出去以後，我就被那位胖主婦攆出客廳，用皮帶把我栓在院子裡，叫佣人弄一碗不熟不生的飯，隨便擱在一個角落裡，碗裡爬滿了螞蟻也不管，水的供應更沒有了，像這樣，我怎能有胃口，實在說，我的心情惡劣，我在掛念著安阿姨，當她失去自己的家以後，她怎樣生活呢？我絕食，表示我的不滿，我想他們不能這樣欺侮一向不會告狀的狗，是因為我已是一隻「喪家之犬」嗎？那麼別人欺侮安阿姨，是否也因她在台灣孑然一身，無親無故，也無靠山呢？她為了愛情，從海的那邊來台灣，為了愛情，和他結婚，現在，她又將為了愛情，被迫再和他分離，多麼高深莫測的愛情喲！在以後，我目睹他們分離後，而在許多假日裡相聚，又和他們共同生活，我一直不能瞭解這情感，我現在住在她朋友家裡，我也相信安阿姨會對我有適當的安排，她不是一個不負責的人，但是她怎麼知道，在她的背後，連她的狗女兒也遭到不公平的待遇呢？我盼望傍晚到來，只要安阿姨回來，我這一天寄居的苦生活，才會告一段落，而能脫開鎖鍊，自由的回到客廳裡。

大門外有車鈴聲，院內電鈴響，我跳起來，想掙斷那根皮帶，投進親人的懷抱裡，我聽得出，我看見，安阿姨回來了，甩掉全身的無精打采，和一心的煩惱，我匍匐在她的腳下，用前爪抱住她的小腿不放，我哭了，而且激動的情緒連小便也無法控制，滾了一身泥水，我哼哼的叫著，想把一天的委曲全盤告訴她；我像個棄兒一樣，不聲不響，不吃不喝的在院子裡倦伏了一天，連例行公事大小便都沒辦。

「你的狗像你一樣彆扭脾氣，我們餵她飯，她不吃的！」胖太太在藉口，尷尬的瞥了一下落滿蒼蠅的那碗飯。

「脾氣也兇喲！我們勸她吃，還要咬我們呢？」佣人們也附和他們太太的口氣，先來數說我的缺點，好掩飾他們的錯誤，人們生著的嘴，好像就是為了強詞奪理才生在臉上的，反正我不能言語的畜生，這叫惡人先告狀，先下手為強吧！相信安阿姨看得出，這是怎樣一種寄居的狀況，她笑了笑，將我的眼淚和眼屎用手絹擦乾淨，解開我的頸套，用手按摩著我被束縛了整天的脖子。

「狗就像個孩子呀！離開媽媽時，心情總是很壞的，待她好，她是不會咬人的，狗也懂得好歹的。」我聽的出安阿姨的口氣，她很不高興佣人們誣賴我行為失檢，因為我自幼教養良好，我不會不守規矩，不管安阿姨在與不在，她說過的話，我總是信服信服的。這時，她為我清潔了餐具，拌好牛肉飯，我先喝了一大碗清水，使心頭的激怒之火搧弱下去以後，才飽食一餐，她又給我洗了個溫水澡，才把我帶進客廳裡，電視連續劇已經開始，正播演著一個愛情故事；但是，她和她朋友們的談話，也似劇中台詞似的，一句句的震動擊打著我的耳鼓：

「手續辦好了嗎？」胖太太的聲音

「辦完了，律師簽了字，明天登報離婚啟事。」安阿姨正在啜飲橘子水，雙眼呆滯。

「你們的房子怎麼辦？」

「退租，我去住公家宿舍，為了飲食方便，苔莉他帶去……」我靠近她坐下，我想聽得清楚些，以後我跟誰一塊兒生活？「他」？我要跟男主人去嗎？我的心砰砰的跳著。

「唉！這真是個大悲劇，恩愛夫妻，卻要簽約離婚！」胖太太的丈夫嘆息著，嘴裡叼著一支大烟斗，板烟的味道很香。

「這叫解脫婚姻的枷鎖，我們倆的情感還是很好的……」。我舔她的手，然後跳進她的懷抱，她的下頷放在我的頭上，雙手撫摸著我的身體，梳理著我的尾巴，「我也捨不得離開苔莉呀！是嗎？我的小苔莉！」她在我的臉上親吻著，我的雙爪搭在她的肩上，凝視著她那張溫厚的面龐，我在想：就將不常看見她了，今後，我的命運是怎樣呢？她的又將如何，他的又將如何？

「啊呀！幸虧她是一隻狗，要是你們有一個孩子，那就更麻煩了」！胖太太看著我們倆這樣親暱，好像很不以為然，「橋阿！來乖兒子，讓媽媽抱抱」！又像示威似的，抱起在地板上玩積木的兒子，也頻頻的吻著他，小傢伙卻掙扎著要離開她的懷抱，兩隻手推拒著胖太太噘起的厚嘴唇。

螢光幕上的劇中人唱著一隻歌兒，正在難捨難分，安阿姨隨著哼起來：

「再見！再見！再見在這一剎那！帶不了你，攜不了你！啊！再見吧！在這一剎那……我的小苔莉……」她的聲音哽咽，熱淚盈眶，我的心要碎了。

當安阿姨去公司工作的時候，男主人帶我離開胖太太的家，半月不見他，並未見他消瘦，反倒是精神煥發，對他們婚姻的破裂並沒有悲嘆！倒像是跋涉長途的一個逃亡者，忍辱負重，爬山越嶺，沿途把寶貴的東西都被迫丟失乾淨，幸運的避過敵人的追殺，而保住了生命，在到達安全地帶以後，愉快的談著路上所經過的風險，也像久經槍林彈雨，在和敵人激烈的肉搏以後，而打敗了敵人的一個老兵，在舊瘡疤上仍流著新創口血液的時候，還誇耀那輝煌的戰果一樣興奮，我看他和胖太太談話的神情，又好像在說別人的事情似的不關痛癢：

「你們看見報紙上的離婚啟事了吧？現在總算解脫了！」

「你們男人自私啊！你想到她的將來嗎？離婚對女人來說，不管在什麼情形下，是得不到社會同情的，這是一個污點，像一個烙痕，在生命中是難以忘記的，男人有此特權，而不被追究，你們是有任意結婚的自由的！唉！她是一個對情感很執著的傻子」！胖太太似乎為安阿姨打抱不平。

「我只想立刻解脫這苦難，我沒想到後果；我只感到我和她都需要自由，在我有破壞那個腐朽觀念的力量！現在我不怕任何人的威脅」！我很怕他與胖太太發生衝突，我不得不撕扯他的褲腳管，暗示他停止，因為我有這種經驗，從前，他常在請別人吃得酒醉飯飽時，會因為一個芝麻大的問題起爭執，而鬧得不歡而散，結果是賠酒賠菜賠時間，賠安阿姨擦桌洗碗的辛苦，並且得罪了朋友，而惹來了一肚子懊惱，安阿姨為此而勸告他時，他總是把怒火發在安阿姨身上。

「不要你管，這是我們男人的事！」然後倒頭便睡，醒來時像沒發生任何事似的輕鬆，其實安阿姨已經生了大半天的悶氣了，可是我從來沒看見他向安阿姨道歉過。

「苔莉！不要鬧！我們馬上就走！」大聲喝斥我，他現在是用力的把我打開了！我想哭，因為安阿姨從來沒這麼待我，接著橋兒又來扯我的耳朵，我也把氣撒在他身上，對他大吼了兩聲，把他嚇哭了！

「去！苔莉！壞東西！你是個最不討人喜歡的狗了！」胖太太也在我頭上狠狠的拍了一掌，當時我真想跳上去……但是被男主人拉住了我的頸帶。

「苔莉！」男主人制止我這種野蠻動作，「你看！家破了，連狗都不馴了，一個人沒有家，那就更可怕了，好啦！謝謝！再見」！

我和男主人坐在司機的前座上，從車頭上的大玻璃窗中，能望見沿路的風景我注視著忽然向我面前衝過來的樹、山、和急急像要對面撞頭的車輛，嚇得我鑽進他的懷裡，惹得司機和他都大笑起來：

「我們的苔莉還是首次長途旅行呢！」他撫摸著我的頭，這使我忘記剛才所受的委曲，和對他的不滿，我親舔他的手，算是我對他的諒解。我想他除了脾氣暴躁，應該是一個很好的人，我要學著去瞭解他，我要適應沒有安阿姨照顧的日子，否則，我就無法長相跟他一起過活。

我們的車風馳電掣的在公路上駛著，雖然後面還載傢俱，行李，一點兒也不覺笨重，雖然它的形體看起來那麼「龐大」。後來我漸漸習慣了坐在前座上看風景，而且俯在玻璃窗上望出去也不怕了，因為我跟男主人常常坐汽車出去，每次他跟朋友們去旅行，便帶著我，有時我被圍在一大堆孩子中間，或擠在女人們身邊，他們不討厭我，我也喜歡他們，雖然他聒聒的說話，像唱片放錯了速度，像競賽千米，吵的我心煩意亂，但我寧願如此，否則，我被留在屋裡，便會從早餓到晚上，他雖會帶一大包魚肉，盡情的讓我飽吃一頓，但這種飢飽無常的生活，卻弄得腸胃失調。

搬到K市附近，它接近主人辦公的地方，這時，我學會了上下樓梯，因為我們是住在沿公路邊的一間小頂樓上，房子的形式很像一個L字母，門板上是蓋在樓梯口上，走下去的時候，像撲落在一個陷井裡，上樓的時候，卻又像從一個山洞裡爬出來，重見天日，因為樓梯下面是房東的潮濕骯髒的廚房，牆壁已被多年來的煤烟熏黑，監獄似的小窗透不進陽光，白天不開燈便一片漆黑，剛搬來時，我有些怕，但為了不能放棄跟他散步的消遣，我只好冒險的練習上下，以後也就習慣成自然了。這裡有兩個住房，一個小廚房，另一間被一個在礦坑工作的單身男人住著，每當主人和那個男人都不在家時，我便被反鎖在這小樓上，方寸大的狹窄的走廊，是我活動的餘地，這裡還有一個小涼台面向著北基公路，我每天坐在那兒，俯看來往的行人，和如梭的車輛，盼望安阿姨嬌小的身形，能天天在這裡出現，她在假日一定來看他，因為當她來了時，便使我們享受一天「家」的溫暖，尤其是我，像孩子似的偎倚在她的懷裡，撒嬌，撒野，在樓梯口來回的跑下攀上，表現我的能幹，嘴啣報紙，是我每晨為男主人的服務項目之一，尋找藏匿的物件，用嘴解開他的皮鞋帶……都是我離開她以後傑出的表演，她鼓勵我，稱讚我，她笑了！我聽見她銀鈴似的笑聲，比她給我什麼都高興，甚至是一根肉骨頭。這時男主人也會做幾樣美味好菜，表現他的拿手烹調術，她像個客人似的被招待，我們守著她，看著她，使她度過一個愉快的假日，然後他便牽著我，一塊兒送她到車站，看他們兩個，像一對初戀情人，眼睛裡互放著熱情的光芒，雙方緊握著手，叮囑著莫忘記下次的會晤，說了再會，再說聲再會，然後才依依不捨的，望著她登車離去，我們才慢慢的踱回來，公路上的行人稀少，他漸胖的身影，被路旁旭光燈照在地上，默默的，心情突然沉重起來，我從他沉重的腳步聲聽得出來……

黃昏，天邊還留著太陽的餘霞，幾朵白雲，尚未隱去，星星已經在眨眼，路燈的顏色慘淡，前面的路顯得很長，他的影子也越來越長，我跟著他走，一步一步……我們就這樣，送走多少個黃昏，也送走多少次風雨，送走多少次珍重再見，當離別後再見的喜悅，漸漸退色時，他變得憂鬱，孤獨腐蝕他，他就去喝酒，找朋友遊樂，丟下我寂寞的看守著這破舊的頂樓我又習慣的坐在小涼台上望著早起的太陽，望著遠方的山樹林和點點的燈火望著她可能來的那個方向……

* * *

現在我要說到有關小頂樓的兩件事情：那是有關男主人和他朋友之間的事，我們住進K市公路旁的這個小頂樓，除了安阿姨是沒有其他的外人來玩過的，平日，他去工作，那位男士去礦上，整個的樓，就變成我的天地了，樓門板是倒鎖的，沒有鑰匙是無法鑽上來的，可是，有一天我正睡午覺，忽然聽見有不熟悉的腳步聲，正走上樓梯，而且聽那高跟鞋的聲音，也不是安阿姨的，那另外一個，不是男主人，也不是那位鄰居的，但他們說說笑笑正走上來，而且在開鎖！是小偷嗎？我大聲的叫起來，我要保護男主人的家，雖然這個家已經破碎了，卻也不能再使它遭到人為的禍害，那時，我看見樓板被兩個人頭頂起來，我呼叫的就更厲害，接著我看見一男一女兩個身體，在洞口出現，是陌生的，從來沒見過，男的卻像老友似的，親熱的叫著我的名字：

「苔莉！苔莉！客氣些嗎？是你的主人叫我們來的！」他懷裡抱著一包東西，順手扯出一塊丟在走廊裡，靈敏的嗅覺，使我知道那是牛肉，下意識的，我追了過去而且啣在嘴裡，一轉念，我又迅速的丟掉它，我心裡想我不能吃，這是賄賂，安阿姨說過「不能隨便吃別人的東西以免被毒害，而放棄自己的職責……」

當我回頭看他們時，他們已經趁此機會，登上樓在開男主人的房門了，我跑上去咬住那個男人的腿，嚇的那個女人偷藏在男人的懷裡，他又丟了一塊牛肉在樓梯口，牛肉的香引誘我跑近它，左思右想，還是不能撿小便宜吃大虧，只好再用理智壓制自己的食慾，轉向陌生男女，啊！他們已進了房間，在用男主人的茶杯喝水！我跳上桌子去阻止他們，那個女人竟失手把杯子摔在地上——石板地，碎了！我對她吼起來，他保護她退到床上，他又丟了塊牛肉在房門外，意思是想騙我出去，他好關上房門，但是我這次沒有貪心，所以我仍守在屋裡，我想，強盜已經進屋了，我不能再眼看把主人的東西偷走，我對他們狂吼，想威脅他們出去。

「苔莉！好苔莉！你的主人是我們的好朋友呢？不要這麼叫好不好？」男的向我求饒，我才不聽呢？現在的人多半是舌蜜腹劍，我還要防備他們會用棍子打我，因為他手裡提著一枝手杖，時時用它撥開我衝向他們的身體，同時他又丟了一塊肉在地上，可是我不允許他們在地上走動，我也不准他們走出屋去，逼得他們倆只好躲在鋪有榻榻米的大床上。

「苔莉！不要上來，求求你！」女的也開口了，因為我也跳上床去，坐在他們倆之間監視著。

「苔莉！牛肉！牛肉！看！」男的始終未放下他懷裡的牛肉包，放了一塊在床邊，笑著叫我過去，我很後悔竟沒出息的去聞了一下，因為我覺得肚子餓了，轉眼之間，他們竟坐一處了，此時他把包裡的牛肉都拿出來，在他們面前圍成了一道防線，他們和我，就如此對峙著，我發誓絕不因口腹之慾，而不忠於主人的囑託。

「苔莉！好好看家！不能讓生人進來！乖！」每次我送主人下樓時，他總是拍拍我的腦袋這樣囑咐我，如今我怎能因吃而玩忽職守？因此，我就伏在他們的對面，不管他們有任何動靜，我就警告他們注意，所以弄得他們提心吊胆，連談笑都停止了，因為我的吼聲，時常阻撓了他們的柔情蜜意。

就這樣，面對面，對峙著，不知過去了多少時間，直到我聽見主人的腳步聲，我才跳下床來！

「唉呀！老宋！你可回來了！看看妳的苔莉吧！」看情形那個男的要報告我對他們的狀況：

「怎麼啦？苔莉！哈！怎麼滿地滿床都是牛肉？」主人看著畏縮在床上的女人：「小芳，你們甜蜜夠了吧？今天我讓你們這個地方安靜吧？儘管放心，你爸爸絕對捉不到你們？」

「快別說了！就憑你這隻忠實的苔莉就夠我們受的了！」

「苔莉！你怠慢客人了嗎？這麼多牛肉招待你，你怎麼不吃？」我用頭磨蹭著主人的腿，我說不出來，我是如何遵從和執行了他的命令。那個女人慢慢的伸了伸腿，彷彿筋骨痠疼似的從床上站到地上來：

「我的天！我情願被老爹捉到，也不借你這個鬼地方來談情說愛了！」女的噘著嘴，男的整理坐皺了的衣裳，一邊好像在談論他們和我的「勾心鬥角」，惹得主人哈哈大笑起來……

「我忘了苔莉不認識你們了！真抱歉！浪費了你們的好時光！苔莉呀！你太沒眼色了！他們是一對患難情人，你應該成人之美，怎麼反倒做了破壞者呢？不過我也很高興，我的苔莉像她的主人一樣，盡忠職守，不貪財，不受賄，不受任何誘惑」！

「老宋，別再誇她吧！快想法把牛肉燒燒吃了吧！怕都要臭了！我們也該走了！這次算我倒霉！偷雞不著蝕把米？」男的這時大胆的喝完一杯水，接著又倒了一杯給女的，她也是幾小時沒喝水了！

「太抱歉！我請吃飯吧！」主人抱起了我，我歡喜的舔著他黑黝黝的臉。

「我要趕快回家，恐怕老爹現在已經放出人馬四處尋人了！」小芳從她的手袋中拿出小鏡子，重抹著口紅，梳理著頭髮。

他們走了，我和主人吃了一小鍋很可口的五香牛肉，吃的肚子脹脹的，舒服的躺在主人的身邊，聽主人告訴我，這一對男女戀愛很久，但小芳的家庭另給她訂了婚，反對他們來往，使得他們不得不偷偷摸摸……為了不能成人之美，我對我今天的行為，很感到抱歉。以後聽說他們仍是有情人終成眷屬，我再見到小芳時，她已是一個孩子的母親了。

* * *

另一個小頂樓事件，是屬於不愉快的，說起來很傷感情，也是使我痛恨的，因為它又是關於「第三者」的，在我的印象中，第三者是個絕對的破壞者，特別是參加到家庭裡去的時候。安阿姨的沉痛傷心，顯示出他們夫婦真正分離的癥兆，因為男主人忽視她純潔的愛情，高貴的品格，和寬大的容忍，尤其在生活上，對她一無照顧，但她一向把他的愛情當作是生活的支柱，一旦發現這支柱朽腐，很自然的便發揮她堅強的個性，將這綑綁了她十幾年的情感解脫，直起腰抬起頭，重新去呼吸一口真正自由的空氣不再像小偷似的，使光明正大的夫妻生活，變成陰暗的交往。我曾目睹當這一天到來的時候他的憤怒，他認為是她負了心，但他從不檢討自己曾經怎樣冷待她，他從來不認錯，他有「男人至上」的陳腐觀念，認為女人應該服從的奴隸，雖然嘴裡常像戲詞兒似的常喊著：「你是我的女王，你是主宰」！這不過是攏絡女人，使女人臣服的一種手段，實際上他是一位真正專制的王，因為她是像女奴一樣的被束縛著，也許他太愛她了吧？所以，當她一旦有勇氣反抗他的時候，他愣然了，他暴跳如雷，他忘記事情是有因果的，他反覺突然，他以為她太純情，他一點都沒為她想過，當一個女人被逼著離了婚，失掉自己的家，妻子變成情婦的心情，為了愛情，曾忍受所有的侮辱，放棄大好青春本應享受的一切，躲在窮破的屋頂下，只為了和相愛的人，共渡一個短暫的時辰，他把她的寬大容忍，誤作是她的懦弱，他忘了女人才是最堅強有力的人，當她對一個愛情絕望時，她的作為常是出人意外的，因此當她告訴他：

「傷透了的心，是無法復原的！」使他震驚了！

以上是我自從和他們共同生活以後，冷眼旁觀感覺到的，我並沒偏袒安阿姨，她的上進出人頭地，和越來越發達的事業，因顧忌使他的自卑心越來越強，也是使他們分離的原因之一，俗話說：「夫妻能共貧賤，不能共富貴」。當慾望跟著金錢增加時，猜忌代替原恕，善良變成了邪惡，何況他們是在這四面楚歌的處境中？

現在，我想先敘述那個闖入者，然後再說及和我們幾次的搬遷，因為這對我的以後生活是相當重要的。

他，接到一封南部寄來的信，很不安，我當然不會知道是什麼原因，星期五的晚上，他買了些菜蔬回來，星期六的早上，他拍著我的頭說：

「苔莉！我有事要去南部幾天，好好看家，隔壁張先生搬走了，現在樓上就剩我們一家，你要特別小心，安阿姨來了你陪她吧！吃的東西在廚房裡。」他為我弄好飯食就下樓了，我跑到陽台上，還望得見他走進火車站的身影，沒有等候公路汽車。

我毫無食慾的，吃了幾口飯，就躺在張先生的床上休息，自從他搬走後，房間還沒租出去，樂得我多一個活動的地方，但是睡不著，不時的去坐在陽台上望一望，因為今天是她來的日子，有什麼重大的事，使得他不辭而別呢？

我知道安阿姨是拒絕了一切交往，企盼著這個聚晤的時間的，下午落起雨，而且是風雨交加，我不能再坐在陽台上張望，我守在樓梯口，等候那熟悉的腳步聲出現，我耽心這麼大的風雨，她不會來了，但是我已聽到那愉快的口哨聲：

「苔——莉！下來接我……」門板是鎖著的，我只好在門上狂跳和呼喊，她打開鎖上來，我撲向她懷裡，發現她全身濕透了，頭髮上滴著水。

「苔莉！你阿爸呢？我還沒吃晚飯阿！」我也不知道是幾點鐘，反正天已黑了，她摸索著開了門，扭亮了燈，還沒來得及換衣裳，就發現桌上留的條子：

「真對不起，貞急病，我去南部，請一切自理，苔莉陪你。」

「真是，也不事先說一聲，他去南部找別人，我來這兒找誰！真是豈有此理！」安阿姨滿臉的興奮變成積喪，用乾毛巾擦抹著頭髮，自言自語著。

「苔莉！可憐的！我們弄飯吃吧！」看得出她強自振作。

雨落的很大，公路上迷茫一片，她已經無法回去，我偎在她的懷裡，她泡了一杯茶，讀看她自己的書，夜來，我睡在她身旁，知道她在醒著，忽然感到天搖地動，燈也熄了，安阿姨急忙抱起我跑出房門，但是黑暗得伸手不見五指，她不敢跑出去，因為在這兒她是陌生的，她向誰求救呢？

「苔莉！這是地震，不要怕！」在黑暗中她的臉緊貼著我的頭，她將身子依靠在牆壁上，小樓被震動得很厲害。

「苔莉！這個小樓垮了，我們倆就做冤鬼了！他不應該拋棄我們在這兒的……」這時我聽見樓下、街上，一片人聲，好像大家都湧向公路上去避難了，幸好震動的時間不長，一會便恢復了正常，也許這個小樓太破舊的緣故，震起來時，唏噼嘩啦無一處不響，像啣在貓嘴裡被抖動的小耗子一樣，全身骨節都抖散了，我們停留在這尖端上，怎麼不會把心臟扯碎？幸好她是勇敢的，她沒有呼喊，鎮靜的度過危險的這一剎那，電燈復明時，她不再入睡，取出稿紙，坐在床上寫什麼？寫一段，唸一唸，便從稿紙上抹去那些淚珠，我知道她又在傷心了，我的右前爪搭在她盤坐的腿上。

「苔莉！這是我的傷心史——芳華虛度，將來編成廣播劇本，我們不是在芳華虛度嗎？你會告訴他嗎？你知道他去南部做什麼嗎？去看他因愛他而賭氣和別人結婚的女朋友，他為她負疚，苔莉！你能瞭解這種折磨嗎？這麼多年為了他，我要向社會環境屈服，最後為了愛而離開所愛的，我還得為愛，為愛他所愛的，還要容忍他對另一個女人永遠負疚的一顆心，好苦啊！在我們這種悲慘的情況中，他還忍心讓我獨自在這兒，受這種驚怕呢」，她的頭垂在稿紙上，筆從手裡落下去，頓時紙上匯成有色的小溪流，東流西竄，我圍著她焦急的打轉轉，我不知如何安慰她。

窗外黑漆一團，一間小破屋，一隻狗，一個孤獨的女人，風雨遮蓋她的哭聲。

*　　*　　*

在他隔了兩天從南部回來時，帶來「第三者」吳貞的全家，包括她的丈夫和一女兩男三個孩子。他租下隔壁的空屋，把她安置好，她正在病著，蒼白瘦弱，咳嗽和氣喘，當然一切的費用都是他負擔，包括她的醫藥費，但是多一半的支出，都是從安阿姨那兒取來，因為安阿姨的收入一向比他高，他還承擔起為她丈夫找工作的責任。

一個病人躺在床上哼哼唧唧，一會兒需湯，一會兒要水，心情惡劣時，還時常發脾氣，三個孩子鬧翻天，尤其兩個男孩頑劣異常，一天到晚玩「官兵捉強盜」遊戲，使槍弄棒，跑遍小樓的每個角落，說話的聲音，永遠像在郊外原野上呼喊，他們霸佔了男主人的臥房，使我無一安身之地，即使我畏縮的躲在床上犄角裡，也會被他倆揪著耳朵給摔下來，坐在我的身上當馬騎，或是拉起我的後腿，使我頭朝地，像推公雞車似的，推著我走路，要不就是兩個孩子像拔河似的，拖著我美麗的尾巴死命的拉……啊！多麼可怕的虐待！但男主人並不阻止他們這些無理的動作，不憐惜我的痛苦，反而看著我的窘狀大笑著，誇獎他們聰明，說他們想出來的花樣多，有時還慫慂孩子們和我胡鬧，他以此為樂，總之，吳貞家搬來之後，小樓上吵吵嚎嚎失去了往日的寧靜，幾乎變成菜市場，我不但失去閑雅的生活，而且還變成他們的玩物，更成了第三者家庭中的眼中釘；尤其每當吳貞的丈夫餵我飯的時候，便咒罵我：

「好吃懶做的東西！就是你不工作，還要別人做飯給你吃！髒東西！」我奇怪他做司廚的怨氣為什麼發洩在我身上？難道你依賴別人生活的過錯是我造成的嗎？他的咒罵，實在有傷我的自尊，所以他為我拌弄飯食，有時我是不吃的，可是，他好像又充滿的理由似的。

「這樣好的飯食不吃，你吃什麼？你要吃西洋大餐？臭美！我的孩子們吃不到給你吃，你還擺什麼架子！你是生在什麼富貴人家？呸！」我感覺到，他是個沒受過好教養的人，沒有學問無一技之長，在社會上不能立足，拖了一家大小，自己不求進取，卻會怨天尤狗，但是安阿姨來的時候，他對我又換了一付嘴臉。

「苔莉！來來！來吃飯！看看我替你做的飯香不香」？虛情假意的摟抱我，張羅為我燒水洗澡也不再罵我臭東西，也禁止他的孩子們虐待我，因為我是安阿姨所喜愛的，也因為安阿姨又給他太太送來菜，為他的孩子們買來所需的衣物，玩具，所謂：「打狗看主人家」，但是這個家，他們才是「主人」，因為安阿姨不習慣這種喧鬧，他很少來這兒「渡假」了。我憂愁著，寧靜的日子什麼時候再來呢？

吳貞，可算是個「懶人」，整日睡在床上，三餐不愁，家庭鎖事，燒飯洗衣都是她丈夫的工作，孩子們把天打下來，她連吭都不吭一聲，不責備他們，也沒有母親樣的愛撫，隨其自然發展，當丈夫伺候完了，她便躺在那兒，隨便拿起本書，或者找本畫報，無目的翻動著，要不就瞪眼看著帳子頂發呆，她很少和她丈夫說話，偶而有幾句，也是抬槓，意見不合，話不投機半句多，等我男主人在家時，她才起來說說笑笑，神情也顯得特別愉快，我覺得出她的懶不是病，而是心事重，待安阿姨來時，她自動的幫男主人燒飯做菜，那時，她鼓動她那靈巧的舌頭，想盡了好話奉承安阿姨，運用她的口才使阿諛的言詞，聽起來像老實話，談論自己所發生的愚蠢的事，逗引別人發笑，嘲弄自己，取悅別人是她獲得別人信賴的技巧，她很懂得「自嘲的藝術」，如此，別人也忽略了她舌頭背面的計謀，當她笑時，兩隻靈活的眼睛隱露著狡黠，每當吳貞與男主人共同熱烈的招待安阿姨時，也竟使「遲頓」的她，感到有一股寒流，正在暗暗蔓延，覺得自己已置身這個家庭之外，「喧賓奪主」，安阿姨意外的成為「客人」了。總之，吳貞是一個聰明的女人，假設環境允許，她走入上層社會交際時，她會成為一個八面玲瓏，交際手腕靈活的女名流呢？她皮膚白晰，鼻子高，嘴唇薄，想像她在少女時，會是個有磁力的姑娘，她是什麼時候遇見我的男主人的？聽說是這樣的：

抗戰勝利後，他回家鄉的那次見到她的，她是他的一個親戚，她被他青年軍官翩翩的風采所吸引，她竟愛上了他，但在輩份上是絕不允許他們相愛的，也許當時他的心另有所屬，而拒絕了她，她竟自暴自棄的與一個她不愛而拼命追求她的人結了婚，就是她現在的丈夫，丈夫的學識能力都不及她，只能做一個低級小職員養家糊口，使她脫離不了戰後帶來的貧窮，加上愛情金錢都沒有的生活，使她陷入痛苦，他們一家從大陸逃到台灣，夫妻倆在一個織布工廠做工，暫時維持生計，接著生下了幾個孩子，身體虛弱百病纏身，生活更陷於絕境，於是，我的男主人為她這些不幸的遭遇，都是因他而造的，他應該給她補償，他應該負責，他應該照顧她，因此幾年來，沒斷絕對他們金錢的接濟這次為了她的病應易地療養，竟把他們全家搬到台北來，他做事一向慣於獨斷專行，所以他也未和安阿姨商量一下是否合適？待到安阿姨再來這小頂樓時，事已如此，她還能說什麼？從那夜地震起，我就明白她心上已結了一個大疙瘩，但對那天的事，她一個字也沒提，可是這些哀怨，悲苦，卻都表現在她日後的作品裡，像有一次，我與主人在收聽她的廣播節目時，才知是演播他自己的故事，劇中述及他們的童年，重逢，愛戀，和偉大愛情的割捨，她並且自任女主角，從少女演到老年，聲音從甜美變為蒼老，情節很動人，「芳華虛度」悲悽的內容，引起主人不少的回憶和感傷，我曾看見他淚流滿面，他顫抖的聲音哼起劇中那首歌：

記得當時年紀小，
你愛談天，我愛笑；
有一天並肩坐在桃樹下，
風在林梢鳥在叫，
我們不知怎麼睏著了，
夢裡花兒落多少？

劇中安阿姨正在教他唱這隻「本事」，往事如烟，事隔十年，已不是做夢的時代了，我很想問一問他：「主人！你的眼裡現在看見那個梳兩條小辮子的她嗎」？

他和安阿姨顯著的失和，是發生在吳貞突然出走的事件上，有關詳情我不想再細述，反正，我耳目所聞所見的，都是離不了三個人愛情的糾紛，第三者的闖入，當時只見安阿姨匆匆趕來，主人頻頻向她解說，她默默的流淚，最後她說：

「我是相信你的！一直相信你！但是如今在我們這種非常的生活環境中，你還用愛情去補償另外一顆空虛的心，卻是不忠實的，我能原諒你，但是我永遠不會忘記！」

在吳貞的家整個遷出以後，我跟主人也搬了家。

＊　＊　＊

我們搬到K市來了，它是貿易港口，也稱為「雨都」，因為一年四季，很少有幾個晴天，居住在此地的人都習以為常，並不怕雨，如果有一個星期不落雨，反而覺得奇怪。圍繞著市區的是碧綠的海，鹹腥味兒隨著風，從海上吹進來，雨和海上的霧結成一片迷茫，有時集結的漁船從海上捕魚回來，盞盞燈火，隱隱約約在暮色中搖動著，星星點點很像點綴在紗上的朵朵小花，晴天時，坐在碼頭上漆著白色的鐵椅子裡，靜觀停泊在海上的軍艦，大小船隻像些形狀古怪的海獸。有時欣賞落日襯著海水，也富有詩意，尤其在晚上，船上的燈火通明，遠遠近近映照著浮動的海水，像是個來自神仙世界，奇妙的仙舟飄浮在水銀上。我常與主人徜徉在海邊，或者是跟從他在雨中散步，因此我常能看到這些奇景

　　這裡的人口稠密而複雜，三教九流，各行各業，高下各級都有，國內外往來船隻多，走私或納稅的舶來品特別多，許多貪小便宜的喜用洋貨者，不惜多花車費到這兒來買東西，因此拍賣行生意興隆。

　　外國水手來來往往，美金賺得方便，使得做特別生意的女人們，酒巴和酒家應運而林立，常見那些黑色白色的水兵們，執著酒瓶，喝醉了在馬路喧鬧，或者是把些脂粉抹得泥娃娃似的小女人，摟在懷裡，看起來雖不倫不類，卻有異國情調，也有些打算退休的中國海員們，不願把錢虛擲在那些朝秦暮楚的酒女身上，生兒育女安享後半輩子的福，因此，K市一度房地產的買賣也很發財，建築一棟簡單樸實，一樓一底的房子很容易出售，我主人的朋友江先生，就是做這種生意的，他也是個很會喝酒的人，可是他也很會賺錢，在喝酒歡樂中，他能吸收到大批游資，會輕易的買到便宜的土地，再以高價轉手，他可以不用現金，賒取大批的建築材料，資金不凍結，建築工程迅速，房子完工的快，賣出去也不費時間，於是大批的鈔票回到自己的腰包裡也快，他的家庭富有而美滿，妻

兒很跟他合作，常為看守房屋的方便，時時遷換各式各樣的新樓房去居住，他家畜養一隻牧羊犬，一隻狼狗，牠們時常被派出去，擔任守護材料的任務，另一隻黑鼻北京狗，是專供他們兒子玩的，當我被主人帶去他們家玩的時候，我結識了那隻牧羊犬，使我想起久別的母親，幾年沒他們的消息了。那隻狼狗脾氣暴躁，見了我很不友善，但是我的主人卻有意撮合我跟牠的姻緣呢？我討厭牠那股傲氣，我決心不與牠來往，牠因兇暴凌人利於職務，所以很得他主人的寵愛，牠的主人雖然是個會賺錢的商人，偏有詩人的氣質，外表挺拔瀟灑，談吐文雅，也許正因為沒有商人那種尖苛貪吝像，使人覺得可親而不存畏懼，才使他的生意直線上升吧？我的主人雖然也是個著名的豪飲者，但他只尚空談不務實際，嚮往沉溺於過去的英雄事蹟的回憶裡，無濟於現代潮流的沖擊，他自負精明能幹，常在天上計畫，卻在地下妥協，理論滿篇缺少行動，當別人已動手做而完成時；他卻仍留戀於醉鄉，但他堅信自己是個實幹主義者，而非逃避現實者，所以他奔波半生，至今仍然窮困滿身，甚至連個完整的家也沒有，我們現在居住的房子，便是那個商人朋友江先生的「工寮」，原來是建築房屋工人們住的；這裡一批房屋完工了，他們又遷到另一處去工作，為了便於照顧存放在院子裡的鋼筋、磚瓦、木料等建築材料，免被人偷盜，他讓我們免費居住，當然，他也看中了我有守護的本領，這樣他省錢省心，老朋友又可靠，免得另外僱人，所以他並不吃虧，商人的頭腦是敏捷而精於計算的。

這棟工房四壁透風，牆外是條狹窄的髒巷子，住家的垃圾都堆在這兒集中，雨水大時，這些垃圾變成飄萍和臭泥，使人寸步難行，本來這塊地方是屬於貧民窟的，是由江先生用賤價收購過來，一部份已築好白色的樓房，大多數都已售出，這巷子裡其餘未遷搬的人家，還在堅持著抬高遷讓的權利金，夜晚，樓房走廊上的五色燈光，映照著那些破瓦爛鐵搭蓋的屋頂，和這條烏黑的髒巷子，顯得黑白分明，很像舞台上的丑婆子，一張腫臉，塗了大量的白粉和胭脂，鼻子眉毛長的也不是地方似的，那麼不相稱，我們住的這個屋，也不比其他破屋整齊，屋頂上的洋鐵皮已經朽腐，陽光從那些破洞中分別射進來，霞光萬道雖很好看，但從巷子裡飛進來的灰塵也已在裡面翻滾，落雨時，藉用白居易的「琵琶行」來形容，比我寫多少形容詞都要恰當，不是嗎？在破屋中聆聽雨聲，真是「大弦嘈嘈如急雨，小弦切切如私語，嘈嘈切切錯雜彈，大珠小珠落玉盤」。屋裡屋外都是雨，剎那間便變成威尼斯水城，屋內可以行舟，我的窩（我沒有單獨的狗舍了）被沖走，逼得我只好跳上主人的床鋪上去避難，我常想，假如連一塊乾淨土也沒有的話，主人就會搬家了吧？他對物質生活太不講究了，記得安阿姨有一次來，趕上停電，落雨，黑暗裡，她摸索著攀越過院中那些障礙物，半截腿深陷在泥水中，主人不在家，我被鎖在屋內，她被罰站在屋外，我朝她哭泣，因為我正飢寒交迫，我的身体被浸在水裡顫抖，她從破窗洞裡伸進手來，撫摸著我的頭，頻頻的叫著我的名字：

「苔莉！苔莉！不要哭！他就要回來了！」她安慰我，我不知道她在風雨中站了多久，才見他酒氣醺醺的回來。

家雖破，日子並不難過，而且我在這時結了婚，做了母親，生活卻顯得更快樂，我的幾胎兒女都出生在這間破屋內，主人做了我的收生婆，感謝他照顧我很週到，我的夫婿都是體面的名種，因此我的兒女也都長得很漂亮，他跟安阿姨都高興的很！

「看哪！苔莉做媽媽了！」主人向安阿姨述說我夜間生產的經過，她興奮的舉起我懷裡那幾個小東西，仔細的檢視，牠們還沒睜眼睛，現在還不能看出美醜，以後接著生了幾胎，但為了飲食開銷太大，孩子多也無法管教，更為了不繼續有擇婿與生育的麻煩，他們忍痛把女兒們都贈送給知己的朋友，待他們長大時，我還去看過她們，但她們已經忘記我這個母親。他們選擇了「黃兒」、「小虎兒」、「咖啡」三個最美的兒子來陪伴我，我現在是不孤獨了，但是三個小子們整日纏繞身邊，也真使我頭痛，現在我才瞭解；當時吳貞對孩們那種默然的心情，太淘氣了，也只好隨其自由發揮吧！可是眼見那些小東西漸漸長大，心裡也著實高興；黃兒是亮晶晶的短毛，身體高大，長腿，可惜耳朵短小，牠最會撒嬌，撒賴，和最狡猾，牠的兩隻後腿站起來能走路，聽見音樂會搖著尾巴跳舞，當牠立直了身體時，像個七八歲的孩子那樣高。

小虎兒是名副其實的虎頭虎腦，像絨繩子似的，卷曲的白色長毛披掛全身，兩隻大圓眼睛，閃爍在長睫毛的後邊，身材中等，老實的有些傻氣，常被黃兒戲弄得做些傻事。咖啡是最小的，身體瘦弱，常常鬧病，牠的醫藥費的開銷，常影響我們全家的開支。

破屋，沒有外來者的侵入，安阿姨現在是這個破家的唯一常客，每當她一進門，我們全體便一擁而上，擁抱，親吻，撕扯衣裳，使她難以招架，我們都希望她來，尤其是男主人，我們貪圖的，不是她帶來的外國狗食罐頭，也不是華美的禮物，而是我們都需要溫暖，有她在，「家」，才有生氣，才有趣味，當她唱著歌，在露天廚房裡做菜的時候，像辦善事似的，我和兒子們跑進跑出，或蹲坐在她的腳邊，等候她分發額外的營養給我們吃，有朋友們來這破屋聚餐時，我們規矩的坐在他們身邊，靜靜欣賞人們的歡樂，或者各自表演幾樣拿手的好把戲，當他們看到這種奇特的情景時，會驚奇的大叫著：

「啊！你們這個破家真是有意思！你們的狗兒子真近人性！你們有什麼魔術嗎？」他們不瞭解

愛情就是魔術，會使苦汁成甜蜜，愛情也是財富，不管多麼貧困的地方，只要有愛情，就會變成富麗堂皇的宮殿。他們還忘了，女人是一家的靈魂呢？現在，這靈魂的懷抱，不專屬於主人和我了，她又被我的兒子們佔據。

根據我的見解，我想，有女人，有廚房，有狗，才算是個家，即使是廚房缺少屋頂也沒關係，可惜這個家時圓時缺。

風雨，陋巷，破屋。

犬子，巧婦，良人。

當那棟破工房將拆毀要改建的時候，主人和我，不得不又做了一次遷搬，而後連著幾次的遷搬都比較麻煩，因為增加了三個狗兒子，添置的東西也跟著生活的需要多起來，但我已跟著主人習慣於這種吉普賽似的流浪生活，只要照顧好狗兒子們，牠們不被遺棄在搬動的汽車後邊，按時登車，就盡了我做母親幫忙的責任，只是這些兒子們玩心太大，一剎那照顧不到，就會跑得無影無踪，主人和我得費大半天的功夫，到處去喊去叫讓我擔心，因為牠們都沒有去醫院注射，沒有領過合法的牌照，萬一不幸，碰上捕狗隊的鐵絲網車被逮捕，流放何處就不得而知，雖說主人的公共關係很好，無冕皇帝到處認識熟人，憑交情能領牠們回來，但幾次三番的尋找，辨認多麻煩，何況主人又是一個大忙人呢？記得當我們住在海濱浴場的時候，本來常帶牠們去沙灘上晒太陽，訓練牠們游泳的，可是有一次，安阿姨和我們游完水，躺在太陽傘下休息的時候，發現牠們三個頑皮的小東西不見了，整個沙灘上不見牠們的踪影，以為牠們馬上會回來，但一直等到日落，仍未發現牠們，主人不得不出動去尋找，使安阿姨焦急，最後到了晚上，牠們被一位警員綁著脖子給送回來，小黃兒憤怒的掙脫了繩子跑回房間躲起來，小虎兒和咖啡則忙著到廚房找牠們的狗食，主人則客氣的請那位拉長著臉的警員沙發上坐，奉茶遞烟，忙著招待。

「先生，我認識這是你們的狗，所以給你們送回來，以後千萬別放牠們在馬路上亂跑，被汽車壓死了，或是給捕狗隊逮捕，大家都不好過！」他的語氣似乎不好聽，主人的黑臉好像突然紅了一下。

「謝謝你！以後我注意就是……真對不起，麻煩你了……」主人難得向別人陪著笑臉說話，所以在送走了警員以後，他懲罰了帶頭亂跑的小黃——一定是牠的主意，我知道每次都是牠帶著兩個小傢伙闖禍的。

「小黃！跪下！是不是你領牠們跑走的？」小黃跪著，混身顫慄，耳朵鬆倒下去，平常諂媚的尾巴，現在動也不動的拖在地上，眼睛看著自己的前腳，主人用米度尺打牠的背脊，牠也不躲避——每當牠承認過錯的時候，牠泰然的承受懲罰，假如錯打了牠，牠會反抗的吼叫的。我很瞭解小黃的性格，小虎和咖啡這時偎在我的身邊，大氣也不敢出，雖然我聽見牠們的飢腸已經轆轆的在響了，當晚取消了牠們的晚飯，以後也取消了牠們去海濱浴場的資格，當我們再去海濱浴場時，便把牠們鎖在家裡。所以，那時，我能單獨的跟著主人和安阿姨享受海濱洗浴，或者月夜坐在海邊上，聽浪濤和沙粒相互私語的聲音，過了一個涼爽愉快的暑天，直到我們在產金牧場過活時，小黃牠們才允許自由活動；但誰想到在我的一生中，這也是我看見這一對可憐人，僅有的一段快樂的日子。也是他們悲慘命運的開始呢？

* * *

產金牧場，是主人和他的幾個朋友集資合夥經營的一個牧場，地點在K市的近郊，因為地名產金路，所以就取名為「產金」，當然他們也希望由此牧場而能多產金子，以回報他們在節衣縮食所剩的那一點積蓄，全部投在這個所謂「牧場」的事業上，安阿姨的唯一積蓄，也讓主人投進這塊貧脊的土地上了，但是主人卻不是一個知己知彼的牧場主管，他既不懂畜牧，又不瞭解施肥灌溉，又缺乏工商管理的頭腦，所以因助人為快樂之本，而救濟了幾位老鄉親，住在牧場裡做管理工人，等他們把在逃難中所受的精神打擊，身體被損的健康都養好復原以後，有的和主人不辭而別，有的揚長而去，置牧場不管不顧，而主人又有他本身的工作，無法兼顧，於是產金牧場在半年之內被迫關閉，幾隻瘦羊等於免費送給別人去收養才能脫手，產金無著，所有合夥者的積蓄，卻都被埋葬在那塊土地了——但是，這一段鄉村生活，對於我和兒子們卻是永生難忘的。

從K市來的公共汽車，在去X地中途一個小站上停下來，卸下在此居住的客人再繼續開過去，他們四面八方的散開去，各回自己的家，我們所居住的牧場，則是要走上一個坡，越過一條火車平交道，走入一條小路，有些低矮的破房子，接二連三的築在路邊，路的另一邊是一條離路面約兩丈多低的溪流，溪面狹窄，從下面望上來，像一個敞開的大V字，從這邊望得見對岸有整齊樓房的人家；V字的兩邊，長滿綠草和些不知名的植物，有的還結著些紅紅綠綠的小果實，火車來去，就從這條溪上的橋上過去，在牧場就能聽到隆隆的聲音，主人常常以此對正時間，因為他總是忘了給錶上發條。走過小路，路面漸寬，便望見一個堆滿樹木的山，靠近路的一面，卻像峭壁，有些籐狀植物從上面垂下來，山根還築有一個防空洞，裡面卻灌滿污水，除了我和兒子們進去觀光過，被弄得混身髒污之外，我相信不會再有「人」進去過。這條路的盡頭，據說是自來水廠員工的宿舍，一棟棟房子外面種了許多五顏六色的花草，我為了趕回那些不守規矩的羊隻，常常去那邊巡視，廠長也住在那兒，他很愛狗，並不反對我和兒子們去遊覽他管轄區，也常常招待主人去喝洋酒，往往在很深的夜裡，我和兒子們隨著醉醺醺的主人，執著電筒，用竹竿兒敲打著草叢，防備蛇的襲擊，一邊大聲的唱著歌，踏著黑暗從廠長家回到牧場。以後，請求市政府給裝上一盞路燈，在夜晚才減少許多恐怖的想像。我們的牧場就在這個山根下，羊欄架築在溪頂上，這樣便於沖洗羊的糞便，就跟隨溪水流走了，但我和兒子們在晴天洗浴時，是在溪的上游，清澈見底，安阿姨常看我們在水中嬉戲，可是這兒難得有幾個晴天，不是陰就是雨，黃土的地質，一雨便成泥沼泥淨難行，羊兒無法出外散步，吃草，只好請工人割回來切碎吃，但是濕草對於羊兒們的腸胃不適合，牠們便常常腹瀉，感冒，發生了疾病，就影響乳的分泌，一個瘦骨稜稜擠不出幾瓶奶水來，而且分送出去的羊奶，訂戶大都是熟識的朋友們，有的是免費供應，收回來的奶費，抵不上一隻羊的死亡，何況，主人買這種羊的時候就受了騙，據說是澳洲種，二十隻羊中有幾隻公羊做羊種，有四五隻懷了孕，每一小羊都要喝母奶，生產一次，母羊便受傷一次奶水永遠不能增多，奶量無法增高，營業情形每況愈下，再加上負責送奶的老鄉親們，不是為了女人，就是為了喝酒，要不就是為了賭錢，夜裡睡的晚，早晨懶得起床，羊兒們在羊欄裡餓的咩咩的叫，他們也不去餵食，一覺睡到太陽晒滿床上，才不得不起來，吃過「早」飯，點一枝香煙，翹起二郎腿看城裡送來的報，遇到有風雨的天氣，就更有理由不出去了。那些出了錢訂奶喝的戶頭，不能經常得到供應，對牧場失了信用，於是退票的越來越多。這些我都看在眼裡記在心裡，但是我無法告訴主人知道，他們只在主人在牧場的時間裡，偽裝得殷勤好動，割草，種菜，犁地，加上諂媚的言語，使主人覺得像是這個牧場的帝王似的，再用酒肉灌下便使得主人心服口服，以為這些經過患難之交的老鄉親，為了共同的生產事業是多麼費盡他們的心血在耕耘灌溉，像過去抗日時期，他們在家鄉打游擊時候那樣義氣，那樣披肝瀝胆，為了消滅唯一敵人——日本鬼子——不避艱險而共生死，因此主人把信心交給他們，完全信賴他們，對他們沒有一點懷疑，不會想到他們只是把這個牧場做為一個住腳點，一個臨時休息站，是休養他們在匪區所受的傷害，是鎖定他們從香港調景嶺來到台灣的喘息，等到他們人地熟悉的時候，他們便自謀發展，各奔前程，誰還想到老朋友為安置他們所下的苦心呢？因此在他們反目離去時，給主人的打擊不是錢財的損失，而是朋友的無義。其實在注重現實的社會裡，見利忘義是極其普通的事，不以怨報德就是屬於上承的人物，要說得『有恩圖報』，那些幾千年的老道德，如今不時興了，但是，我和兒子們，卻在這個牧場裡，發揮了牧羊犬傳統的技能，和負責照顧羊群的精神，而且離開城市，不被居困在幾間小小的房間中，儘情在大自然的草地上，山路上奔跑遊戲。尤其可喜的是小咖啡纖弱的身體，也漸漸健壯起來。

不落雨的時間，羊兒們照例要出外散步，和尋覓青草，並且帶著牠們的小崽子，浩浩蕩蕩的從每個羊欄裡放出來，雞、鴨也從牠們的籠裡走出來，去尋覓小蟲兒。我和兒子們，便走在羊兒們的身邊和前後，以防牠們脫了隊或是獨自走散，但每當我去把驚慌亂竄的小羊崽趕回來時，往往受到老母羊誤會的襲擊，小黃的身體高大，那時做了我的好保鑣，不消幾個回合，便將老羊制服，不准牠撒野，小虎卻是常受羊角的牴觸，每當牠要和小羊崽遊玩的時候，母羊護崽，便死命的向虎兒攻擊，這時老實的小虎兒，便只有逃上山去為寇了！當羊群歇息在草地上時，我便坐在一旁看守，幸好這一帶少人行走，又不通車輛，所以很少使羊群受到驚嚇，小黃的腿長，跑起來像隻駿馬，當有幾隻脾氣古怪的公羊，隨意亂走的時候，牠便跑上前去，當頭把牠們攔阻回來，有的竟偷偷的爬上山，或者走去山後樹叢裡藏起來，或者跑去水廠宿舍的花園裡，去踐踏人家的花朵……我都得負責把牠們叫回來，否則就會聽見主人高聲的在喊：

「苔莉！苔莉！你管什麼事呢？怎麼有隻羊沒有回來啊？」即使天已經黑了，我也得把牠們找回來才能交差，這些淘氣的羊隻，給我添了不少麻煩，有時奔跑的太久，使得我的老骨頭，很感疲痛，但我不願意放棄我的職責，何況綠茵羊白，風和日麗的情景，是那麼可愛呢？當安阿姨來牧場的時間，她也會戴上一頂農人的斗笠，執著一根長竹竿，幫我照顧羊群，她的長髮披肩，衣裙隨風飄飛，站立在群羊之間，我竟猜想她，是不是一位牧羊神呢？還是在宗教畫上看見過的天使？有時，她背了水壺，帶領我和兒子們，爬上山頂，攀上樹幹，對著藍色的晴空，做「人猿泰山」的吼叫，我們一家也在樹根下，跟著歡呼，有時候兩隻大肥鵝，也扭動著身軀，尾隨我們登上山來。要不然就是安阿姨替我們拍攝許多有趣味的照片，連我們一家圍攻老公羊的情形，也給她收進了攝影機；所以，迎接安阿姨來牧場，是我最感興奮的事，每次我計算好時間，到路口去等她，然後她與我賽跑似的跑回牧場，氣喘著，大笑著，倒在草地上，那時小黃、小虎、咖啡，也擁上來鬧成一團兒，等這一陣熱鬧過去，牠們便會得到一根棒棒糖吃，那些鄉親也表示歡迎她來，當然更喜歡她分送的小禮物，只有我是真情的，渴望著她來，盼著她常常能來，或者永遠不要再返回城裡，因為她來了我感到溫暖，感到安全，每當她離去後幾天，我便會神不守舍，病懨懨的好幾天，才能再度恢復正常；人們不懂得我這種情感，他們總以為我老了，懶了。可是我在路口等到她來的時間，漸漸少起來，我不知道她和主人之間有些什麼不愉快，但是牧場的腐敗情況和雜類人等往來的增多，也確實使她減少來牧場的興趣。

競選市議員失敗破產的王某，帶著大小七人，從城裡搬到牧場，佔據一間最寬敞的農舍，據說他是牧場股東之一，但是他的股金雖只交了三分之一，在居住牧場以後，便搭起老板的架子，對於老鄉親們，則呼奴喝婢似的任意使用，老板娘則把牧場的一草一木都認為己有，他的孩子們，追打羊群，踐踏菜畦，和虐待我的兒子們，似都成了「權利」之一。老鄉親們向主人抗議，主人向大家好言解說，否則引起爭吵，尤其牧場每日的伙食費必需現金開支，向王討還應交的股金時，更使王某不滿，竟以牧場管理不善，浪費，使用私人，（他明知老鄉親們是沒有工資，只支取零用金的），拒絕交付其餘股金，如建議他退股呢？他則揚言，這個牧場的租用權利，他將會運用「地方勢力」取而代之，將不費一文錢，永遠住下去……。自從這位霸王來後，牧場中沒有一日不爭吵，老鄉親們也不滿意只取零用金的待遇，而要求領取固定工資，可是原有的資金，除置辦生財，搭蓋農舍羊欄，就要維持每日生活費用，而羊奶的營業額又入不敷出，那兒來的錢，支付每人十元以上的工資？於是，他們怠工了，他們忘了友情重於金錢，草不割，羊欄不做清潔，使羊兒們害病，死亡連續，雞鴨也會失踪，有的竟因為寡婦毀約不嫁而遷怒到主人身上，有的則是狂賭輸了錢，而向主人逼取金錢……主人灰心了，這就是現實社會的人情嗎？因為指責他們不仁不義，又大起爭吵……另一位老板，受了王某的挑撥，也來譴責主人對牧場的經營不善，人為的失敗……自此牧場失去寧靜和欣欣向榮的景象。我和兒子們也失去了歡樂，更可悲的是小黃和小虎相繼失踪，兩天之內我失去了兩個可愛的孩子，我相信除非有人帶牠們離開產金路這個區域，否則牠們自己不會走失，假如是死了會找到屍體，但是，我跟主人日夜呼喊，找遍附近每個角落，毫無蹤跡，後來，我猜測，一定是被那些無義的人，為了向主人報復，而不惜殘害他心愛的動物，誘騙牠們到別處去了，也許他們還發了一筆狗財，因為牠們比他們是那麼有人性啊！

牧場結束，主人和我帶著唯一的兒子小咖啡，又回到城裡。

* * *

懶懶的，對一切都不感興趣，主人記得給我吃時，我就隨便吃一點，食量是縮少到只有維持活力的程度，否則，我便捲臥在沙發上，沒人打攪我，我是可從早上睡到晚上，有時主人出外，疏忽的把我鎖閉在屋裡時，我便整日不食不動等到他夜晚歸來，我老了嗎？按年齡計算，從我出生到和主人他們相聚及分離的許多日子裡，前後也不過五、六年的光景，怎麼我就會老到如此不中用了呢？跑、跳的精神早已離我而去，就是「散步」的舉動，彷彿也不復記憶了似的——自從搬回城裡以後，這個家更空了，主人很少留在屋裡，如果有，也是當他喝醉了回來，呼呼大睡時，關於散步的節目，他和我都已沒有興緻，就是在這個小庭院中跑跑，我也是懶於舉步，頂多是在葡萄架下，我伏在那些未掃的枯葉子上晒晒太陽而已。安阿姨很少來，即使來，也是來去匆匆，往日她帶來的那種歡樂氣氛，不知到何處去了？小黃和小虎的失踪，很使她痛心，她常常看著從前給牠們拍的那些照片流淚，幻想著過去那些歡樂的時間，痛惜牠們如今下落不明，身遭不幸，也許對「人」的傷情，更使她痛心！渺茫無望的愛情前途，惟有「死」，才能打開那個「結」，但是，等待到何時？

永遠等待嗎？而等待的那個愛，會有那麼堅實？值得信託嗎？而他所表現的又是再再使她失望，她是否要給自己找一個出路呢？我想「人的事情」就是如此的了！她來僅是來「看看」他，看看我，在這個四壁皆空的「家」裡——隨時準備被侵襲的「家」中；能使她留戀什麼？人到中年，仍然像飄萍像遊魂一樣，沒有給她保護，她犧牲越多，越能顯示出對方的自私，就算她粉身碎骨都為了愛，也不過是一個大傻瓜，所謂忠貞不渝，只有使得自己滿身創痕變成孤魂野鬼而已！我想她是變聰明了？但在我本身感到的，卻是加倍的淒慘，她不再像從前那麼關心我，主人連我的飲食也懶於照顧，兩個兒子失踪，加上小咖啡又因肺炎夭折（城市裡的空氣污染煤氣把牠害死了），老年遭喪子之痛，又失却「人情」之溫暖，怎能不使我驟然「老」起來？

我拒絕與外界來往；人的世界都很忙碌，為了生活奔波，無法坐下來靜靜的談談，所以來主人家的「人」很少，因此看家守門的職責，也用不著我去擔負，狗的世界，是追逐奔跑，無味的吵吵嚷嚷，一向我厭惡這一套，因此，我是足不出戶，便遠離同流合污，可是，每天，我獨自一個，在沙發上睡，在院子裡蹣跚徘徊，從破曉睜開眼起，望到天空再一次被黑暗籠罩，無聲無息，感覺這世界真死了，這樣的度過時間有什麼意義？感覺到自己，已經不再屬於任何人，也不屬於任何世界……

有一天，苔莉走出了那個家門，一去不歸，牠去了那裡？當她在另一個世界裡，知道安阿姨在「莫須有」的罪名下，被判十四年的冤獄時，以一隻狗的愛心，她也會痛哭吧！啊！我的苔莉！她懷著我的愛，懷著對我的瞭解，懷著對人類的失望，她終於放棄了那個破碎的家，走出去……

忍受另一種被冤誣的無望的歲月，是不是比較接受不忠實的愛情更難於忍受？當我細嚼狗女苔莉的這些記述時，不禁熱淚滂沱！

中華漢聲劇團

漢聲資料

中華漢聲劇團於一九八四年五月，是由青年戲劇工作者李玉琥在從事戲劇工作十年後，結合一批熱愛戲劇藝術的，並且有志而具造詣的前輩影視演員組成的。作家林海音，朱秀娟，廣播前輩崔小萍，以及曾永義教授，李殿魁教授，邵玉珍教授，都參與顧問諮詢，訂定以中國人演自己的文學作品為標的，在古典和近代的文學作品中尋找題材，提昇社會的文化氣息與素養。

於一九八五年五月十四日，在台北市國軍文藝活動中心，創團首演王藍先生的作品《藍與黑》。王藍筆下的人物描寫突出，而對日抗戰年代悲歡離合的故事曲折動人，在這部戲裡，寫的不只是個人的戀愛故事，還有感人的民族情，國家愛，由崔小萍導演，葉雯，林在培，魏甦，錢璐，孟元，顧寶明，劉引商……等人演出。《藍與黑》小說暢銷，在開演前票券售罄。但最後一場，卻遭無名祝融而被迫停演，為答謝觀眾熱情支持，於同年十月二十四日起，在台北市立社教館再度演出《藍與黑》，同樣是場場滿座。

有一篇文章如此介紹《藍與黑》：

抗日報國，與烽火戀情──《藍與黑》

王藍的長篇小說《藍與黑》，是五十年代反共懷鄉文章中的代表作，被稱為四大抗戰小說，是影響台灣最為深遠的書籍之一，全書達四十二萬字，於一九五八年由作者自創的「紅藍社」出版，同年獲教育部文藝獎，一九七七年改由「純文學」出版社出書，發行量近萬本，本書風行四十年，不斷有人評介討論，並改編為電視劇，廣播劇，話劇，又由邵氏電影公司拍成電影，在國片中聲譽最高。（文訊雜誌，王步春提供。）

我很感謝李玉琥先生，在我一九六八年因被冤誣政治案件，在「白色恐怖」時期，冤獄十年之後，他邀請我參加「漢聲劇團」，並擔任導演。他不理有心人的「建言」，應跟我「劃清界線」，以免有不良後果。《藍與黑》該書，曾在五十年代，我擔任中廣公司導播時，在我製作的「小說選播」節目內播演，動員眾多演播員助陣。我和王藍先生友誼也很好，曾組團去菲律賓講學。

李玉琥先生是個熱情而負責的青年，《藍》劇被無名火毀壞，第一次演出時，「所有」，都被燒毀，演員個人的損失，他都負責賠償，但是「國軍文藝活動中心」未有隻字的解釋。那天，女演員葉雯在後台休息，未跟隨我們在外吃晚餐，差一點被燒死。憶起當年那陣「無名火」，大家沒卸妝，流著淚，站在對面的馬路上，望著濃煙大火從「中心」的屋頂上冒出來……那是該年，第一個「大戲」，在台灣舞台上演出，當年的副總統李登輝先生，在帶領國防部官兵弟兄，在失火前的「午場」勞軍演出。不幸……

漢聲資料

一九八六年，影視界盛行「佳人殃國」之風，劇團成員有感於中華民國五千年的歷史，除了紅顏禍水之外，仍有不少值得稱道的「中國烈女」，因此請貢敏先生寫了一個現代劇《蝴蝶蘭》，來隱喻中國傳統女性，在儒家思想薰陶下，培育出來那種內柔外剛，堅毅果敢的個性。

這個戲的導演是請電影界知名的製片家，電影導演張英先生擔任，我在該劇中飾演大家長「老奶奶」一個角色。

漢聲資料

《釵頭鳳》，於一九八六年，請崔小萍導演，貢敏編劇，邀請宗華、葉雯、鄒森、張冰玉、陳又新、常楓、劉引商擔任演員，更邀請徐露、朱陸豪兩位京劇好手擔任身段指導，翁文煒、林景如的服裝設計與製作，國樂家音樂設計，聲樂家成明男聲獨唱……透過戲劇展現古典文學的精緻。

該劇，我曾根據前人所寫舞台劇改編為廣播劇，並且台灣銀行業餘劇團，也曾演出舞台劇，由我導演，在廣播劇中的主題曲，是由中廣公司音樂組楊秉忠先生作曲。

陸游和唐琬二人的一首《釵頭鳳》詞，悲淒感人。因為陸母相信命運，硬把一對恩愛的夫妻拆散，使陸游飲恨終身，但他是個孝子，又不可違母命，不得已使唐琬另嫁他人。陸游八十幾歲時，還追憶友人花園中，偶見唐琬一面的情景，也就是有情人最後一面。多少恨、愛、悔都在《釵頭鳳》這幾首詞中表現出來。

紅酥手，黃藤酒，滿城春色宮牆柳，東風惡，歡情薄，一懷愁緒幾年離索。錯，錯，錯。
春如舊，人空瘦，淚痕紅浥鮫綃透，桃花落，閑池閣，山盟雖在錦書難託。莫，莫，莫。
世情薄，人情惡，雨送黃昏花易落，曉風乾，淚痕殘，欲箋心事獨倚斜欄。難，難，難。
人成名，今非昨，病魂常似秋千索，角聲寒，夜闌珊，怕人尋問咽淚妝歡。瞞，瞞，瞞。

陸游一生官運不佳，憂鬱終年，他曾寫一對聯給友人：

道義無今古，功名有是非。

在演出特刊中，導演的話，除了舊話重提，從前我和《釵頭鳳》詞與劇的關係外，我現在記下，當年我寫的最後幾句話：

年青的人，老了，事過境遷，沈園內已不飛花了；我，重負重擔，無限感慨，隨著時光的「變換」，髮未飄霜，齒老未搖，對舞台劇藝術的熱愛，不減當年！

唉！在整理《釵頭鳳》記錄時，已距離一九八六年——至今二〇〇九年，本人已齒搖髮似雪了！該劇在當年，台灣的南北兩城，突起一陣話劇熱風！當然票房很好，李玉琥第一次製作舞台劇沒賠錢！

陸游——宗華擔任；唐琬——葉雯擔任；陸母——張冰玉擔任；其他角色都是許多名演員擔任，舞台工作人員大多是藝專，國光教的學生們做後衛，他們也高興得此工作機會雖然報酬不多但得到的舞台知識比金錢更多。

漢聲資料

以歷史故事寫成戲劇，是中國歷史上很重要的一節，一九八八年十二月，「蘭兒，慈禧」，嘗試卸下慈禧在一般人心目中的面具，從另一個角度來看，主題從慈禧入宮前到入宮後的心理改變，刻劃人性衝突和矛盾的性格，還給慈禧一個平凡人的面目。「蘭兒，慈禧」，由名演員自導自演擔綱文案，慈禧由陳麗麗擔任，音樂家黃石音樂設計與製作。

宗華，是個好演員，是最早邵氏電影公司的明星。陳麗麗小姐，當年美麗，有演技，又名「小王爺」，可惜嗜酒成性，危害到健康，後又中風，毀壞了一個好女孩。

漢聲資料

沈復所記的《浮生六記》，我們看到「芸娘」，是位懂得生活情趣而心胸善良的妻子，也是林語堂心目中最可愛的女性。總策劃朱秀娟希望觀眾在觀賞之後，能瞭解成就這段夫妻的生活原因，尊重彼此間的「知禮」，「守禮」是重要的課題。《浮生六記》，在一九九〇年十月演出。貢敏編劇，王波影導演，李殿魁文學指導，黃石音樂設計，孟振中舞台設計。

《浮》劇由李玉琥，葉雯主演。那年，我剛從美國旅遊回來，有幸看到演出。年輕時，曾讀過《浮生六記》（事隔多年已不記得是哪六記？），總是寫出他們夫妻之間的「愛」，在生活中尋找出樂趣，雖然遭到族人們的閑話，也不顧及。

李玉琥先生過去是中國電視公司的名小生，在舞台上的演出仍未減當年的風采。

漢聲資料

一九九三年，再次推出時裝劇《明天之後》。該劇榮獲一九九二年文建會舞台劇創作獎，作者李舒亭小姐是國立藝術學院碩士班的學生。作者在《明天之後》劇中，試圖刻劃家庭成員間，是以為原本用愛和關懷相處的，但卻因表達的方式不正確，反而造成彼此間的傷害的人際間微妙的心理。同時也涉及同性戀的敏感話題。該劇由崔小萍導演，孟振中舞台設計，傅雷，劉秀雯，馬惠珍，邱心志，王學誠共同演出。

《明天之後》，這個四幕戲，一個「景」，包括了老爸的書房，老媽的廚房，兒子的臥房，女兒的「客房」。一個戲，一個家庭，父母子女四個人物，還加一個「同性戀者」的大男生。一個家庭裡的小族群，各有各人的想法，生活的習性也不同，連吃早飯也不在一起，各人有不同的外在生活環境，當然，雖然在一個屋頂下，卻是各人過著個人的生活。在舞台上由四個人物，加一個同性戀的大學生，卻要演給觀眾看兩個多鐘頭，給他們帶回去的是什麼「餘波」？還是以為，這就是現代家庭的應有現象？

李玉琥先生，把這個「小」戲，交給我來導演，「戲」雖「小」，但是運用的腦筋卻不少。在最後將閉幕之前，我將他們父、母、子、女各安排在四個孤島上：

父親——傅雷擔任，他還在書房內思索：「人」，是個奇怪的動物。

母親——劉秀雯擔任，她在祈求神，如何拯救這個小家庭的大問題

女兒——馬惠珍擔任，正在幻想她如何成為「大」明星。

兒子——邱心志擔任，他正抱著雙臂，似乎憤世不平。

我不知觀眾如何想，他們是在那個島上生活？傅雷去教「表演訓練」了；劉秀雯加入了台語電視劇組，很賺錢；邱心志一表人才，跑到對岸中國大陸發展；馬惠珍也參加台語電視劇演播；那位大學生王學誠跑到哪兒去了？還是去國外留學了？一台戲，在排演場，在劇場，我和演員們研究演技，和舞台工作人員聊天……一台戲，演完了，我和這些朋友們都沒來往，有的人還知道我還「存在」。

但是，李玉琥和我的友情，卻十幾年來如一日，我們還繼續在戲劇藝術的道路摸索前進。更因為他曾主持過「美食節目」，不時請「宅急便」寄些他的烹調傑作給我。他常附一菜單說明，什麼菜應該熱吃，還是涼吃……等等說明，否則，我這個白髮老阿婆會弄不清楚如何消受呢！真是感激他的善心，他在眾兄弟中屬最「小」，非常孝順老爸和老媽。他的夫人娜君，也極盡孝道。我們朋友間，習以「小琥」稱呼李玉琥。李玉琥先生熱愛舞台藝術，也積極投入台灣人、事、時、地、物的影像紀錄工作，多部作品獲得美國休士頓、芝加哥……等國際影展獎項的肯定，讓他更醉心浸淫在用戲劇、影像和觀賞者對話，並藉此傳達對台灣的關愛。

最後，我還要再記「我們最後一場戲」，那是真正的「大賠錢」！

漢聲資料

一九九四年，劇團成立十週年，顧問林海音女士建議，擴大文學創作地域觀念，推薦演出大陸文學作家老舍原著，梅阡編劇的《駱駝祥子》——它有各種版本，譯本多達三十多個文種，話劇、舞劇、地方戲、電影，更是歷歷在目。這些成果使《駱駝祥子》走出北京，擴散到世界各地，我們這次的演出，也彌補了台灣這塊空白，北京人民藝術學院的名演員李翔（曾於一九八〇年再度演出「祥子」這個角色）這次受邀來台演出劇中人虎妞的父親「劉四爺」，其他演員有飾演虎妞的馬之秦，李天柱飾演祥子，其他演員有樊光耀，雷威遠，王瑞，余繼孔，李維，董文汾……等國內著名演員，崔小萍導演。

戲劇或不為教化而生，但多具有教化功用；因希望秉持戲劇與文學相結合，讓閱聽大眾看到的是「舊」中國人的面貌，聽到中國人的心聲，感受到的是中國人的心聲，感受到一點以中國人為榮的情懷。

林海音女士和老舍的兒子舒乙先生（他現任中國文學院副理）聯絡，取得老舍《駱駝祥子》的原著版權，李玉琥先生又去北京，與梅阡先生面會，取得改編舞台劇，並付出美金一千元的演出權，更約請前飾祥子的李翔先生來台演出劉四爺，除了付出各自美金千元的報酬外，尚包括接送舒乙與李翔的一切費用，李先生付出很鉅。舒乙並在台灣行文學講座，介紹、研究他父親老舍的文學作品，當然不只是《駱駝祥子》一書。老舍原名舒舍予（希望沒記錯？），在我孩童時就看過他的小說，另外還看過矛盾、巴金的作品。在一九六八年，我被誣告為「政治叛亂犯」時白色恐怖時期，這些書都被軍事法庭認定是宣傳「共匪」的毒素而定罪。海峽兩岸，多少年來的政治鬥爭之火仍然不息，老舍在大陸「文革」時，為維護「人的尊嚴」，投湖自殺。

中華漢聲劇團，邀請台灣的著名演員，及大專校戲劇系的同學們完成這次的大演出；但是，中國大陸的中國人，無論是政治、文藝、戲劇……他們都有一種「優越感」，認為在這個小島上，做不出偉大的事業。但他們不認為，我們多少文學、戲劇、音樂……在半個世紀之前，我們的努力埋下藝術的種子。為什麼我要寫出這些話，因為來者「貴賓」認為我們劇團不會有好成績超過五六十年前「人藝」那些演員的「好」戲。但他們不瞭解我們都曾學習過現代戲劇、文學的新思想的知識呢？「傲慢」，不是熱情的藝術工作者的態度，我們，還是熱烈的歡迎他們參加我們這次的演出。

中華漢聲劇團，在台灣演出《駱駝祥子》舞台劇，應該說是很大膽。因為現代的台灣觀眾，很難想像出「駱駝」和「祥子」有什麼關係。劇情中，沒有詳細的描述：「祥子」是一個拉洋車（人力車），混飯吃的青年，那時代軍閥割據，大兵搶去了他的車，他就拉了他們三匹駱駝走人，於是在窮困的同行族群，就稱他是「駱駝祥子」。駱駝脖子上的鈴聲，一步一搖，聽起來是很富詩意的，在無垠的大漠中，「駱駝」是主要的交通工具，在林海音的《城南舊事》書中，對於「駝隊」、「駝鈴」都有很細緻的描述。

在演出特刊，〈導演的話〉一文中，我也有簡單的說明。該劇在一九九四年公演時，台灣人民的失業率還不算太高，餓飯的人還少，還有閑情逸緻的到劇場去觀賞舞台上那些劇中人物生離死別，冷眼觀看他們的困苦生活。那時，為生活困苦自殺的人還不多。這個戲，李玉琥卻是賠上了大把的台幣，十年苦撐，總不算是「白忙」，使台灣的舞台劇爆出了希望的火花！

導演的話——崔小萍

親愛的各位觀眾朋友們：您好？特別問候您。歡迎您來到國家劇院，再次欣賞中華漢聲劇團所貢獻給您的《駱駝祥子》舞台劇。自從十年前演出《藍與黑》後至今，您和中華漢聲已建立了深厚的藝術情感，我也從導演《藍》劇、《釵頭鳳》、《明天之後》，到今天，再以《駱駝祥子》跟您見面。

《駱》劇，是根據名作家老舍先生，名揚世界各國的著名小說改編的。老舍先生在中共「文革」時期，遭到迫害，他為維護尊嚴不受侮辱，而投湖自盡。我們演出《駱》劇為了懷念他，也是再次如何表現戲劇藝術與文學的結合，更是兩岸戲劇藝術人員的首次合作。

也許，在您看到舞台上這一群「中國人」，在過去民國十五、十六年間，正值外有帝國主義的侵害，內有軍閥割據，內戰頻頻時，他們貧窮，饑苦，病弱，為了生活以拉洋車（我們現在稱人力車）而賣命，奔波終日而不能得一飽的情況，似乎是不能相信的事實。因為他們與我們現在生活在台灣的人，距離太遠了，雖然遠，但不能否認他們曾存在過。因他們是歷史的鏡子，在舞台上的每一個角色，和我們都有著濃濃的血緣關係，您能對他們的悲歡，無動於衷嗎？但我們在舞台上，在僅僅的兩個多小時的「戲」裡，在八十三年的台灣，不可能「確實」

的找回他們在「老北京」的一切生活「真相」，我們只能根據梅阡先生改編的劇本，重現當年老舍心目中，下層社會裡一群人民的點點滴滴。再說「戲劇藝術」不是小說，原始的真實更不是藝術，雖說藝術產自實際生活，可是小說變成了戲，就會產生更新的觀點和見解。過去那個時代的背景，那些人物的生活，以舞台技術來表現，也只有與「老北京」大同小異了。絕對的「真」，是無法可能的，也只是「像真」而已。可是我們把握住《駱駝祥子》是個悲劇，在嬉笑中有眼淚，是個「人性」的悲劇，更是中國人的悲劇，老舍先生以悲天憫人的心懷，以筆觸那群下層社會人民的真實生活，真是字字血淚，我們能在舞台上表現的一切，也僅是他書中部份的鳳毛麟角罷了。

我導演戲，不喜歡在這兒寫些「導演理論」，「表演藝術」的「大」話來「蓋」您，例如什麼「悲劇中的喜劇宣洩」啦，心理寫實表演體系啦，還有什麼「寫實」或自然主義，以及什麼傳統非傳統等等，我是希望您看完「駱」劇後，引起您「想」些什麼？現在的，或是從前的……

屬於中華漢聲劇團的我們，願意永遠跟您在一塊兒。謝謝您。另外，我也感謝「北京人藝」的名演員李翔先生，飄洋過海為我們的演出做藝術指導，同時參加我們這次的演出，更感謝老舍先生的兒子舒乙先生，對他父親的作品、作風，做了許多詳盡的敘述，也介紹幾十年前北京「人藝」演出《駱駝祥子》的情況，使我們對《駱》書有進一步的認識及瞭解。當我童年時，曾看過老舍先生的許多著作，曾是個小說迷……如今，離開那個時代，已有五六十年了……

演出的話——李玉琥

能將中國唯一贏得諾貝爾文學青睞的近代文學大師老舍鉅作《駱駝祥子》，在台灣四十多年的禁書，排除萬難在國內演出，搬上國家劇院的舞台，宿願以償，有種美夢成真的喜悅。

人生如戲，戲如人生，戲劇是人生的縮影，生命的指標，好的戲能豐富我們的生活內涵，有感於戲劇藝術日漸荒蕪，毅然於民國七十四年成立「中華漢聲劇團」，讓戲劇與文學相結合，無非希望能透過息息相通的文學作品，達到教化社會和啟迪人心的功能，從平面到立體的呈現，看到是中國人的面貌，聽到是中國人的心聲，感受到一點以做中國人為榮的情懷，提升社會的文化氣息與演員的素養。

從《藍與黑》、《蝴蝶蘭》、《釵頭鳳》、《蘭兒慈禧》、《浮生六記》、《明天之後》，到《駱駝祥子》，十年間的養成，意義非凡。中華漢聲劇團為一民間劇團，背負著演出經費的壓力，從牙牙學語到邁開腳步，我們的奢求，不再只是單點或巡迴演出，而是希望能發揮更多元化的效益。

今年，特殊的因緣際會難能可貴的結合了許多兩岸的專家學者，落實於文學與戲劇的互動，藉以提升社會的文化水準，而今從古典文學作品，現代文學作品，到跨越兩岸的大陸文學作品，我們非生長在那個環境，卻讓我們嘗試走過那個充滿悲情苦味的時代背景，對於參與幕後工作的人員與演員，無異是最大的挑戰。

《駱駝祥子》是銜接兩岸文學斷層劃時代的演出，其中的精彩好戲即將呈現在您眼前，聽到鑼聲，看到幕啟……

在那個貧窮無奈的大時代環境中的人們，生息互動的是什麼？《駱》劇帶給觀眾的省思又是什麼？可以肯定的是《駱駝祥子》是讓您看完之後，午夜夢迴，縈繞在您腦中揮之不去的影子，值得深思、探討。

感謝大家多年來對中華漢聲劇團的愛護與支持，期望《駱駝祥子》的演出，能夠激勵國內舞台劇的演藝水準，帶來新的氣象，「駱」劇是中華漢聲劇團成立十年所跨出的一大步，盼望各界給予更大的重視與更多的鼓勵。

《駱駝祥子》演員表（依出場序）

虎　妞：馬之秦
鐵　蛋：雷威遠
小順子：樊光耀
老　馬：余繼孔
劉四爺：李　翔
二強子：王　瑞
小福子：董文汾

二強嫂：杜素真
祥　子：李天柱
高　媽：馬惠珍
曹先生：李玉琥
孫　三：李　維
馮二苓：丁　仲

綜觀各位演員的學經歷：國立藝專、世界新專、政戰戲劇系、國光藝校、電視劇及電影資深有名演員，在這一台戲的燈光下，真可謂是一場演技大賽。尤其是丁仲先生，在喜劇中透著幽默，把一個「小人物」，應付有錢老板的盛氣凌人的態度，笑裡含淚，他是演員中年歲最「大」的一位。

舞台上的一台戲，也是我們人生中的一首插曲，喜怒哀樂，有淚有笑，最後在人生的舞台上走完一次「台步」，說完最後一句台詞，「走了」，走下了這個演出人生悲喜劇的舞台。《駱駝祥子》是中華漢聲劇團演出的最後一台戲。

好友林海音，著名女作家，因病已逝。女主角葉雯，在演《藍與黑》後台，沒被大火燒死，卻在中年後，投海自殺，不忍因病痛拖累親友而自毀生命。

舞台設計，燈光設計，《駱》劇是民國十五、十六年，中國人在中國窮苦生涯的悲劇；孟振中先生，卻選用抽象的設計，不失中國境遇中所居住的窮境。他是國立藝專校的老師，可惜因癌症英年早逝，他是美國紐約市立大學戲劇研究所藝術碩士。

音樂家黃石編曲，他的作品很多，得獎也很多，但是他的生活卻不因他是位充滿榮譽的音樂家，而在他個人的生活中享受「優裕」。

做宣傳的孟繁美——小個子，都叫她「小孟」，國立藝專畢業，負責宣傳，文筆很好，專門為別人負責「寫書」，但是卻寫不出自己幸福快樂的歌曲。

演完這一台戲，好幾位摯友遠去天國。幸運的，我——崔小萍還健在，還能把這最後一台戲，做一篇記述。

走過廣播的歲月

——講古，廣播劇之昔今

不記得是哪一天，又在古紙堆裡發現一篇文章，也沒署名記者是誰，好像是一篇特別報導。有我的一幅大頭照，當年臉上掛著眼鏡，滿頭黑髮，好像滿青春。這篇稿件的採訪是：2 Special Reports !!

「經典劇場」——（大鑼一聲）「崔小萍導演……」這是廣播劇前奏。哎？奇怪呀，從前中廣公司的廣播劇變啦？廣播劇的老朋友們還在驚訝，崔小萍導演還活著嗎？各位老朋友們，年頭變啦，崔小萍，在《芳華再現》之後，又回來啦！

是的，老牌廣播劇編導，在十年冤獄之後，「活」著回來啦，但是幾十年的歲月流失，我的老「知音」，老聽眾，老觀眾朋友們，在世的已很少，年輕的這一代已對「崔氏」其人茫然不知，現代的人，對「過去」的人，留些什麼智慧財產是很少感謝的，但我感謝2 Special Reports。中廣公司在三十幾年後，請我回「中廣」再做節目，名為「芳華再現」的訪問，我寫了這篇文章，在這篇文章中有好幾張我在公司工作時，和許多「老」「小」朋友們的照片，照片中有配音員李林，和錄音員唐翔——他倆已走向另一個世界，已無法和我這個白髮老阿嬤合作了。

寫「歷史」，都得從頭說起：

講古，就得說「從前」，不得不說過去——崔小萍所帶領的廣播劇團，曾從民國四十一年到五十七年，經過了十六年的黃金歲月，約製導了七百多部廣播劇，當那位姓崔的導演，在五十七年，被兩個「黑手」抓走以後，從此在廣播網上消失「聲」、「影」；那時候，被稱為「白色恐怖」時期。白色，本象徵純潔，但因為「恐怖」，誰敢問崔某人是死？是活？隔了三十多年以後，中廣公司現任總經理李慶平先生，主辦了一個「芳華再現」的茶會，邀請崔小萍再在中廣頻道上製作廣播劇節目。於是定名為「經典劇場」再現「廣播劇藝術」的芳華；所以崔小萍導演的名聲，又在廣播網上再現——這是事實。

廣電人月刊邀我寫「廣播劇的歷史」，在二〇〇〇年，將進入二十一世紀前，做一個「回顧」，如此說，就是台語所謂的講古啦！那不得不從頭說起，主編說：「字數不限，稿費無多。」

一九四七年，我隨「上海觀眾演出公司」來台巡迴演出。這個公司的成員都是「戲劇專科學校」前後畢業的同學所組成。我在學校是專門研究「表演藝術」的，因此，我能在台北中山堂演出的舞台劇中，都是擔任女主角，而且很轟動。那時「國語」並不通行，但是戲劇的故事，沒有語言的分隔，觀眾都能看得懂。日本人佔據台灣五十年，日語、日文，一般台灣同胞都會，所以，我們在當年的「說明書」上，還印了日文翻譯。《岳飛》一劇，就是用日文說明的。

在一九五二年，中廣的節目主任邱楠先生訪美歸來，計劃開創一個「廣播」的戲劇節目，他正式邀請我參加中廣公司擔任導播，廣播劇導演，後來又開創了立體聲的「小說選播節目」，當年的總經理是曾做過美國大使的董顯光先生（希望我沒記錯），我永遠感謝邱楠先生，他使我這個「小女子」，能在廣播網上，有機會發揮我的專長，支持，我不忌諱別人對我這個「空降人」的攻擊（意思是不從最低層工作人員升上來的人員），就因為他的慧眼，加上他為廣播節目「千年」計畫，首先建樹了廣播網永垂不逝的聲訊。在一九五三年，中廣正式成立中廣廣播劇團，招考了不少的「英才」。在他去世的那一年，我已度完近十年冤獄獲得自由，我去殯儀館看他，我對著躺在棺木中的他說：「邱先生，我回來了，謝謝您的栽培，我終生感激。」我深深向他一鞠躬。一些在座的中廣同事們，沒有人跟我打招呼，崔導演，在他們「恐懼」的心裡，早已逝去。

在我任職中廣公司之前，也有所謂廣播劇，那是用舞台劇本，加上敘述劇情、場景、人物，不注重聲效及音樂，是現場演播。我剛到中廣時，也有一個短時期是現場演播，但我的劇作，增加了報幕劇中人和擔任「演員」的介紹，加上「聲效」，也有「橋樂」的分場。演和導都在發音室一起工作。臨時指揮控制室的機務員加放聲效、音樂——廣播效果如何，已經隨著音波，電波在空中了——但是所有的工作人員都已滿身大汗，就如兵士攻下了一個城堡似的。我編導的第一個廣播劇就是如此播出的，劇名是《重逢》。劇中許多聲效，因為沒有錄音，所以沒有錄音帶留下來。第二個階段有了所謂「網絲」錄音，（我不懂工程）是一位前輩機務員來控制，他姓「徐」，因為「少年白」，我們稱他是「老白毛」。後來有了磁帶錄音，導演工作就方便多了。等到一九五三年，成立「廣播劇團」，「廣播劇的藝術」才算是上了軌道。

最原始的創作者，有中廣編纂組長趙之誠先生，他是「川」人，但懂得「京」劇。他以後所寫的《趙氏孤兒》、《雙槐樹》等，都是重播多次的劇目。劉非烈先生，最早寫大陸人和台灣同胞通婚的劇本《千里姻緣》。我曾在蔣中正總統第三次連任，中廣和日本的NHK合作試驗電視轉播，我把該劇改編成電視劇，在台灣製片廠的舞台上演出——李影先生、儀銘、白銀、阿娟（第二廣播播音員），就是當年的演員。劉先生寫的喜劇都獲得聽眾的喜愛，他不幸因骨癌，在一九五八年於台大醫院逝世，他是個孝子，死前掛念他滯留香港的老母。另外一位是朱白水先生，他是用另一種文筆，寫出一些小市民的悲歡離合。應該說是廣播藝術的傳揚，起始於趙、劉、朱、崔。在音樂配音方面，是由音樂組的李林先生擔任，這位「元老」也是應該感謝的。他跟著我學做「戲劇音樂」的配音，直到廣播劇團人散團散（我被請去坐牢了），他轉入中國電視公司配音，聲名更是一流。幾個跟我做錄音工作的機務員，也進入「中視」擔任影、音的指導。

我是專學戲劇藝術的，在編導方面都受過基本的學識，我專攻表演藝術，因此把表演的基本訓練課程，如聲音表情、情緒記憶、經過心理過程培養情緒、用不同聲音表達情緒變化……等等，專用於廣播劇演員的訓練。一般的廣播員，只會播報普通的稿件及新聞，但是不會演播空中劇場裡的「劇中人」。我這種「日新月移」的訓練對他們很有用處。有關劇詞中的讀詞、用字，都以音色表現人物個性的不同等等，他們都會分辨的很清楚。有幾位日後都做了「主持人」，成了演播明星。如白茜如的「九三俱樂部」、白銀的「兒童節目」、徐謙也成了電視台聲音訓練的老師。歐陽天、趙雅君是「美國之音」（VOA）的導播。一女中畢業的洪小如、台大外文系畢業的張翔，都是美國紐約哥倫比亞大學亞洲語文系的教授。董桓是國際新聞的名播報員，藝專受業的學生尹傳興，以後也任職中廣公司，並曾獲得廣播金鐘獎的「導播獎」。馬國光（名散文作家）也在中廣主持「早晨的公園」，也做過藝專的廣電科主任……

有關廣播劇本的徵求，是有一個編劇小組，大多由我寫名單推薦，分別邀約：如張永祥、趙琦彬、宋項如、黃家燕……當他們還在「政戰學校」時，已是長期編劇小組的成員，我們也邀請舞台劇名編劇丁衣、高前、名作家林海音女士、徐薏蘭、名記者姚鳳盤先生，他們都為中廣寫過廣播劇劇本。

從前，我曾執教於政戰戲劇系、世界新聞專科學校、藝術專科學校、台北第一女子中學，還結識國語實小的一些聰明的孩子們，所以，我編導演的資源豐富。其他廣播電台的名播音員來參加演播，例如當年康樂競爭金像獎演員孫越（現在是基督教有名的佈道家，人稱孫叔叔）、名相聲家魏龍豪（已逝），還有些「社會賢達」熱愛廣播劇，經過國語文及表演的天賦能力以後，也是「免費」演播共襄盛舉。回憶那時，也真是熱鬧，真是人無分老幼，地無分南北，正如一家人那麼親愛。當時中廣分第一部份是國語發音，第二部份是閩南語發音，這部份的組長是陳小潭先生主持。他是閩南人，但都是世傳京劇名票。他導演閩南語廣播劇——一個劇本兩部份播演，兩個「小」字輩的人物——「小萍」、「小潭」都為中廣爭光不少。遺憾的一件事，是當年的《中廣廣播年鑑》上竟沒有我的名字，及我過去為中廣公司得來的輝煌的廣播年月，倒是「後來者」津津樂道「他們」對廣播劇的貢獻，但在中廣每週「廣播通訊」裡都記載明確我十六年來，每週所編導演的廣播劇及轟動一時的「小說選播」節目——《紅樓夢》（清，曹雪芹著名小說），錄製半年，播出了也近半年，曾請「紅學」專家胡適先生擔任顧問。我導播的這個節目，曾使許多有名作家更揚名海內外，銷書倍增。如王藍的《藍與黑》、女作家瓊瑤的許多作品。

「講古」到此段，發現字數不少了，免叫主編頭痛，遵囑把當年那些「英才」們，廣播劇的主將們的名字寫下來，戲稱「崔家班」的弟子們：劉華、劉引商、劉明、蔡慧華、江明、岱明、陸廣浩、馮海、鹿瑜、宋屏、張敦志、尹傳興、李中利、郎麗□、孟繁美、馬國光、鐵夢秋、于恆、歐陽天、平振剛……

廣播劇團成立以後，錄取的播音員：趙剛、樂林、徐謙、白茜如、白銀、王勻、李明、張翔、周金釗……

王玫、毛威、張瑪莉是資深播音員，從友台來的有趙雅君，由南部分台來的有張凡、沈宏毅、包國良……

廣播從古到今能存在，說了這麼多的點點滴滴，都是由於廣播劇聽眾的支持。當年生活困苦但沒有燒殺搶掠，治安很好，大家都能安貧樂道，敬業為儉。每星期日晚上八時，收聽全國聯播的廣播劇演播，是全家的娛樂和安慰。所以說，「聽廣播劇的孩子不會學壞。」我曾聽見一位現代的年輕人，很輕蔑的說：「廣播劇是落伍的東西，誰喜歡去聽？」

我要告訴他：廣播的藝術永遠不會落伍，永遠會借助聲波、電波傳揚到無限。當然希望「經典劇場」，能有經費繼續製播，不是趁機做廣告，請買一本我寫的《表演藝術和方法》一書（書林出版），他就會瞭解廣播劇的藝術是什麼了。

二〇〇〇年，千禧年來臨，一九九九年過去，祝福、感謝、祈求明年，我們會更好。也為在「九二一」台灣百年來大地震，家毀人亡的人們祈福，希望他們從悲痛的心情中走出來，一同來為台灣打拼。

抄寫完這篇「講古」，我已是老眼昏花，文中所說到的朋友們，有的已在天國為家，留下我這個「白髮宮女」，還能追憶「過去」我們同在時的那些歡樂時光，不禁熱淚盈眶。

我愛廣播劇（一）

聯合報記者郭宏法說：

「崔小萍」三個字，在民國五十年代的台灣，可說是家喻戶曉，在那個年代的星期日晚上，全家人共同的娛樂就是收聽崔小萍所編製的廣播劇。民國五十七年，她因「匪諜」案而囚禁了近十年，她的人和劇也因此淡出了台灣人的記憶。

去年廣播金鐘獎，終於將終身成就獎的榮譽贈予崔小萍。今年，她更將自述的廣播生涯點滴集結出版——《天鵝悲歌》（天下遠見出版）。透過這部回憶錄，讓我們重新穿越動人的時光隧道。

我已不記得當年怎麼會寫了那麼多字——好幾千字的稿子給他約佔了半個版面哪！

當我在中廣公司主持廣播劇團的時候，履次邀約作家編寫廣播劇劇本。當時我們有一個編劇小組，想邀約作家以及學編劇的學生們，都是我開名單給中廣編撰組組長趙之誠先生，由他出面邀請，像以後在編劇家群中出名的張永祥、趙琦彬、黃家燕、張瑄等都是編劇小組的主要人物。

張永祥是「政戰學校」第一屆的畢業生，他從軍隊調過來，年齡比較大；趙琦彬是第二屆學生，很會表演。政戰學校影劇組修業時數最初是一年，後來在第四期改為大學部影劇系。前幾期畢業的學生可以回校補修學分。張永祥、趙琦彬二人，後來都在「華視」做主管。張永祥後來是電影界名編劇，常得編劇獎。他在中廣寫的廣播劇本也很多，對於鄉土情節的戲很會編，如《借牛記》，很被聽眾喜愛，譬如我在美國旅遊時，聽眾朋友們在電話裡常記惦著《借牛記》中的幾位劇中人和演員的擔任角色。該劇只有四個角色，我播演老大娘，王玫演我的女兒「銀子」，宋屏播演樂林老爹的兒子「長生」，應該說，堅強的演員陣容（雖然只有四員大將），把他這個戲演得很轟動。

但是戲編得好，如果沒有好演員來播演，就不會從收音機中聽出劇中人精彩的生活。有時，我是想幫學生們所編的劇本擔任演員，對他們的編劇增色，如《借牛記》，只有四個人物，最少角色的劇本，最不容易討好。因為播出是五十分鐘，在劇中也不能有太多的角色，以免聽眾不易辨認角色各自的身份，因為他們只能從聽覺中去認同誰是誰，以及他們各自的關係等等。

王玫小姐是中廣播音員中最受歡迎的一位，她播演「銀子」，野性中聲音透著甜美；擔任「長生」的宋屏，是我執教政戰校時，主考他入校，他是傘兵退伍；播演老爹的樂林（逝），他是從北京來台，「樂家老藥舖」的小開，他是在我們成立廣播劇團時，第一批錄取的播音員；跟他一齊錄取的還有白茜如（逝）、徐謙、趙剛（逝），他們日後都成了廣播界的閃閃明星。

在《借牛記》劇中，還有一個重要角色，那就是「銀子的媽」，四、五十歲的寡婦，她是一個剛愎自用的「老娘們兒」，慣演老年角色的雅君、引商雖然也能演老婆婆角色，可是她本人還年輕，無法體會「山東大娘」的複雜心理，誰演？還是我這個導演勉為其難吧！再者，張永祥是山東人，他編寫這個鄉村味很濃的《借牛記》。在劇詞方面鄉村味，而且充滿「土話」中的趣味。這個廣播劇一再受聽眾們要求重播，尤其是跟著國民黨撤退到台灣來的許多老兵們，聽「借牛」故事，一解思鄉的苦悶吧？但是，我們演播的劇詞，可不是用山東話，而是「山東味道」的國語發音。該劇中廣以後製成CD，送給我留做紀念。

當我在中廣公司製作廣播劇藝術的時候，我曾大膽的改編了莎士比亞的一個五幕的舞台劇——《羅密歐與茱麗葉》。該劇應該是全世界的讀者、戲劇工作者都熟知的一個愛情故事，曾為意、法、美等國改編成電影，為年輕的情侶們殉情，為兩家族的不和世仇而流淚。因為劇情的結果，兩家族都痛惜各自的孩子，兒羅密歐，女兒茱麗葉，為家族的仇恨而身亡。後兩家族和好，不計前嫌。因此，鑄造兩人銅像在兩家路口以做紀念；因此這個劇本又稱做「鑄情」——這個劇名，現代人知道的很少了。

莎士比亞（William Shakespeare，1564-1616），英國的國寶，也被全世界學戲劇的稱為「劇聖」。據說英國女王伊麗莎白一世在位時，很重視戲劇藝術，那時「莎翁」就被尊為英國舞台上最著名的編劇家。但是曾有一個「謎」流傳：說莎士比亞學識很低，僅是劇院的一個守門僮，為何有如此才華？編寫出那麼多的悲喜劇？尤其是寫宮廷劇，他從未在宮廷中供事，為何知道那麼多宮廷「秘辛」，據說，背後有些爵士們，在幕後支持，以莎士比亞這個名字出書。現在，只要能讀到好作品，也不必研究是否有莎士比亞這號人物了。當然莎翁既被全世界承認，英國當局就認為他是他們的寶貝，而向世界宣揚。我們學習戲劇藝術，當然更在後世，有能力研讀他的鉅作，是我們最大的福氣。

我在十七歲時，以同等學力考入國立戲劇專科學校（改專第一屆）後，在「戲劇概論」課程中，除了研讀希臘戲劇起源，就是研讀莎翁劇本。當然，最先讀的就是他的四大名劇：《哈姆雷特》、《奧賽羅》、《馬克白》和《李爾王》。從沒懷疑過這位天才，可惜他的壽命不長，只活了五十二歲。

走筆至此，忽然憶起，我在七十歲時，竟然旅遊到這位名劇作家的故鄉——埃汶河（Avon）畔的史特拉福鎮（Stratford），該地已成為英國的重要觀光地，去英國觀光的人，一定去那兒看一看莎翁誕生的地方，那裡有一劇場，當然是專演莎翁作品。

在這個鎮上有一偉大的建築物，不能說是碑，因為它是高大的圓柱形。頂端是莎翁的塑像，圓柱體的周圍有雕像，有「哈姆雷特」——舉著一個骷髏頭在沉思（他遇見掘墓人的那一場）。另外一位「馬克白」夫人——注視著殺害皇帝時流血的雙手喃喃自語那一場戲。再一位是不是瘋狂的「李爾王」？我已記憶不清，因為我去莎翁故鄉的那一年，是一九九二年，距今我寫此文時——二〇〇九年，已近二十年了。記得我去看莎翁母親的臥室，莎翁的小木搖床放在大床傍邊。我想他的父母絕想不到他們會有一個全世界聞名的寶貝兒子吧？

莎翁作品三十餘部，除了四大悲劇外，就是我前所記的《羅密歐與茱麗葉》（Romeo and Juliet）又名《殉情記》。在中國抵抗日帝國侵佔中國時，在四川的舞台上，曾有著名的前輩演員演出，那時，我還在「劇專」唸莎士比亞劇本哪！多是梁實秋博士所翻譯的劇本，後有朱聲豪的譯本。

要把一個在舞台演出五個多小時的舞台劇，改編為五十分鐘的廣播劇是很困難的，但是我覺得著名的文學戲劇作品，能在空中演播更有意義，中廣是一個國家的廣播電台，演播戲劇與文學的結合更有意義。但是一般的聽眾朋友，不一定都知曉莎翁是何許人，或是《羅》劇在世界各地如何被歡迎，所以我在「前奏」的「報幕」（習慣用詞）也作了簡短的介紹，故事大綱及人物介紹。如今寫出來，也成歷史了，當年演播的播音員有王玫（演播茱麗葉）、趙剛（演播羅密歐），其他參加的演播者有雅君、包國良、尹傳興、曾淳、陳振北、歐陽天，其中「乳母」一角，是悲劇中的喜劇人物，老實人，知識不多，是由我來演播——全劇演播的效果，還很為聽眾讚許。劇中最使人懷念的那一場是羅與茱的「樓台會」（不是梁山伯與祝英台），劇詞優美高雅，沒讀過該劇劇本的人們，欣賞一下如此詩樣的口吻，是不是也很有愛的滋味在心頭？

我在倫敦停留時，也曾去欣賞過他們的傳統劇場演出的《羅密歐與茱麗葉》舞台劇，佈景簡單，可是票價在當年卻是十五英磅哪！也在一些小劇場看過男性演的《哈姆雷特》笑劇，還有五六個演員演出的《馬克白》，就在居家樓上演出，五男一女，效果一齊來，兩個英磅，使觀賞的人咳嗽連連，空氣惡濁，使我的氣喘病發作。

以上這篇有關演出廣播劇改編的莎翁巨作，在我整理這篇文稿時，又已距離廣播時間幾十年前的故事了。

我愛廣播劇（二）

《受難曲》一劇，是我由《慾之上》（Beyond Desire）這部小說改編為廣播劇：原作者是法國人Piere Mure，譯者是張時。

故事是述說德國音樂家孟德爾松（Jacob Ludwig Felix Mendelsohn，1809-1847）為了堅持對音樂的信念，在百難中，不顧種族的歧視（因為他是猶太人），堅持要推出被人遺忘的老音樂家巴哈的作品《彌撒曲》。當全世界觀眾熱烈喝采之際，孟德爾松卻以三十八歲之齡早逝。可是，他已為世人做了他該做的事。

要把一部小說改編成僅一小時的廣播劇，並非易事，但我鍾愛孟德爾松那種為音樂藝術獻出生命的精神。事實上，孟德爾松是猶太人，父親是銀行家，是一位幸運的音樂神童，大可不必為一個被遺忘的老音樂家去奔波，受盡惡勢力的阻撓，但是他瞭解巴哈的作品對後世音樂的價值。他必須完成它，設法組織合唱團，將《彌撒曲》公之於世。

改編別人的作品，主要是取其特點而不失作者原有的精神。於是我把這部《慾之上》改編成上、下兩集的廣播劇《受難曲》播出。上集演播孟德爾松的家庭與交友：在貴族之家出生的他，不知人間疾苦。下集則是強調孟德爾松對音樂的執著，不畏強權，為了音樂藝術，不惜犧牲財富和生命。

《受難曲》是為所有藝術界，及無辜的受難者所演播的音樂廣播劇。我強調了人性善惡，藝術家們天真純潔的舉止，

一般世俗盲動的人們對藝術的蔑視。在下集中，我加強了音樂演練的「實況」，最後偉大的樂曲「彌撒曲」響徹天地。

當孟德爾松終於得到世人的瞭解時，他病倒了，臨終前他對妻子這樣說：

菲力、孟德爾松，一個生在漢堡的人，和一位德國女子結婚。曾演唱十八世紀一位無名合唱指揮巴哈所寫的《受難曲》。他在人世的任務已畢，他長眠於此！我的墓誌銘這樣寫，你滿意嗎？

廣播劇結尾，聽眾聽到天使的歌聲。

這部戲，應該是音樂劇，很感謝配音的李林（原名李國寶，比我小一歲，後來成為「中視」的配音指導）在《受難曲》一劇中，費了不少功夫尋找音樂資料，更加強了我這部廣播劇的「聲色」。

《受難曲》因場次多參加演播的工作人員也很多曾擔任重要角色廣播員我還記得——

孟德爾松：趙剛（逝）

義大利女歌唱家瑪莉亞：白茜如（逝）

孟德爾松的父親：樂林（逝）
巴哈：于恆（逝）
孟德爾松的母親：雅君（現在美國之音導播）
孟德爾松的姐姐：劉引商
外交家：張紹載（在美）
蕭邦：尹傳興（現任中廣公司導播）
主教：歐陽天（原名徐恆富現任美國之音導播）
孟德爾松夫人：王玫
巴哈之老妻：崔小萍
音樂配音：李林（逝）
錄音：唐翔（逝）

看到這份名單，真使人感慨！四十幾年的光陰過去了，廣播夥伴們，「走」了那麼多，他們已不知道我正在寫他們，遙想著他們曾在劇中的聲音。那時他們演播劇中人的時候，從未思索過崔導演對他們的期望，更沒想到這些劇中人物，日後對他們人生造成何種影響——就像孟德爾松的墓誌銘……「我在人世的任務已畢，長眠於此！」

我還不知道我將長眠於何處？但我已囑咐過我的「知己」，當我逝去時，將我化成灰，拋撒在大海中，我將隨著風，跟著浪，回歸母親的懷抱。

在出版的廣播劇集中，我選了七個劇本，包括《婆媳風波》、《升官圖》、《母親的塑像》、《釵頭鳳》、《婉君》（改編自瓊瑤小說）、《豐收》及《受難曲》上、下兩集。

《受難曲》，真是唱不完的多災多難——前正中書局秘書賈亦棣先生和鍾雷先生和我接洽，希望《受難曲》廣播劇集由正中書局出版，但不幸因賈在香港受難，該書在港台皆不得販售，於是該廣播劇本在「正中」的書庫中做了蟲鼠的食糧，雙方所訂合約宣告無效。在我受誣告入獄近十年，出獄後，曾商洽「正中」以一萬多元新台幣，購回數十本《受難曲》留做紀念。

《受難曲》於一九六五年四月出版，負責人賈君在港受難，後被遣返台灣，現居美國，為我寫序的中廣公司副總經理李荊蓀先生也坐了十五年冤牢，出獄後病逝。我也是冤獄受難之人，《受難曲》不出售，這是不是「政治迫害」？

我在《受難曲》廣播劇之後，又寫了《第二夢》幾個廣播劇本，可是這個「夢」也不是吉祥之夢，交給一位私人出版社出版，花了六、七千元台幣，說印一千本，當送來五百本時，我被違法拘捕，已不知書之下落。

在我出獄十幾年後，中廣的總務組通知我，有一兩袋書存在倉庫，叫我取走——我不知道「情治單位」在「抄家」之後，我已一無所有。那天，我在「國光藝校」上完早課後，校方借給一部軍車（該校屬於國防部），有幾位男學生隨車，可以幫助搬運。

軍車駛進「中廣大樓」，警衛沒過問，因為他們不知道這車裡坐的「什麼人」？我們下了車，請通知大樓裡邊的人，「說」有一個姓崔的來取東西了……思想起來，這個大樓剛啟用時，我曾穿了漂亮的衣服參加酒會，還拍照留念。但無緣使用，如今，還站在樓門口，不可以隨便進入！那時，駛來一部黑色轎車，下車的人卻是「白銀」小姐，當年是我主張錄取她進中廣的，雖已十幾年不見，我想她還記得我；她下車進大樓，在樓門口停了一下，看了我一眼問我：「你來幹什麼？」返身入大樓。

當其時，又有一位小姐從樓上下來，看見我，似曾相識，她也是我在組織廣播劇團時考她進「中廣」的。她看見我，一臉驚訝：「呀！崔小姐……要不要到樓上坐坐？我現在有事要出去。」說畢，即駕駛自用轎車走了……

站在樓門口的幾個學生，奇怪的看著我：他們奇怪，聽說，崔老師從前不是有名的廣播名家嗎？幸好，總務組的人搬了兩個大麻袋出來，他從前是工友，我想現在應該是總務組的重要人物了吧？我謝謝他，他奇怪的注視著我，或許心裡在想：崔小萍怎麼沒「變」老呢？有些人說她已是齒脫髮禿的老太婆了，報上不是說她已被槍斃了嗎？她是那個崔導演嗎？

「老傢伙！我沒被槍斃，我活著回來！而且活得還很快樂哪！」

解開發霉的麻袋，看見破破爛爛的我的《第二夢》廣播劇集，亂七八糟的擠壓在兩個麻袋包中。我取出一本，重讀我在一九六七年六月出版的「後記」。這個「夢」說來話長，該書也是經賈先生推薦一出版社負責出版，用我在中山文藝基金會，所得的廣播劇獎金，付出六、七千印刷費，該書紙張粗劣，字體不秀，很像地攤上的那些「言情小說」。但是，能收回來，有文字記載，看看從前崔小萍如何做她的「白日夢」也好，這本劇集包括：《歸來》、《第二夢》、《新生》、《天平上》、《全權教師》、《二又二分之一》六個廣播劇本，我為什麼以《第二夢》為書名？因為，不論是夜或白日之夢，都是人生活裡不可缺少的一個希望，在真實的人生裡，不能實現的理想，不滿足的慾望，都可以在夢裡去追求，沒夢的人，生活乏味，在第一個夢碎時，去尋求第二夢，但是，在第二個夢裡，會得到圓滿的結果嗎？在實際的生活裡的結果，是加倍的失望和痛苦！

重抄錄《聯合報》在二〇〇一年六月十六日的這兩篇舊文，距今二〇〇九年，已是近十年以上的事情了。但是我的眼睛已不像從前那麼明亮，字跡更潦草。寫一個字，寫了左邊兒忘了右邊如何寫？真是老了嗎？

《紅樓夢》小說廣播

《紅樓夢》錄音半年，每日在控制室看《紅》書上的那些螞蟻小字兒，使我的額頭上多了不少皺紋。請了專家楊秉忠先生做主題曲，請宋丹昂小姐，歐陽天先生主唱，中廣國樂團伴奏，不能不說是在廣播界是個大製作，當年雖然錄製很費勁，但是現在想想，還是很有意義，在文學史上也應該算是一大創舉。

當年所謂的顧問們，都有他們學術上的特別見解，因為文長，老花眼看剪報費力，也只好割愛。在演播人員方面，除了中廣的主要演員，真得感謝那些熱心廣播的聽眾朋友們，他們自告奮勇，在經過簡單的「試音」以後，「自費」來電台錄音，風雨無阻。《紅》書人物眾多，各有各的身份，從小孩到中老年不等，如果只靠播音界的朋友幫忙，也是件難事。當年寫進薛寶釵和林黛玉，更是特殊的宣傳方法，雖然不一定完全正確，但是王玫和白茜如都不負眾望。

賈府裡的風流老少很多，但現在多不記得誰來演誰了。我這位老祖宗賈母，時隔四五十年，已記不清我那些兒孫的事了。可是我的寶貝「寶玉」，卻因漸漸長大，聲音也漸變成熟，是請鹿瑜、張敦志、張翔分演三個時期的賈寶玉，王熙鳳是張清真播演，其他十個金釵，多是我藝專的學生們演播。

冤獄歸來，有一天忽然聽到中廣重播《紅樓夢》，但已進入尾聲，寶玉出家做和尚，張翔低沉的聲音，正向家人們告別，這是第一百十九回〈中鄉魁寶玉却塵緣　沐皇恩賈家延世澤〉第一百二十回〈甄士隱詳說太虛情　賈雨村歸結紅樓夢〉：「說到辛酸處，荒唐愈可悲，由來同一夢，休笑世人癡！」

讀此夢的後人，給紅樓夢做此偈語。

演播紅樓夢的夢中人，張翔已逝，其他也已煙消雲散，那位北京鄧（？）老太太播演該劇劉姥姥，也早已仙逝，我完成這一本鉅著的「小說選播」以後，不幸入獄十年，現在又回到紅塵之中，在我頭腦尚清醒之時，記下此夢，但午夜夢回，書中人，演員們的聲音仍歷歷在耳，雖時過境遷，我對他們永不會忘記。

癡兒夢話

——談小說廣播《紅樓夢》二三事

從畢莉小姐發風來台那天晚上（七月十五日）到現在，小說選播《紅樓夢》的演播，已經是一個月有餘了，這三十幾天，真是「難過」，這份難過，不是由於熱心聽眾的來信批評，恭維，和善意的指責，而是在檢討「紅樓夢」的演播，不但距離「理想」太遠，更傷心的是損害了曹雪芹先生所創造的意境，破壞了「紅學」讀者對這本巨著的想像。當然，這絕不是我們選播此巨著之前的願望；現在紅樓夢剛進行到二十九回，距離最終的一百二十回，屈指算起來，還得有四個多月的漫漫長途，它雖已失去一個好的開始，我仍希望它會有二分之一的所謂「成功」的將來，因此我願意在這裡，想把我對此書的一點淺見和處理的情形，向關心《紅樓夢》選播的朋友們作一次簡單的報告。

首先，我應該說，《紅樓夢》的播出是在一種艱窘而不健全的情形下進行的，預算就是五萬到六萬，但只錄音磁帶一項支出，就佔去三萬，剩下的一點錢，就做此書有名有姓二百多位演員的酬勞及其他一切開支，一直到全書播完。演員的報酬，是按播出磁帶的發音次數計算，來錄音三、四次，也許可能在一次磁帶裡播出，而計算起來也僅有十元，所以，每月所得不過幾十元而已，我想，這一點就是公司裡的同仁，都不會想到擔負此巨著演播的演員酬勞，卻是如此微乎其微，各位一定很奇怪我為什麼一開始就談到「錢」，這討厭而又可愛的東西，真是俗不可耐，主要的目的，就是不願使已經辛苦的工作者們，在巨大的預算數目誤解之下，再蒙不白之冤。

其次，我要從《紅樓夢》本書說起：據我的瞭解，認為《紅樓夢》完全是本讀的書。凡是書中人、物、樓台亭榭、風俗習慣，讀者都可按他們以往的生活經驗、情感方面的體會，在想像中，使書中——復活，而這一切，都可依據各人的不同想像而給此書一個新的生命，而不會影響原作的靈魂。《紅樓夢》，也是一本可以編演為電影，戲劇，而成為一本「看」的書，使讀者的想像變為事實，從具體的形象中，再去瞭解《紅樓夢》所要表現的精神，但是，如果做為一本在電台上「播」講的書，確是一種冒險的嘗試。因為只憑藉一種表現方法——聲音，要把此書所包括的四百多個人物的嘴臉，榮寧二府的興盛衰敗的狀況，「說」得有聲有色，錦上添花，的確是件不容易的工作，何況，《紅樓夢》一書是本名著，凡是讀過它的人，都有一份對它的偏愛和成見，只憑聲音如何能滿足讀者，聽眾的要求？它不像廣播劇演播那樣具體，它是在敘述中表現人物，人物在敘述中展露身份個性，所以「聽」起來，總有脫節的感覺，尤其是「紅樓夢」的結構是不「技巧」的，故事是東一片，西一片，鋪滿全書，無法單成一元，所以連續播講下去，一定會發生段段落落不緊湊的現象，如果只是「讀」的話，這種感覺是不會有的，因為讀者可集中一個時間「讀」完，而「選播」，只能每晚使你聽取三十分鐘的《紅樓夢》，三十分鐘的時間裡，有時會出現十個以上的人物，男一句，女一句，再加上主講的敘述，假如對此書沒讀過，沒瞭解的聽眾，不管主講的「技巧」多麼高強，也很難引聽眾進入一種「欣然領受」的情況中的；所以，有位聽眾來信說，我們選播《紅樓夢》應得「勇氣獎」，是的，我也承認公司決定此書的選播是大胆了些。

在導播此書時，我的決定是文白並用，雖然胡適博士說，這是本「白話」小說，但那總是幾十年前的舊話，而在現代，這總是一部舊小說。如果不能依據舊小說的筆調口吻來講述，那就無法保有舊小說的風格，而「紅樓夢」，也可以不稱其為「紅樓夢」了，尤其書中對人物的裝束打扮，外形的插畫，景物的介紹，如果完全用「現代口語」來播講，那真是煞費唇舌，費力不討好，而囉哩囉唆，越說越不清，例如在第三回，介紹寶玉出場的一段形容：

……及至進來一看，卻是位青年公子，頭上戴著束髮嵌寶紫金冠，齊眉勒著二龍戲珠金抹額，一件二色金百蝶穿花大紅箭袖，束著五彩絲攢花結長穗宮絛，外罩石青花八團倭緞排穗褂，登著青緞底小鞘靴，面若中秋之月，色如春曉之花，鬢若刀裁，眉如墨畫，鼻如懸胆，睛若秋波，雖怒時而似笑，即瞋視而有情，項上金螭纓絡，又有一根五色絲絛，繫著一塊美玉……

假設沒讀過《紅樓夢》的人，對這些字眼當然是聽不入耳，如果是變成白話，怎能及得上這一百三十個字介紹得具體又生動？再，在十七回中，賈政「大觀園試才題對額」中，介紹大觀園景物，賈政及清客等的話，如果不是文謅謅的講，就缺少「古」的感覺，曹雪芹對於人物的台詞是很有研究的，男人，女人，老幼，上下人等尺寸分明，在說話裡，可以代表身份，所以，有些人必需「文說白話」才不失舊小說的趣味，因此有聽眾來信說：「聽不懂」，「不通俗」，說胡適提倡白話，何以對此毫不「顧問」的等等指責。總之，《紅樓夢》的播講，不可能講的一般話，大眾化，使人人皆懂，因為它是在選播一種「學問」，是與講「評書」，「說古」的立場不同的，雖然這個故事是婦孺皆知的。

又有些聽眾來信說：「主講應用女聲」，「寶玉沒有童聲」，「黛玉不像黛玉」，「寶玉，黛玉的聲音都太老了」……我們都知道榮寧二府裡的人物除了「女」人，幾乎是很少男人，而《紅》書，主要的也是用那些不同遭遇的紅顏，來烘托出那塊來自梗峰下的無才補天，在紅塵中翻滾的頑石——俗人卻稱他為寶玉的人，全書女聲為主，連寶玉說白，一半已是女性化，因此我們選請聲音剛強，口齒清楚的趙剛君來作此書的主講，以他理智的口調，做一個頭腦清醒的旁觀者，帶領收聽此書選播的聽眾，走進那一陣陣滾滾紅塵之中。至於寶玉等演員的邀請，也是很傷腦筋的，按二十六回的寶玉被馬道婆咒病後，老和尚來治病說：「青梗峰下別來十三載矣……」寶玉應該是十三歲，黛玉比他小，直到四十九回〈琉璃世界白雪紅梅〉，不過增加一歲，其中結社作詩，談情說愛，絕非十三歲的娃娃所能理解的，如果真請此孩子們來演播，他們不懂「紅樓夢」，事實上，現在十三四歲的孩子們，都成熟的早，他們的聲音恐怕比現在擔任寶玉的演員還要「老聲老氣」，選用成年人，他們理解夠，但總「缺乏稚氣」，所以，在這方面，聽眾應該有一種「心理距離」，那就是以情感的去欣賞，避免理智的分析，否則對全書每個人物的演播，都不可能滿意，而破壞聽覺方面的享受，因為直覺的去欣賞才會有美的感覺；當然，我不是以此做導演失敗的藉口，此書演員眾多，十分之八靠台外的朋友支持，又多是一半無播音經驗的，有演員不一定適合而能演某一角色，有精彩的角色，卻又很難請到伶牙俐齒，會說白的演員，準備排練時間又沒有，顧此失彼，很坦白的說，導播演播此書的人，都是費力而沒有「好」的傻瓜。

至於音響效果的利用，我是有選擇的，《紅》書和現代小說不同，與其瑣瑣碎碎的用很多效果，不如在講述中說出來，使能「無聲勝有聲」，保持對現場的想像，尤其是門窗，腳步等一般效果，我盡量避免，否則你來我往，腳步紛沓，效果聲將會「喧賓奪主」，所以，在此書中，我運用能導引或發展情節進行的效果，因此聽起來感覺單調，而嚮往過去「小說選播」裡效果的真實化。

談到刪選問題，聽眾的意見也很多，如能存其真，保持原著文學精神又不失趣味，而能前後情節貫通，詩詞歌賦又都能吟誦得不枯燥乏味，負責這方面工作的朋友，也是很難刪至「恰到好處」，否則不如「重寫」，尤其是《紅樓夢》，此書雖無嚴密結構，每一段小情節似乎都貫連一段「因果」關係真是難以下筆；但在我導播感受方面來瞭解，我覺得第一回「既有甄士隱夢幻識通靈」，那麼第五回的賈寶玉「神遊太虛境，警幻仙曲演紅樓夢」應該全回播講，癡人說夢，夢中幾個曲牌，如「恨無常」，「樂中悲」，「聰明累」，「好事終」等，正是唱出了《紅樓夢》書中全部故事，以及說明人生之情愛慾念，最後仍屬一夢……可惜此回刪節太多，變成真的「太虛幻境」了。（就教於鼎鈞兄）

《紅樓夢》今始播至二十回，計算全書播完，至少尚有四個多月，困難還多，但願一般合作的朋友，能繼續鼓舞精神，各盡其力，使這部中國文學名著，在電波的傳遞中，使它老去的生命，在人們的心靈中復活，而不希望中途夭折。

歡迎熱心朋友賜我更好的支持。

這一篇小文，是登在中廣通訊上，已經過去半個世紀了，多少參加演播的朋友們，老的老了，永遠「走」的走了，就是當年一些老聽眾們，也已不在人間，在國外遇到他們的孩子們，還記得《紅樓夢》小說演播的盛況，演播賈寶玉的張翔，也已在一九九八年，逝世於美國紐約。

真是人生如夢吧？

《借牛記》

當我在中廣主持廣播劇團的時候，邀約作家編寫廣播劇本，在當時，我們有個編劇小組，邀約的作家，及未成名的學編劇的學生們都是我向中廣編纂組長趙之誠開名單給他，由他出面邀請，像以後在編劇家群中出名的張永祥，趙琦彬，黃家燕，張瑄等，都是編劇小組裡的主要人物；張永祥是政戰學校第一屆的畢業生，他們都是從軍中調過來，年齡比較大，趙琦彬是第二屆的，表演很好，他演過俄國高爾基劇本《底層》改編的《夜店》中的「獨眼龍」——一個陰險的開夜店的老闆。他在日常生活裡受了角色的影響，在行為上還總是像演獨眼龍。當我在教他表演藝術時，總是提醒他，不要讓劇中人感染你的真實生活。

「政戰」戲劇組，最初是一年，後來在第四屆時，改為大學部戲劇系，前三期畢業的學生，可以回校補修學分，有大學畢業的資格。張和趙兩位大概沒時間回校補學分，因為他們都在電視公司（華視）擔任重要職位。張永祥而且是電影界的名編劇家，常常得編劇獎。他在中廣公司寫的廣播劇也很多，所謂鄉土性的《借牛記》，更是海內外皆知，我每次去美國，許多不認識我「崔導演」的老老小小的聽眾們，都記得《借牛記》，一個劇寫的好，如果沒有好演員來播演，也不會聽出劇中人的精彩生活；有時，我也有些私心，凡是學生們的作品，我都是選最好的演員也擔任劇中人，像《借牛記》只有四個人物——劇中人物最少的戲，最不容易表現，尤其是一個五十分鐘的廣播劇，主要人物不能超過六個，否則，聽眾在聽覺方面不易辨識。我在《借牛記》中，選用了他的學弟宋屏，是我主考他進政戰學校的，他本來是傘兵，播演劇中「長生」，一個憨厚，有點傻氣的，幫寡婦家做長工的大男孩。劇中人銀子，是請老資格的播音員，而很有演戲天才的王玫小姐擔任；劇中老爹，是請從北京「樂家藥舖」來台灣的小開「樂林」擔任，本名是樂慶森，是在中廣招考播音員時考進來的，跟他同批錄取的有白茜如、徐謙、趙剛，他們以後都成為廣播界的閃閃明星了。樂林的聲音低沉而有磁性，可惜在我離開中廣時期，他因醫生的誤診而早逝——剛剛要過正常的家庭生活，使新婚的妻守了寡。樂林的性格正如舊社會的少爺人物，愛玩，追名女人，很風流。可是劇中銀子的媽，那個四五十歲的老寡婦，由誰來播演？劇中侉侉的那個剛愎自用的「山東老娘們兒」誰來演？慣演老女人的雅君，不能體會，劉引商雖然也能播演「老婆婆」，但是還不能「主演」。最後，只有崔導演出馬——好的戲，好的角色，我也喜歡過戲癮，往往也是為捧學生們的場，我來擔任劇中重要角色。

劇中人，只有名沒有姓，所以聽眾們稱呼劇中人，除了長生、銀子，我就是崔大媽，和樂老爹了。張永祥是山東人，編出了這個鄉村味很濃的《借牛記》，劇詞都很鄉土而趣味，由四個不同年齡身份的「鄉下人」，播出這個「喜劇」。在聽慣了文藝氣息濃厚的，或是歷史的，傳統故事的廣播劇之後的聽眾們，對於《借牛記》真是屢聽不厭，一再的要求重播，使他們坐在收音機前，沏一杯香片茶，享受「空中劇場」的演播，尤其從對岸跟著國民黨撤退來台的老兵們，軍眷們，他們跟著劇情，回到了他們從前的農家，回到了鄉村，好像聽到了隔海的鄉音！我想，在張永祥編寫這個《借牛記》時，他也許不會想到引起這麼多的「鄉愁」吧！

「虎子」！崔大媽家的狗，「虎子」，也是劇中的主角之一，聽眾們念念不忘的「虎子」，狗仗人勢，聽老寡婦的話去咬樂老爹，引來一陣笑果，最後，兩小成一對，兩老被送做堆，老寡婦雖然不喜歡那個吝嗇的樂老爹，也勉勉強強的答應了，在無可奈何的語氣中，卻透著暗暗的喜悅，守寡多年，收個現成的女婿，再包容個老鰥夫，有一隻聽話的狗，以後的日子不「講究」，也就「講究」了——皆大歡喜，喜劇收場。

我離開中廣公司之前，並沒有拷過錄音帶自存，所以做了十六年的導演，最後是「一無所有」，《借牛記》的廣播劇錄音帶是一不知名的聽眾，在幾十年前從收音機裡錄下來，頭尾沒有，劇中主要情節都還保留下來，不知中廣保存的廣播劇中，「借牛記」的帶子還有沒有？我想現在張永祥是不會保存的，廣播劇對他已是「小塊待記」了。（台灣話）

和李行導演合作拍片

拍攝《馬車伕之戀》時，和李行在台中片廠碰過面。那時他是師範大學藝術系的學生，我們在《馬》片中，他飾演我的丈夫，顯然的這兩個角色都是「配角」，所以我不記得我們倆有單場戲的表現，因此，那時我還不清楚他是誰。再一個原因，我在中廣公司工作，拍完一場戲，我就得回台北中廣導演啦，或是錄音，沒有時間跟同戲的演員們有「閒聊」的時間。所以，有些關心「演員」們私事的觀眾們，常常奇怪我的回答都是：「我不知道。」，「我不清楚，有這回事嗎？」等我和李行開始合作拍攝《街頭巷尾》一片時，我才大概知道了他已是拍了多少部台語片的導演了。在片場裡他尊稱我是「崔大姐」，或是「崔老師」，那時，我已在大專院校戲劇系授課，我稱他是導演，有時也叫他的本名「子達」，後來知道他有四個兄弟：子弋、子堅，四弟是子繼，父親是《自立晚報》的創辦人，他們從上海移民到台灣。

一九四九年，國民政府撤退來台灣，整個大陸改為紅色中國，跟著政府撤退來台的百姓們，生活困苦，沒有居處，沒有工作，老老少少，就在漳州街這塊地方搭建了許多違章建築，為了生活，他們只有做了最下層的事情，生老病死，都在那些幾尺不到的小窩裡；我記得，在我還未去拍《街頭巷尾》這部電影時，我已在實際生活裡去訪問過那些「窩棚」，就像俄國高爾基的戲裡「底層」（我們演舞台戲譯為「夜店」）一樣龍蛇混雜，我在初來台的一位女演員家裡吃飯，沒有桌椅，鍋碗勺盆都擺在地上，這裡也無睡覺的床。她有一男一女兩個孩子，靠她丈夫在電影場做小工。

我沒想到，在十四年後，漳州街的整個景象，在台灣製片廠中重現。整個劇中人物大都是那些曾在窩棚裡生活的小市民，由一些不是太大牌的演員們，來重現那時的一些小人物——當然，「寫實」的電影不是絕對根據「事實」，李行的自立電影公司，就大胆的開拍了這部《街頭巷尾》，我被邀演出劇中一個只守著孫子過活，她已失去了「家」，一點積蓄，只為了自己能買個棺材的本錢，但為了救人濟貧，她慷慨的交出去。

在廣播劇裡，我常飾演「媽」，和「祖母」一輩的角色，因此常有「聽眾」希望我能做他們的「乾媽」（那時我還年輕哪），化了老妝，白了頭髮，老態，這種形像，還是首次跟聽眾、觀眾們見面。這部群眾戲，每個人的戲都不會很多，但所請的演員，雖不是「大牌」，但在舞台上，台語片裡，都是李行導演的好友——李導演是個不忘舊的人，跟他第一次合作過的工作人員，都是他日後忠實的合作夥伴。他也喜愛新人，我的許多國立藝術專科學校的導、演，戲劇系的學生們，都是他的晚輩，他使他們在電影事業裡，日後有發展的機會。一個當導演的人，不單是創造個人的電影藝術，同時也是訓練藝術的接班人，藝術不是自私的，是不分界域的。因此，有些跟他做過場記的、副導演的，日後都成為有名的電影導演。就是在編劇人才方面，他也在追尋有共同藝術方向的朋友們的誠懇合作，促使這個電影團隊是個生命共同體，而不是賺錢賺名的工具——當然，著重在藝術方面的成就，自然就影響了票房的收入。

《街頭巷尾》是李行導演在一九六三年的出品，是我在演過《千金丈夫》、《馬車伕之戀》、《懸崖》後，第四次參加電影表演，雖然我在一九五九年，獲得一個亞洲第六屆影展的最佳女配角的銀鑼獎，童星張小燕獲得銅鑼獎，新聞界的朋友們建議，兩個亞洲獎合演一部「祖孫」親情的電影，但是當年的中央電影公司都未做反應，他們送給我一個劇本，請我演一個「第三等配角」的戲，沒有幾句劇詞，說是片酬像我演《懸崖》一樣高，我把劇本退回去，我告訴他們：「金錢雖多，藝術更高，我不會為錢委曲自己。」結果那個銀鑼也不給我，在我冤獄回來向中影索取時，他們說：「沒有了。」以後便和「中影」斷路，其他民營公司喜歡找我合作，我也是原則上：劇本不好，片酬再多也不接，免得使自己看自己的電影臉紅。當然也得罪了人。說我是個傲慢的人。

《貞節牌坊》是李行一九六五年的作品，是個講述漁村的故事。打漁的人兒，世世窮，就像「古早」年間王人美演的《漁光曲》，打漁的男人和大海搏鬥，喪身的危險也多。所以在漁村中的寡婦也多。這個劇情，是著重在是否守節不嫁二夫，使自己控制情慾的挑撥，而能豎起那個冷冰冰的「貞節牌坊」為榮。劇中主要人角色是老、小寡婦和一對漁夫父子。在台中廠搭成一個漁村，全體人員，每天就在那裡活動，就像生活在自己的家裡一樣。老寡婦的「貞節牌坊」就豎在她家門前，眾多的劇中人，就在牌坊下來來往往。小寡婦殉情投海一場，是在台北淡水海邊拍攝的。這一場，老寡婦領著小孫子站在海邊，希望媳婦能活著回來。這一場，動用了百多個臨時演員，為了等那曇花一現的陽光，竟拍了一個多星期之長。我們天天坐在沙灘上，風沙裡等太陽，在鹹風裡吃便當。陽光跟烏雲好似跟我們上百人開玩笑，忽隱忽現，劇務一聲：「太陽出來了！」當大家跑、叫、向大海呼喊時，太陽又藏在雲裡去了！那次可辛苦了那些臨時飾村民的臨時演員，他們都是當年「眷村」（政府為他們蓋的簡陋居所）裡從大陸撤退過來的大陸人，劇務組便把這些人編進電影臨時演員的名單中，有群眾的戲便請他們擔任。老少不用化妝，自備破破爛爛的服裝，每一天可以混過幾十元的新台幣，有時小劇務還可以為自己抽點油水。但是每天的「飯食」——每人一個便當，比他們家裡吃的都可口，所以即便是再辛苦一些，大家也沒怨言。只是坐在草棚中等喊「開麥拉」的李導演，卻氣鼓了兩眼。拍外景靠天吃飯，他是導演也扭不過天。

記得從台中打來的緊急電話，催我去拍片時，我也正為《窗外》趕拍「外景」的殺青場面：《窗外》的電影組合散了，參加的藝術家們不辭而別。只談藝術，沒有金錢也不靈。只有我這個初當導演的人，還得墊出唯一積蓄來收爛攤子，因為我是個守信義的人；最後《窗外》的團隊，就剩了男女主角（都是不支片酬的）、一個攝影師、一個助手、一個吹牛的製片小陸（都是他說找到投資人惹的禍）。白天拍一整天，天不亮趕早車去台中，我不是大明星，小劇務不來接車，我頭昏腦脹的站在火車站的天橋上，一愰眼，從天橋上滾下來。幸好，上帝派了一個穿軍裝的人在最後一步台階上抱住了我，臉完好，眼鏡也沒碎，手提包的東西飛散，我只是兩個膝蓋，紅紅紫紫青青像化了妝。小劇務聽到站內人聲鼎沸，才跑進來，才發現中廣公司的大導演，差一點在梯階喪了命。《貞》片下午一時開拍，幸好那一場沒有走動的戲，否則李行導演會奇怪老寡婦怎麼變成跛子啦？我沒告訴他我的腿部的傷有多嚴重，在他「開麥拉」一聲中，我已經完全「忘」了疼痛，全部精氣神都是老寡婦的了。

在《貞》片中我算是第二女主角，和艾黎、柯俊雄齊名。在「白色恐怖時期」裡，電視台有幾次放演過《貞》片，但把預告上「崔小萍」名字抹掉，可是在片頭上的「崔小萍」，他們卻無法不演出來，想想那時的白色恐怖多恐怖，連演員的名字也「劃清界線」啦，因此在那時出版的電影歷史書裡，竟然也把我一九五九年中華民國第一個亞洲獎的名字抹掉，只登載了張小燕得童星獎。最近，有戲劇研究所的學生，寫廣播劇的歷史，寄給我他們的論文，請我指點，有些當年的合作者，寫歷史也沒有「崔小萍」這個名字——認為當年的廣播劇都是他們製作與編導。無論什麼「歷史」，都是代表一個時代的過往記載，對於歷史人物的褒貶與功過，寫歷史的人如果有良心的話，相信都會有公正的評鑑。記得早年在一個話劇排演場，有一個學生帶來一本國立藝專（現改名為學院）三十週年校刊，偶爾翻閱，發現在教師欄，沒有我的名字，在我教了十多年的學校，竟然因白色的恐怖，也把我抹黑了。

話說回來吧，自從坐了冤獄回來以後，被抹黑的事情還多著呢？

在《貞》片中，我飾演的老寡婦的戲很多，大段的劇詞如何說得「真情流露」，真得好好的研究。她是一個無知識的村婦，語氣、肢體動作、面部表情對於情慾的控制，對小寡婦和青年漁夫的情愛管制，對唯一小孫子的愛護，多種情緒都集中在一個死了丈夫，要守住「貞節牌坊」而砍斷一個小手指，來警惕自己，不得和已改做石匠的漁夫再有戀情……諸如這些情景，都不是在一剎那間能表現得很完美的。但是身為一個演員，必須接受導演的指示，設法把它表現出來。李導演在該片中，多用面部的特寫鏡頭，演員如果沒角色心理的過程，在一瞬間的眉眼之間，面部肌肉的顫動，是無法把內心的矛盾和理智的交戰，能充分的表演的「恰到好處」，「不瘟不火」，否則便「過猶不及」。電影表演藝術的難，也就在這些微小的地方。會看戲的觀眾，可看出那些臉部大特寫的「內涵」，不懂的觀眾一定會奇怪拍攝這麼些交替變換的「大面部」是什麼意思？《貞》片票房不好，觀眾要的不是藝術的創造，這並未證明是李行導演的失敗，但是該片很使他傷心。他在《貞》片一張淡水海邊外景拍攝的劇照上記著：

貞片是我近期作品中，較能滿足自我創造慾者，但上映時，不為觀眾接受，票房收入甚差！製片人尚不氣餒，我今後當更加倍努力，誓為中國電影奮鬥！

李行　五十六年一月二十三日

他一直努力，為中國電影奮鬥了五十年。

另一部跟他合作的電影是《日出、日落》，一九六六年拍攝，我的學生江明飾演得癌症的作家康宏，我飾演他的母親，仍然沒有大牌明星，女主角還是個沒演過戲的新人。

導演五十年，他和我劇專的學弟謝晉，如今是國際名導演結為好友，同時慶祝二人導演五十年，謝晉組團來台北時，遇上百年來的台灣「九二一大地震」，時在一九九九年。當年十月，李導演組團去上海祝賀謝晉，並參加上海第四屆國際電影節，他邀我參加，去了上海一趟，因為有我《街頭巷尾》、《貞節牌坊》兩部電影參加慶賀。在我是一次很愉快的旅行，也是我首次參加公家團體公費旅行。而且我的侄輩們都從其他省份到上海來看我，尤其我漂亮的侄孫女盼盼的出現，人家還誤會她是明星呢？

後面，我摘記了一篇在一九六六年九月在《民族晚報》上發表的一篇短文，是有關《貞節牌坊》的感想。（見本書：《貞節牌坊》和我。）

《貞節牌坊》和我

記者黃仁先生編著了一本書，名為《行者影跡》，是為李行先生導演電影五十年所做的記錄和鑑證。書中刊載了我的一篇文章，那是為《貞節牌坊》所寫的，登在一九六六年九月二十二日，在《民族晚報》影劇版，難得他還保存了這篇文章。

無論《貞節牌坊》如此被007諜片吹擊，或被觀眾冷落，我仍覺得它是可愛的，不是因為我演它而同情它，事實上，它確實是一部值得喝采，有藝術價值的製作；但它在票房方面遭到打擊的原因，也正是我們所渴望的藝術價值影響了它，它的故事單純，沒有傳奇，缺少激情，更沒有陰謀多端的情節支持它，僅是一個「守節」的老故事，和四個老少不同兩代人物愛情的糾葛，這背景只是一個破落的漁村和一面海。像這樣的電影，沒有魄力的製片家決不敢冒險，缺乏胆量的導演也不敢嘗試，演員缺少經驗也無法表現出角色個性，為了想給中國電影製造一個崇高的理想，他們完成了《貞節牌坊》——他們冒險，克服一切製作上，藝術上困難，但是意外的（也應該是意料內的）在票房吃了敗仗。

我喜歡《貞節牌坊》是因為在中國電影裡，從沒這樣樸實，這樣坦白的描述「中國人」的真實生活，和他們隱藏著的心靈生活。我們不瞭解上一代人是怎麼活，我們也無法啟示下一代要怎樣繼續活下去：我覺得那牌坊，不僅表現女人對貞操的堅貞，也能表現東方人在情感上的固執，和對生活堅忍刻苦的精神。《貞》片的設計與風格獨特，無法使所有的觀眾接受和欣賞，因為他們習慣於接受「一般的」電影，再者，認為電影只是娛樂的觀念，使他們不願意花錢去傷腦筋。所以他們想像不到那些使人感傷憂鬱的畫面，那些幽暗的光影，以及那些憾動人心的攝影角度，每一樣都是出自於藝術上精心的設計和策劃。例如在《貞》片中特多的面部特寫，那真是對演員一項嚴格的考試，在觀眾眼前，它只是一瞬間的「面部表情」，但在角色本身，卻像是把情感放在顯微鏡下解剖。當演員得集中表演的最高智慧，才能創造出霎那間的心靈活動。否則，那些臉就等於一張白紙，沒有任何意義。問題也許就在這裡，觀眾不習慣看這些粗糙的臉，他們愛看的是油頭粉面，愛聽的是嗲聲嗲氣，或者是不能傳達情感的臉，像張白紙，使他們失掉欣賞的興趣！可是電影藝術是走在觀眾前面的，是要幫助他們擴大欣賞領域的。如果只是讓他們幻想一個打火機能有一百零八般武器，攻無不克，戰無不勝，或是不用火箭衛星就可以一步登天，那跟讓他們崇拜日本武士道的砍砍殺殺一樣可怕！

我懷念在《貞節牌坊》中反覆無常的海，我喜歡看海灘上那寂寞的腳印，在《貞》片中，我咀嚼到生命苦澀的滋味。記得從前我認識一個只會畫一張畫的畫家，他只會畫人的腳印兒，他說那是「孤獨」，後來，他將腳印畫成一個釘子頭，他說那就是「生命」。現在我才明白他畫的意義——《貞節牌坊》也許就像他的畫，沒有開始，也沒有結果，它不是連環畫，它就是那樣的電影，沒想到其他可比較。

但是《貞節牌坊》被打敗了嗎？我記得海明威在《老人與海》裡有一句話：「人只能被毀滅，不能被打敗」。我想有價值的東西是不會被打敗的，就像那座《貞節牌坊》，豎起來不容易，要打倒它也很難。

《紅塵白壁》

當我在二〇〇〇年獲得廣播金鐘獎「終身成就獎」時，有一位女記者訪問我，她忽然提起，在抗戰八年勝利後，我在四川重慶「抗建堂」演出《紅塵白璧》舞台劇的往事，那應該是很久很久以前的往事了；我卻從來沒在我的夢裡，記憶起這個舞台劇的演出。

一九××年，我在中國大陸國立戲劇專科學校，第一屆話劇科五年畢業。本想跟隨應尚能老師，再去音樂學院學習聲樂。可是，在這時期，校長余上沅先生組織劇專劇團，邀約我們全班同學成為基本團員。正式有薪金可拿，我心想，在學校中已苦讀五年，又沒錢，更沒機會出國深造。如果在劇團中工作一個時期，能存點錢，再去音樂院學習也不晚；如此我變成「職業演員」；人世間的事，將來會發生什麼變化，有好，也有壞。如果，我去了音樂院，不參加同學組織的「上海觀眾演出公司」劇團，到台灣來旅行公演，那麼，我也不會遇到在台灣坐冤牢近十年，可是，如果留在中國大陸，說不定也會被鬥爭、清算而死。我的兄姐，不是在他們「反右」，「文革」鬥爭中喪失了生命嗎？這真是像兩句俗話：「人生如戲，戲如人生」，我們從事藝術工作的人，也就在那些不能預料的夢中經過了年輕，然後又到老年。當目盲齒豁，滿頭白髮時，還能去追憶，是在那一個舞台劇中，我演哪一個角色？

憶起國立劇專劇團，在四川重慶的舞台上，是首次對外公演，劇名是《紅塵白碧》。是周彥先生編劇，劇情是在抗戰時期，一般的人民大都生活儉困，但也有一部份的人醉生夢死，享樂而不知民困，有奸商，有投機份子，為各私利出賣良心！當然最後是受到國法的懲治。（聽起來有些「八股」。）

演出劇場是唯一的「抗建堂」。現在中國把這個劇場做為「文明古蹟」。從前有多少名演員，在那個簡陋的舞台上，演出許多中外名劇，名作家曹禺先生，也在那個劇場中，演出音樂神童莫札特的《安魂曲》呢？那時欣賞話劇演出的大學生們，大都先從江北渡船到重慶市，看完了戲已是夜晚，無法回校，就露宿街頭，窮學生有一點錢購戲票，那兒還有錢住旅館？

也許說，演出很成功，觀眾熱烈支持，有一個人也來看了我們的戲。他很欣賞，他曾經帶了他的俄國夫人蔣方良女士到後台來祝賀演出成功——這個人，以後成了台灣國民黨時代的總統——他是蔣經國先生。他並且把《紅》劇介紹給他老爸觀賞，他的老爸，那時稱為軍事委員長蔣中正先生。

演出地點，是在復興崗（舊稱「糊塗崗」），音樂幹部訓練班的舞台上：蔣老爹，一個人獨坐最前排沙發上，一個小茶几上放一杯茶，後排的觀眾們，有官，有學員，滿滿的坐無虛席，鴉雀無聲——當然戲到精彩處，還是會鼓掌——但是，劇場內外，以及舞台上各個角落，都站了「隱形人」，忽然一閃，使我們嚇得心跳半天！

看情形，蔣老爸很滿意我們的演出，囑咐兒子盛宴招待。後來蔣經國先生成了我們的朋友，常來看看我們，有時，也在舞廳碰面，我們宿舍附近，有一個舞廳叫「夜花園」，有一陣子，我們幾個同學相約去那兒跳跳舞，夜晚回來，在街口麵攤上，站著吃完碗「小麵」做宵夜，那一段的日子似乎生活得很快樂。

抗戰勝利，復員南京，劇專劇團又在南京的舞台上演出《夜店》（原俄國作家高爾基的小說改編），還有張俊祥老師編劇的《萬世師表》，我在夜店劇中飾演小乞丐「小斗子」是反串男孩子，在《萬》劇中飾演教授的女兒「小柔」，可是，來台再演《萬》劇時，我卻升格為小柔的媽「爾婇」了。

當年，我們班人馬：小朱（女）在美；崔小萍在台；趙鏘導演《紅》劇在重慶；朱琨（逝）；王德宏（逝）；丁小曾（逝）；王學皇（逝）；另外一位插班生外號蛤蟆（逝）。

如今寫出來，真如碎夢片片，從前的日子，天真的夢不知道「憂」，更不懂「慮」，更不知「愁」，搖搖擺擺，幌幌悠悠然，竟渡過大江大海無數的坎坷之路，沒有跌倒，更沒被打倒，竟然活到如今的八十八高齡老嬤！真是神的恩典，降福給我。阿們。

在筆記本中，忽然發現周增祥先生，很久以前，翻譯的一段銘言：

時間的修養

當時光流逝，事務對你的損害就愈來愈少。時光流逝，你的性格就漸漸變得沉著。你培養了內心的生活，使你不致受外面世界大大小小的干擾，你學會了明哲修養。以前你覺得很大的不幸，現在你能忍受下來，連一滴眼淚都不流。一年復一年，人生會給你補償。少年時的花已凋謝，美麗也消失，心靈上那深深的痛楚，也同樣也隨之而消失。

紅塵滾滾，多少「白壁」被傷害，歲月不留人，如何「活」著，都在你自己如何選擇。

二〇〇九年八月七、八日，莫拉克輕颱，大雨惡水，幾乎毀滅了整個的南台灣。人民死亡無數，他們失去了父母子女，失去自己的家。但是政黨紛爭，還繼續在惡鬥。

法蘭西的喜劇國寶莫里哀

莫里哀（Molière, 1622-1673），在十六世紀末，是法國的一位喜劇名編劇家，一位名喜劇演員，更是一位名導演和劇團領導人；他熟讀舊籍，他研究哲學，他會寫詩劇，也會寫散文，他為人謙遜、厚道，樂於助人。在過去的許多記載裡，我們知道一個「名者」之得來，實在不是一蹴就成的，大多是由年青時，熱中於一事，而經過多少波折、艱苦，最後是犧牲個人幸福，奉獻出自己的生命；在我們中國說起來，應該說是「鞠躬盡瘁」「死而後已」吧？他在最後一次演出後，吐血而死，死時五十一歲。

莫里哀一生所寫的劇本都是喜劇，他注意的是雅俗共賞。有人批評他的作品和演出低俗，但是他說過，他要娛樂的是朝臣，學士，大多數還是平民。但是他舞台下的人生，卻是個悲劇。他出身寒微，父親在法王路易十三的宮廷裡做個芝麻大的官兒——裱糊匠，也算是僕人，從未想過，他的兒子將來會因為寫戲和演戲，而成了宮廷中的貴客，成了王子的摯友，就靠了這些達官貴人的關係，他的喜劇才得以發揮的機會。雖然當時，仍把「伶人」看成供人消遣的，是沒有社會地位的。是宮廷中御用的玩物。有一次他勸告一個學法律而不做律師堅持要參加他的劇團做演員的年青人說：

……你如果上了戲台，就等於把刀子刺穿你父母的心，因為什麼緣故，你是知道的。我常怪我自己從前不該使父母為我做戲而傷心……你也許以為做戲有它的樂趣，其實你是想錯了，固然，在表面上看來那些大人物都需要我們，但是他們只要我們遷就他們的娛樂，你要知道做了他們脾氣的奴隸，乃是世上最痛心的境遇。至於其餘的人們，卻把我們認為是墮落的人，都瞧不起我們……

請你想想我們的痛苦，你舒服也好，不舒服也好，人家要你做戲，你不能不做，我們自己心裡往往是悲哀的，還得裝著笑臉去逗人家笑……。

莫里哀的婚姻生活是不幸的，他娶了一個他愛的年青女演員貝查兒（Armanda Bejart），但她愛慕虛榮，愛享受，卻不愛莫里哀，她也不瞭解莫里哀的才華，所以在莫里哀死後，她把他的一些劇稿，像賣破爛似的丟掉。他忍受他的妻子與別的男人相戀。他患有胃病，只能以牛奶維持生命，還有喘病，常在舞台上窒息而暈倒，也有嚴重的肺病。為了支撐劇團不解散，他要拼命的寫、演，當演完《心病者》以後，他已經是無法支持，大量的吐血，太太不在他身邊，唯一的女兒也不在身邊，只有教會的修女們，看著他走向生命的盡頭。

當莫里哀演出《心病者》第三次的時候，他已無法支持，他叫人請了他太太來跟她說：

在我的生活裡，快樂與痛苦是相等的，我始終覺得是幸福的。可是，今天我的痛苦這樣深，又無法希望有一刻的甜蜜的生活，我很知道，我應該放棄我的生命了，痛苦與煩惱總是糾纏著我……我再也支撐不住了！

可是，有五十個人是專候著今天的工錢來維持生活的，我們不做戲，他們怎麼辦？

他要求四小時，把舞台上的一切準備好，因為他無法支持太久。他咳嗽，打噎，痙攣，勉強結束了舞台上的戲，也走完了舞台下人生之路。

與莫里哀同時的一位文學家曾這樣說：

後世能有美麗的喜劇，都是他的恩惠。他曉得用一種偉大的藝術來博取人家的歡心；他懲戒那些壞人與愚人，懲戒得那樣巧妙，以致許多人看了戲就能痛改前非；假使你認真的用憨直的話去規諫他們，能像那些充滿了樂趣的作品有效力嗎？他像一個神妙的醫生，把藥品變為甘餌，他的技巧是特別的，是不可及的。能使喜劇達到盡善盡美的境界，既能悅人，又能益人。然而莫里哀非但能編好的喜劇，而且能在舞台上扮演主要的角色，他是好詩人，好伶人，好演說家，總之，真是戲劇界的萬能者。除了這些美德之外，他還是一個善良的人，他很慷慨，很仁慈，他的一切卻文明有禮，人家恭維他的時候，他很謙虛，他是一個博學的人，卻不願意炫耀他的學問，他的談話是那樣溫和、那樣客氣，以致朝中與城中的上流人物都喜歡跟他接近。

這真是一篇真誠而毫無保留的評介；在古代，大多數的人，都有替人揚善的美德，如果在現代，莫里哀的這些成就，怕不變成「推銷」個人的資料才怪呢？

莫里哀幼時喜愛戲劇，尤愛觀喜劇演員表演，也喜歡自己做喜劇演員，而不願在宮廷裡做官兒。如此，也許就注定了他日後在舞台上演喜劇，在真實人生裡演悲劇的命運。當時他寫劇本的時候，沒有老師告訴他何謂編劇方法，在當時的生活裡的人，事，的素材，全憑個人的機智去編篡，憑他善良的本性，在喜謔中，寫出他對當時社會人事的觀點和批評，以及他的不平和希望，所以有些劇本被禁演，如果沒有路易十四皇帝喜歡看戲，恐怕在戲劇王國裡，法蘭西的這塊「寶」，就會被埋沒了。

盧梭[一]對莫里哀有一篇批評說：

只有我們戲劇詩人似乎是可與古代的詩相頡頏的。我甚至於比較喜歡我們的戲劇詩人，假使個個都能像莫里哀那樣成功的話，蘭辛[二]與哥奈爾[三]戲劇員好？但我不敢說他們已經達到了悲劇的極峰而毫無缺陷。至於莫里哀，幾乎可以說沒人在前領導，而他竟找到了喜劇的唯一途徑，後世的人若非追尋他的踪跡，就必誤入歧途。人們往往責莫里哀太過通俗化了，其實有許多種題材就該有許多種的寫法……在紙上看來，莫里哀的確有描寫過火之處但一到舞台上，因為動作多於語言，若非把自然界的事物放大些，決不能令人看著活像自然界的事物。其實莫里哀未離開自然界，與亞里斯多芬（Aristophane）不同，亞里斯多芬差不多老是離了自然界的，

一　盧梭（Jean-Jacques Rousseau, 1712-1778）：法國大思想家，文學家，著有《民約論》、《愛彌兒》、《懺悔錄》等。
二　蘭辛（Jean Racine）：法國悲劇作家，其著名作品是《菲德拉》（Phaedra）。
三　哥奈爾（Pierre Corneille, 1606-1684）：法國著名悲劇家，代表作品《希德》（Le Cid）。

雖然如此，希臘的最高尚的人也都景仰亞里思多芬[四]……

莫里哀本名是約翰巴狄斯特波克蘭（Jean-Baptiste Poquelin），他的小妻子叫貝查兒（Amanda Gresinde Bejart）。他所衷情的妻並不是美人，當她使莫里哀傷心的時候，莫里哀還念念不忘她，他說：

她的眼睛很小，而她的眼神卻很有吸引力；可以說天下最有光輝，最能令人感動的一雙眼睛。她的嘴很闊，別有韻致，卻可以在她的嘴上看到。她的身材並不高，但她走起來很輕盈活潑，肢體也很勻稱。她的言語舉止似乎卻很疏忽，但疏忽中有韻致；她的態度我不知是也什麼風趣，竟能款款地透入人心。她的心思是很精細的，她的談話很動人。她的脾氣一刻十八變，但是，美人的一切壞處卻是好的，也卻是人們所能忍受的……

莫里哀藉著劇中一個角色（市民變紳士）對女性的讚美，訴說他對妻子的傾心，這就叫做情人眼中出西施吧？也許是因為他的妻子是一很好的女演員緣故吧？

四 亞里斯多芬（Aristophane, 約448-380）：希臘著名喜劇家，其著名作有《雲》、《黃蜂》、《性》，以詭辯著稱。

索尼亞的希望

我在劇專的畢業公演的戲劇，選擇了俄國契訶夫的舞台劇——《萬尼亞舅舅》，從前該劇在蘇俄是由藝術劇院演出，斯坦尼斯拉夫斯基導演。當年在劇專，我們的「表演藝術」，是由陳治策教授，以斯氏的心理寫實表演方法，做為訓練方法。因此，我們選擇了一個俄國戲。在四川江安的小舞台上，一群穿著俄國服裝的舊俄人，活躍在以孔廟大成殿前的小舞台上。那是我們劇專校第一屆畢業生公演。在「江安」這個小鎮裡，讓眾多的「本土」的老百姓，看到了一部份外國人的生活，在劇中，他們也看到了在「鄉下」為他們的親戚——教授大人，沒給勞苦了一生，沒得到半句安慰的話給舅舅，竟變賣家產，帶著嬌妻——她是萬尼亞舅舅的舊情人，不瞥一眼的，身穿著大禮服回城裡去了。

萬尼亞望著天空哭泣，什麼願望都沒有了！在該劇中我飾演忠厚的女兒——萬舅舅的外甥女索尼亞，她跟舅舅曾在這個農莊上苦幹了半輩子，她的教授爸爸，一句話也不說的帶走了他們辛勤了半輩子的果實！

萬尼亞舅舅哭了。索尼亞也哭了，她跪在舅舅的膝下用雙臂圍抱住他說：

「……我們會聽見天使的聲音，會看得見灑滿金剛石的天空，所有人類惡心腸的和所有我們所遭受的痛苦，都將讓位於瀰漫著整個世界的一種偉大的慈愛，那麼我們的生活，將會是安寧的幸福的，像撫愛那麼溫柔的生活！我這麼相信。我是這樣相信的……可憐的，可愛的舅舅呀！你哭了，妳一生都沒享受過幸福，但是，你等著吧！萬尼亞舅舅，等著吧！我們會得到休息的……」

將熄的燈光，照射在這兩個孤獨的人身上，大幕慢慢的垂下。台下是一片寂靜，聽得出哭泣的聲音……

說不清為什麼，我寫到這兒，竟然也淚流滿面…也許是對現社會人性的一種感觸，「你」為人群工作了一生，剩下的是什麼？只有像索尼亞一樣，仰望蒼天，寄望於未來？可是我也老了呀！

當年，這個劇組裡的同學們，除了我（在台灣），趙鏘導演（在四川重慶），朱玉璣（在美國）飾夫人，姚思誠飾教授（已逝），王德宏飾萬尼亞舅舅（逝），沈蔚德助教（老奶媽——逝），朱琨（逝）……再看一眼我們那張萬尼亞舅舅劇組的照片，不流淚，也只有仰望雲天吧！

記得老同學雷亨利（逝）對我說：

「妳的柔軟悠悠的聲音，使我忘了在看戲，那一個「End」，我永遠忘不了……」

忘不了的事，忘不了的人……唉！

《偉大的薛巴斯坦》

這是兩個美國作家編寫的一個捷克魔術師的故事。是由李曼瑰主持，以小劇場運動推行委員會，三一話劇欣賞會的名義演出。李曼瑰教授是一為立法委員，也是唯一的以立法委員身份，來推行小劇場運動的人。約在前半個世紀，我還在四川江安，國立戲劇專科讀三年級時，她剛從美國學習回來，曾在我們簡陋的教室裡，為我們這些在對日抗戰時期，專讀戲劇的學生們演講國外的戲劇概況。她沒教過我，她在抗戰勝利後，劇專復校南京時，她曾任教授。在台灣，因請我組劇團，演她的劇本《天問》（又名女畫家），才再認識她，但在私人生活上沒有接觸。後來她擔任政工幹校，文化大學的戲劇系主任。她是廣東人，曾約我去文大擔任編劇一課，我藉口中廣事忙而沒去，當然這其中還有「人事」之阻撓。

《薛》劇，就是她任政戰校系主任，我也在該校任教時，敦請復興崗文藝學會一六實驗劇社演出。這次的演出，是師生、畢業校友、及正在校學習的同學們大聯合，以「外國劇」的舞台劇演出、佈景是請顧毅先生設計，他在「政戰」教授舞台設計。在說明書上，也特別註明：「特請崔副教授小萍客串主演」。在劇中，我是飾演薛巴斯坦的太太，愛西。薛巴斯坦，好友蘇，親手在我紫緞的長禮服上縫綴亮片，並為我編織了一個白珠子的小手袋。她對於我在舞台上扮演外國貴婦覺得很好玩。這是我第二次飾演外國人記得第一次是在離家的前一天，日軍大炮從黃河北岸炮轟濟南市時，我和哥哥正在演果戈里的《欽差大臣》，那時我十三、四歲，飾演糊塗縣長的女兒瑪麗亞。我鼻子本來很高，演外國人不必用鼻油灰增高——在小學讀書時，同學們譏笑我的鼻子，曾給我起了個不雅的外號——大鼻子，我深以為恥，現在老了，有時深視我這個懸膽鼻，卻覺得十分美麗呢？

在當年演這個戲時，蘇俄共產黨統治還未解體，捷克、匈牙利都還是蘇聯屬國，捷克人薛巴斯坦娶了英籍婦人愛西，以「觀心術」旅行各國，主要的是要把一枚有價值的郵票偷運出國境，但被捷克一幫軍官攔阻。在用「觀心術」這套一般的魔術，欺騙捷共軍官們，而發生的一連串故事。

這次參加演出及舞台工作的，都是在政戰學校畢業，在社會上已很有名氣的人，這個劇本的譯述是由王教授、吳青萍兩位老師擔任，導演是由趙琦彬、張曾澤、貢敏擔任，舞台監督是劉榮祺，前後台主任是徐天榮、張永祥，總務主任是宋項如，音樂設計夏祖輝，服裝設計是聶光炎。朱磊、趙玉崗、崔福生、沈毓立都是舞台工作。演員方面，是那位有名的結婚、離婚，離婚又結婚的劉維斌擔任男主角薛巴斯坦，其他有宋屏、唐冀、丁強、于恆、張瑄、于國治等他們都是我在「政戰戲劇系」從他們年輕就開始教過的學生們，演出情況熱烈，台上台下演員統力合作，應該算是一次很成功的演出吧？何況台上都是中國人在扮演捷克人呢？至於「像不像」？那只有觀眾心裡明白。該劇是在一九六一年十月四日至十月十日，地點是在台北三軍托兒所禮堂。

演出《偉大的薛巴斯坦》舞台劇

發現一份紙張發黃的舞台劇說明書，在封面設計上，好像跟一般話劇演出不同，底面還有英文說明，看演出時間，那應該是一段久遠的年月了——一九六一年，十月四日至十月十日，每日夜場，下午七時半，地址：台北三軍托兒所禮堂。劇名是《偉大的薛巴斯坦》。看劇名應該是個外國舞台劇，察看封底的英文說明，該劇曾在美國的百老匯舞台上演出過，曾很轟動。

李曼瑰女士提倡小劇場運動，該劇演出定名為「三一話劇欣賞會」，敦請復興崗文藝學會一六實驗劇社演出。李女士在是在台灣的國民黨立法委員，留學美國，在一九四〇年，全國抗戰第三週年時，她從美國回來，我們劇專校長余上沅先生請她到校演講，那時學校因日本鬼子轟炸四川重慶市，劇專遷校至四川江安縣，我是劇校改專第一屆學生，還未滿十七歲，記得是在我們一年級教室聽她演講美國的戲劇概況。抗戰八年勝利復員南京，劇專也回到南京，當年我已在劇專畢業，李女士曾在母校執教，雖然她未教過我，我還是稱她為「李老師」；四十幾年後，大陸變色，我們同在「台灣寶島」生活，她在政工幹校任戲劇系主任，我卻又應聘為「表演藝術」課程老師！時世的變化，誰也無法預料到會有什麼變化；因此這個《偉大的薛巴斯坦》三幕舞台劇，應該說是幹校師生們最偉大的一次演出。

說明書封面記著：

編　　劇：美國何烏德林德世
　　　　　羅素、柯洛斯

譯　　述：王錫茞，李青萍

導　　演：趙琦彬
　　　　張曾澤
　　　　貢　敏

舞台監督：劉榮琪

另外有一則說明：

特請
崔副教授小萍客串主演
顧毅先生，佈景設計

我們為什麼演出《偉大的薛巴斯坦》——為了藝術，為了真理……

參加演員都是我教過的學生們，有的成為名導演，有的成為廣播劇明星，如「宋屏」先生。男主角是劉維斌，在校時，曾因他爸爸的死，不得校方的愛護，後聽聞逝世於四川成都，中共官方以

「烈士」之後裔厚待。這位學生在人生實際生活裡的喜劇人物，在二十四小時之內閃電離婚，閃電結婚，造成婚姻記錄。于恆——後成為我主持廣播劇團時的名「報幕」（這是舊名稱，是演播前播報所有參加該劇的人員），婚姻失敗，心臟病逝世，回家鄉安葬……

另外一段介紹，是寫到我：

崔小萍女士——崔女士現為政工幹校影劇系及國立藝術專科學校副教授，及中國廣播公司導演。早年畢業於南京戲劇專科學校，對中國戲劇教育及提倡劇運工作甚具貢獻，著有廣播劇「芳華虛度」，「窄門」，「兒女冤家」，「藝怨情淚」等多種，並著有戲劇理論頗多。

這次的演出，在台上的演員就有二十位，負責前後台舞台工作的有十六位，應該說不算小的陣容，大家不分工作輕重統力合作，演出這個外國的舞台劇六場，今天看說明書上列名的同學們，有的已經離開了人世，有的移民外國，有的下落不明，只有我這位「老師」，還在昏燈之下，記下我跟他們這次快樂的合作。

二〇〇八年，距一九三七年七月七日蘆溝橋事變抗戰八年至今七十一個年頭，在台灣已無人知道七七抗戰是怎麼一回事了，台灣人也不會感謝侵佔台灣五十年的「日本人」，為什麼被國民黨「遷回日本」。只記恨這個「外來政權」侵佔了台灣土地。

《孔雀東南飛》

這是我在一九七七年出獄後，我為正聲廣播電台「花香小集」，廣播劇節目編的一個婆媳之間爭兒子之愛的老故事。我是以「方一」筆名播出，以免引起「黨棍」們的再次陷害，好在正聲邀請我幫他們製作廣播劇並不在乎這些。一本編劇費「三千元」，半小時播出時間，在我應該不算是難事，何況，我在出獄後，沒有正式的工作，打零工，賺點零用錢，也是必需的，我曾為他們寫了不少劇本，但是，可惜，他們的廣告太多，不是放在黃金時段播出，僅在「破曉」沒有廣告時播出，所以聽到的聽眾很少，雖然導播崔淑萍曾費了不少心力，那麼其「後果」，也可稱讚的是，由此節目，訓練出來不少「好聲音」的播音員。不算浪費了編、播、演、導的所共同付出的腦力激盪。

《孔》劇，據說是在後漢時，在民間傳播的一個淒美的愛情故事，有情的詩人們給它冠上一個「孔雀東南飛」的名字。由於一對恩愛夫妻，因兒媳遭到婆婆的嫉恨，藉故使兒媳做苦工，剝奪他們夫妻相聚的時間，使得他們倆，不得不像一些有情人，私自約會，他們就在相思林中約會，因兒被迫休妻，最後一次在相思林相會，雙雙在相思樹上，撞頭而死。在傳說中，有一對孔雀，從他們夫妻合葬的墓中飛出，比翼向東南方飛去……老母雖後悔萬分哭天喊地，也救不回愛兒的性命了。

婆媳之間，為了對兒子的愛而不合造成悲劇，從古至今，到現代二十一世紀中外仍層出不窮，尤其是身為寡母的人，自認養育獨子辛苦一生，守著兒子長大不容易，竟然被一個外來女性搶去兒子對自己的愛，是絕不甘心的，而把「恨」放在兒媳身上，造成家庭悲劇。這個戲的主角，除了母親，就是兒子「焦仲卿」，和媳婦劉蘭芝。

想起該劇，隨著想起我在一齣京劇《孔雀東南飛》中，被邀客串那位「狠婆婆」，是中廣公司董事長梁寒操先生，以主持廣東同鄉會，要我和飾演劉蘭芝名票×××女士（原諒我已忘記她的芳名），我就飾演焦仲卿的母親：京劇的表演技巧，跟話劇，電影，電視不同，她應算在女丑之類的。我演的時候，只是用誇張的聲音表情和手勢，姿態動作，而不影響劉蘭芝的道白和唱腔。在化裝和服飾方面，是一般的，而不穿女丑的大紅大綠的對比強烈的衣褲，我只在兩邊的太陽穴上，貼上兩小塊方形的小貼紙，俗稱是，「頭痛膏」藥，代表「壞人」，自己頭痛，也使別人頭痛。因為自己有舞台經驗，不需多排練，只是要配合一動一靜的鑼鼓傢伙點兒，更要配合對方演唱者的動作。我這次的「聲音表情」，是使用「京腔道白」。京戲味十足。幸好沒有唱腔，否則「荒腔走板」，破壞了主要票友的演唱。

在四川江安劇專校，票過一次「揹娃入府」，在中廣公司京戲公演，票過一次「法門寺」的劉媒婆，沒踩蹻，而是穿了三寸高的高跟鞋，逗得台下觀眾、聽眾，哈哈大笑，我自己也快樂。那次的京劇公演，真是滙集了中廣的京劇菁英，無論是老生，青衣，花旦，丑角，龍套，都是「個頂個兒」的棒！相信如今的中廣，唱不起這台戲了！

《釵頭鳳》——從廣播劇飛向舞台上演出

紅酥手，黃藤酒，滿城春色宮牆柳，
東風惡，歡情薄，一懷愁緒幾年離索。錯、錯、錯，
春如舊，人空瘦，淚痕紅浥鮫綃透，
桃花落，閑池閣，山盟雖在錦書難托。莫、莫、莫，
世情薄，人情惡，雨送黃昏花易落，
曉風乾，淚痕殘，欲箋心事獨語斜欄。難、難、難，
人成名，今昨非，病魂常似秋千索，
角聲寒，夜闌珊，怕人尋問咽淚妝歡。瞞、瞞、瞞。

以上這四段充滿了哀怨，無奈，含悲忍痛的「釵頭鳳」詞，是南宋愛國詩人陸游，和他表妹唐惠仙的愛戀，被迷信命運的母親拆散，惠仙憂鬱而死，陸游雖已娶妻生子，但終生對惠仙的思念難忘，他對當朝奸臣秦檜弄權誤國，是嫉惡如仇，官運不佳，雖有才華，又屨試不中，一生也是鬱鬱寡歡。陸游字務觀，號放翁；又稱陸放翁，其作品有「渭南文集」，「劍南詩集」等，死於嘉定二

年，享年八十五歲。

我很喜歡《釵頭鳳》這幾首詞，把一個舊的舞台劇本改編成廣播劇（原著封面已失，不知作者為誰），故事淒美，陸游因為孝母，忍痛和自己幼時玩伴，最愛的表妹生離，每每重遊舊地，回憶當年與惠仙甜蜜的相伴情景，不禁老淚婆娑。在他的詩詞中，可看出他愧對惠仙的心情和思念。

在一九五六年時，我改編了《釵頭鳳》，重播數次，很受聽眾們的喜愛，尤其是音樂組楊秉忠先生譜的曲，唱出來就使人落淚，有一報紙上的消息：（一九五七年十二月二十二日重播）

重播《釵頭鳳》——中廣公司廣播劇團，為應聽眾要求，在本星期日晚上，全國聯播時間，重播崔小萍小姐編導的《釵頭鳳》。

《釵頭鳳》，大家都知道是南宋才子，有愛國詩人之稱陸游的一首詞，敘述他和他表妹一段傷心的戀情，而寫下這首詞。雖詞意含蓄不露，但字裡行間，悽切纏綿之意，已使人不忍卒讀。

崔小萍小姐對於這個由她改編的廣播劇的設計，別具匠心，全以古箏配樂，極新穎別緻，啟人思古之幽情，使《釵頭鳳》憑添無限傷感氣氛。

劇中人——惠仙：王玫擔任；陸游：毛威擔任；陸母：崔小萍兼任；其他角色則由白茜如、趙剛擔任，那時，他們兩位還算是實習生。我和毛威、王玫夫婦合作多年，因為我們都有舞台劇的基礎，在「聲音表情」方面，都能播演出內在的心情，在聽眾方面，我們是被讚同的角色。

從編導《釵頭鳳》廣播劇，我跟著這首詞卻結了解不開的緣。

台灣銀行成立五十週年，他們成立了話劇社，要演《釵頭鳳》，改名為《斷雲幽夢》，是用原劇本，請我導演，我當然也請了我的朋友們幫助，他們也成了朋友：

舞台設計：張紹載
造型設計：毛　威
音樂設計：李　林
化裝指導：葉　翔
作　　曲：楊秉忠
主題歌獨唱：白銀

其他舞台工作，都由他們話劇社的行員擔任，演出兩場，「客滿」，他們雖是銀行行員，但素質很高，在我一個多月的排練後，他們真是出台口一亮相——演出精彩。

在演員方面，按照說明書，寫出他們的名字，也是一個紀念吧：

陸　游（老年）：王孫
遊客甲：江國樞（男）
陸　游：李汝明

遊客乙：黃有漢（女）、李汝明
園　丁：劉鳳章
唐惠仙：徐增壽
狄　英：陳伯權（大漢）
陸　母：葉世錸
靜　田：何　蔕
沈逸雲：孫成熹
趙士程：李良操
妙　月：胡麗華
羅玉書：刁培緒
小諸葛：謝劍虹
佛　婆：王　太
小地仙：張憲銓
小　使：黃貴華

當我寫這些演員名字時，雖劇本已隔有四十幾年，但他們在舞台上的身影，現在回憶起來，還在我眼前！尤其是飾演唐惠仙的徐增壽女士，她因學習京戲青衣，有身段，舞台動作駕輕就熟，又專心研究惠仙心理，理解高，因此，雖不是職業演員，可比一般職業演員演技高超。我們成了好朋友，她稱我為老師。因學京戲，她稱金素琴為師，我們二師一徒，曾在美國舊金山居所促膝談心，想不到那是最後一次相聚，徐女士嬌小玲瓏，貌美，她有三個兒子，一個帥哥似的丈夫，家庭和美，後來聽說她因病逝世。另外演陸游的李汝明先生，演的也很好，我也請他參加過廣播劇的演播，聽說也已早逝。我現在紀念他們，他們已經不知道了。

如果不是我喜歡留些剪報資料，現在像我近八十歲的人，在記憶裡，遠去的故事太多，一時真難想得起來，如我為李玉琥先生主持的中華漢聲劇團，在?年導演的「釵頭鳳」舞台劇，就會模糊一片，現在有一篇記者報導的小剪報，就會引出好多好多鏡頭，畫面，舞台場面，以及當年合作的許多老朋友們。這篇報導是記者楊海光寫的，第一標題是：「釵頭鳳」，詩人陸游婚姻悲劇。正題是：南宋庭園搬上舞台看。小標題是今晚台北登場，下月初南下（可惜我沒記上是哪一年演出的？）。內容是：

大型古裝舞台劇《釵頭鳳》，今起在台北社教館演出七場，至三十日結束。

《釵頭鳳》敘述南宋愛國詩人陸游不幸的婚姻悲劇，貢敏重新改寫後，架構扣緊在陸游與唐琬（惠仙）這段淒美的感情上，另外一個重點是婆媳不和，編劇有意指出，中國傳統家庭中的婆媳之爭，至今仍未化解多少。

《釵》劇演員陣容堅強，男女主角陸游、唐琬由宗華、葉雯擔任，陳又新、張冰玉分飾陸游父母，鄒森扮演唐琬的第二任丈夫趙士程，其他角色還有劉引商飾演花婆，常楓飾演鮑季和，龐祥麟飾演許伯虎，馬惠珍飾演皇姑。

> 《釵頭鳳》的製作費達兩百七十幾萬，比中華漢聲劇團前兩個戲《藍與黑》，《蝴蝶蘭》超出一百多萬，團長李玉琥表示，一切花費都為了戲好。
>
> 佈景、音樂、服裝三項佔了大半經費。「釵」劇有四個景，「沈園」，陸府花園，趙家客廳，及陸游唐琬避居之處。每一場景都以寫實逼真為主，讓觀眾宛如置身在古代庭園中，這些佈景道具，運往中南部時將用四部大卡車。
>
> 蘇文慶設計的音樂全長四十分鐘，包括三十一首背景音樂，和九首歌曲，支支悅耳動聽，喜歡國樂的觀眾不可錯過。
>
> 《釵頭鳳》由崔小萍執導，劇長兩個半小時，三幕之間休息五分鐘。
>
> 《釵》劇台北演出後，將到中南部公演；十月二、三日高雄中正文化中心至德堂，十月五日台南市文化中心，十月七八日台中中興堂。
>
> 入場券已在各地發售中，票價從一百元至八百元……

楊海光先生的報導很詳細，感謝他喚回我許多回憶，如此興師動眾的大戲，最高票價僅賣八百元，但在當年已算是最高票價，不像外來的演出團體，現今的票價會在萬元之上，也被搶購一空，証明當代台灣人民的生活富裕，肯花高票價去欣賞外來團體的演出，而對本國話劇團體演出往往吝嗇票價。值得高興的，這次《釵頭鳳》在中南部的巡迴公演，竟破天荒的大滿座，事前聽說那方人士，沒有看話劇的習慣。據說光是說明書就收入了好幾萬元。南部演完最後一場，團長李玉琥，請全團到「土雞城」消夜，慶賀演出成功、順利。

《釵》劇女主角葉雯，在二〇〇六年因病痛自殺身亡，浮屍於石門海邊，後來發現是名演員葉雯女士。在舞台上她演悲劇，在真實的人生中她確是一位悲劇女主角。

在炮火中演出《欽差大臣》

像是白頭宮女說故事，但的確是從一九三七年開始，一個梳著童髮頭的十四歲的小姑娘，到今日執筆的白髮的，八十六歲老婆婆，回到從前的時光，已經過從一九三七年度到現在的二〇〇八年，怎能說，不是故事呢？而且前面所記錄的兩位「故人」，和一位現代人，跟我要寫的故事，有何關係？事實上，他們影響了我一生的戲劇藝術志願，所以，以後所寫出來的故事，都是一幕幕偉大的戲劇作品，那個小女孩卻是劇中的主角人物。

* * *

一九三七年，七七事變發生，日本帝國主義的軍隊，藉口尋求一個士兵，闖過蘆溝橋侵佔北平城，然後繼續攻佔了上海、南京……侵佔了全中國的土地，使我們中國人家破人亡，到處逃亡。也使全民同仇敵慨，共赴國難，八年艱苦的抗戰由此開始。

一些曾在上海、南京、北平，工作、讀書、演員們，在躲開日本兵瘋狂的燒殺淫掠的獸性，回到他們的故鄉——山東「濟南府」。那時候，日本兵從黃河北岸打過來的炮彈還不是太兇，但是，學校停課，許多家庭卻都準備逃亡了；這些熱心劇藝的演員們，卻熱衷於組織劇團，要轟轟烈烈的演一台大戲呢？

我哥哥崔超是「戲迷」，從中學開始就組織話劇社，這一次從南京回來的井淼、朱星南，加上我的姐夫齊夢非、姐姐崔夢湘、宋柏泉（後改名宋岳）、萬聲[一]，還有許多愛劇藝的濟南府的哥兒們，最後加上我這個「小不點兒」，也許，他們已做的組織抗日宣傳劇隊的習作，但在那個時候，我只喜歡「演戲」，他們有什麼計畫，我是不知道的！但是，當日軍侵佔濟南府的前夕，他們真的走了，以後經過了幾十年後，當我再遇見他們時，大都已是從黑髮少年郎變白髮老人了。

提起當年，我們家，雖沒有大庭堂在冬天溫暖夏天涼，雖然沒有大花園，但在天井中排戲，做佈景，運用的地方還是綽綽有餘。那都是在我爸爸押郵務火車去外縣的時候（火車運送郵件到另一城市），他需要兩天後才回家一次，他是在英國人管轄的郵局工作的，他最痛恨哥哥不喜歡讀書，就愛「搞怪」，尤其是演話劇！他說：「戲子、王八、吹鼓手，都是下三流的討生活的人，絕不可以沾邊兒！」所以，我們排、演都在他不在家的時候。所以，他在世時，也不知道他的三個孩子，已陷入戲劇藝術的大漩渦之中了。

抗日宣傳緊急，我們第一個戲是田漢[二]的《回春之曲》，就在我們院子裡排演，劇中一男一女主角：都是從南洋回國參戰的僑生，在戰爭中發生的一段愛國，愛情的故事。男主角維漢請宋柏泉飾演（後改名宋岳）女主角梅娘由我飾演，他們說我會唱歌，因為劇中的主題曲是「回春之曲」，我還記得那些歌詞：

一 萬聲：牧師之子，山東人。在中華人民共和國整肅時代，他在「反右」鬥爭中，被下放二十年。他成為一位老劇人。

二 田漢（1898-1968）：中國現代戲劇奠基人、劇作家、詩人，原名壽昌，生於湖南省長沙縣。三幕劇《回春之曲》寫於1934年底，塑造了愛國青年高維漢和梅娘的動人形象。

梅娘唱：「哥哥，你別忘了我呀，我是你親愛的梅娘，你曾坐在我們家的窗前，嚼著那鮮紅的檳榔，但是，你已經不認識我了，我是你親愛的梅娘……」

劇情是在抗日戰爭中，維漢受傷失去記憶，他已不認識跟他相戀的梅娘，當年飾演維漢的宋柏泉，他真實的故事是：

他父親強迫他娶了他不認識的女人，鬱鬱寡歡，大家戲稱他是「憂鬱小生」，因為排演話劇，我們家成了他的避難所。在劇中我成了他的小女友（他和哥哥同年），我和他之間戲稱他是我的男友維漢，我是他的梅娘，就像劇情一樣，我們在戰後重逢，小女友「梅娘」已經長大，正在和同學戲劇的男友戀愛，但想不到這位當年的「維漢」竟成了第三者，再次在台灣相見，他竟成了我的丈夫，我落入愛情的陷阱，忘了他有「前妻」的捆綁，於是，在忍受了十年的痛苦的婚姻，終於離異，這位憂鬱小生，最後憂鬱而逝。如今，維漢已逝，梅娘已老，往事如在夢中，每次憶起梅娘呼喚維漢的情景，仍然會潸然淚下。

《回春之曲》沒演出，也許是劇情太簡單，尤其讓兩個生手挑大樑很危險，沒票房，接著改排了一個外國戲，說是俄國作家編劇，劇中角色眾多，是個喜劇。當年，我也不懂什麼俄國人，只知道劇情很滑稽、好玩，逗笑劇情是發生在俄國一個小縣城。有一天，忽然來了一位「欽差大人」，縣政府裡的人，都以為是沙皇派來視察的，尤其是縣長更慌了手腳，呼召大家齊向欽差行賄，縣長更不惜犧牲妻女，向欽差獻媚，求得嘉獎升官；但是，來者是個落魄的浪蕩子，帶著一個男僕行騙天下，最後，這個假欽差，吃飽喝足，帶了大批的銀子，乘坐馬車揚鞭而去，留下這些貪官污吏呼天喊地——劇終，台下的觀眾鼓掌大笑！

飾演假欽差的演員，就是當年我眼裡的大哥哥——萬聲，他父親是牧師，他對我這個小妹妹特別喜歡，有一次他從日本旅遊回來，送了我一本很特別的日記本，在我童年時，我一直用它記載我孩子時代的心聲，在抗戰時，我把它帶在身邊，從小到我長大，變老，大批的人生故事都在這本的字裡行間，寫我愛的，記我惡的——帶我到台灣來，在我被調查局人員誣告的時候，他們根據這本日記本中的瑣瑣碎碎的文章裡，認定我是「思想不正」，可能是「共產黨」。萬聲大哥哥，另外還送我一個石膏製作的長髮美女像。萬哥哥長得很帥，高高的身材，秀麗的面龐，在那個「古老的」山東人的時代，他已經留著捲燙的長髮了。所以，他演劇中的俄國浪子，在外型上是亮眼的。我在十幾年前到中國大陸觀光（已無親可探），在四川重慶市，老劇人的一個眷舍去探訪我在劇專的同學們，我在那裡看見那位萬哥哥——他已經老了，人家不說他是「萬聲」，我是不會認得的。在中華人民共和國鬥爭藝文界人士時，他也被打成「右派」，下放農村二十幾年，下田耕種，餵豬放牛，經過二十多年的折磨，他還能活著回到「自由天地」，是不是靠了主的救贖呢？那年，小妹妹已是六十餘歲的女人，他已是九十幾歲老頭子，見了面，不知道「說」什麼？他彎腰駝背，已不見昔日的帥哥了。我不知道他是否還記得演《欽差大臣》話劇的往事？大哥哥在中華人民共和國下放農村二十多年，小妹妹崔小萍在中華民國的監獄，囚禁了十多年，他的罪名是「右派」（從前生活於中華民國時代的「人民」，罪名是「右派」份子）在所謂「自由中華民國」的人民，被誣陷獄是「匪諜」——原罪是我們來自「生長」的中國大陸。家姐也是在「反右」時代下放農村，辛勞致死，可憐都是中華民族的子民。超哥是在文革時被鬥爭，他的兒子被打成黑五類份子，他憂鬱而死。

大哥哥萬聲已無法回憶《欽差大臣》舞台劇的演出，但是崔小妹對那次演出最後的盛況——日軍在黃河北岸的大炮彈，已落在山東濟南府的土地上；我所謂盛況，是這些劇壇老大哥們，利用從南京劇團帶來的幾箱外國男女服裝，都在《欽》劇中展示出來，使山東老憨們開了眼界，我所飾演縣長女兒馬利亞一角，更使大哥哥們驚嘆我有「表演藝術天才」，日後藝途光明……

守衛黃河的國軍們傷亡慘重，老百姓們已準備逃亡他鄉，只演了一場俄國大戲就劇未終人已散，我不知道那些大哥哥大姐姐們去了哪裡，據說是組織了抗日演劇隊走了，我跟姐姐掛名護士，跟隨韓復渠省主席的軍醫院逃亡後方。時在一九三七年十月，隔絕五十幾年後，重返濟南市故鄉，雙親不在，景物全非。再訪「城」裡，我們演出《欽》劇的省立劇院，獨坐觀眾席中，回憶半個世紀之前，我們曾在該劇院演出俄國作家果戈里[三]的《欽差大臣》。果戈里是舊俄時代的劇作家，當俄共產黨「列寧」領頭作亂時，他已「壽終正寢」，沒受到整肅。二〇〇一年九月十二日，曾和學生引商結伴兒去俄國旅遊，在「紅場」旁邊的一個紀念館，去看了列寧的墓穴。他短小的身軀躺在那兒，整個面容很光亮，不像死人，參觀時，不准攜帶手袋及照相機，都經過檢查。

「花了這麼多錢，坐了這麼多時間的飛機，來看這個『死』孩子幹嘛？」引商不知道這個死孩子曾翻天覆地消滅了舊俄「沙皇」二代，改變了世界潮流。但他未料到，後來的俄國人格巴契夫竟推翻了他對俄國人民的共產信仰，想改為「民主共和」呢？

三 果戈里（1809-1852）：俄國小說家、劇作家、批判現實主義戲劇的奠基人。俄國詩人普希金，對戈果里戲劇觀點的影響很多。他的《欽差大臣》劇作，1836年在彼得堡首演，接著在莫斯科上演。他認為真正的「高級喜劇」應該是社會的「鏡子」。劇中人物不應該是漫畫，而是活生生的性格和典型。

時代悲劇繼續上演。當我們的旅行團準備啟程時，在美國紐約雙子星大樓，被恐怖份子以自殺飛機引起爆炸，炸毀華府五角大廈……全國恐慌……那是在二〇〇一年九月十一日，美國人民的慘劇。多少年後，在該地立了紀念碑。我已數年未去美國，因為老友們都去了天國，無友可探了。更沒「回春之曲」可唱了。

茶與同情[一]

這是美國的一個舞台劇，編劇是Robert Anderson。在美演出時很轟動，後來拍成電影，我曾去劇場看了兩遍。故事是一位出身舞台的女演員，嫁了一位在藝術上毫無感受的體育教員，住在教員宿舍裡，她這樣的過去，在這個小鎮上的中學裡，當然會成為旁觀者、偏見者的議論對象。雖然她已洗盡鉛華，盡量適應那些人的生活觀點，但在她偶爾發現一個近於有自閉症的男學生湯姆李，被眾人取笑是娘娘腔的人，為了爭一口氣，幾乎喪失了童男的純真而去殺人。她好像叫羅白莉吧？現在記不太清楚，體育教員是石城播演，因為記得他叫「羅白莉」的聲音，所以想起來了，石城現在美國洛杉磯，「開拓者」教會裡任義工。

舞台劇本，是在台中東海大學讀書的張先芬、張先莉姐妹寄給我的，她們希望我改編成廣播劇，並請我演那位女演員羅白莉。她們是我最忠實的聽眾，現在大概也已五六十歲的年紀了，不知道還記得這回事不？我並不認識她們。

湯姆李我請張翔擔任（他本名是張光誠）。他是台大外語系的學生，剛考進中廣公司，算是特約播音員，半工半讀，每在星期日要代早、中、午、晚四個班，在其他時間，他可以在校讀書，不耽誤學業。這樣的代班工作，雖然沒有主要的現場播音，只是播報台名、頻率，從早六時開播到晚

一　一九五六年十月十二日全國聯播播放，由我改編成廣播劇。

十二時收播，整天下來也夠累的。雖然如此，能考進中廣公司播音，可不是一件容易的事呢？

一位新進的、沒有廣播經驗的大學生，是不被台上重視的，沒有人會熱心指導他，告訴他應該怎麼學習，只要播報節目不出錯誤，就能「保」住工作。

我發現張翔的聲音在憨厚中透著柔性，低沉而不失磁力，是男播音員裡很特殊的聲音。在那時的中廣公司的男播音員，在廣播劇中都是所謂的明星了。例如趙剛，張凡（現在德華語電台當導播），沈宏毅（後在中視公司任襄理），樂林（可惜因誤診早逝），曾惇（現在新加坡），毛威（現在新加坡遠東傳播公司導播）早已是資深廣播明星了。張翔應該算是初出毛蘆的後輩，我大膽的用了他，擔心這個劇中有些娘娘腔，而純真的大男孩，他不可能只用「聲音表情」表演的完美，既然用他，就不能使他失敗。於是，在我的導演職責之外，我是他的戲劇藝術老師，教他「說」，教他體會那個孤獨的男孩子，在嚴父（樂林播演）只知道叫他「像個男」人，但不瞭解他內心隱密的情感生活。父子之間沒有感情，因為湯姆李外型柔弱，他父親竟以為恥。他是個單親家庭中的孩子，他需要母愛。

張翔很用功，演播的也不算壞，他會彈吉他，在劇中有一段小歌詞，我胡亂寫上譜，他自彈自唱，在想像的黃昏情景裡，還很有詩味呢？劇中人湯姆李，他不喜歡和那些野男生在一塊兒玩，每在黃昏就彈他的吉他。

記得那段歌，是這麼唱的：

3 3 6 6|i. 7 6 —|

愛之歡樂僅　片刻

師母羅白莉，像母親一樣的照顧他、鼓勵他，但並不促使生活裡像個大男人，就在湯姆李，去找妓女証明他是個男人時，羅白莉不計別人對她的誤解和侮蔑，設法纏住他，免得他和別的同學為女人動刀子。

羅白莉說：「如果我們永遠不愛錯人，許多快樂就沒有了。自然，愛錯人是永遠沒有結果的，可總還留下一點甜蜜的記憶，而且這些記憶是令人快樂的……」

體育教員丈夫，不會瞭解她，她只有走出慣會造謠的這個小鎮中學。

後來，張翔也出名了，他主講「小說選播」，他更播演「小說選播」節目「紅樓夢」的「賈寶玉」。他是播演寧國府敗落，他出家做和尚，而不知所終。真的張翔，卻因家庭移民美國，他離開中廣公司，離開台灣，沒有再回來過——最後，他是真的回不來了——他病死在美國。

他不是北平人，他的父親早年在台灣是新文學運動的先驅，名張國軍，曾在板橋國中或小學讀過書，是客家人，最早去北京讀書，娶了「北京人」為妻，因此張翔的國語很正確，這些都是在其他的資料上看到的。當時雖同時在中廣共事，可是我的事情很忙，沒有時間跟他們聊天閒話家常，因此，很多同事的「家史」，我是全然不知道的。

張翔的美國來信：

一九八三年（民七十二年）收到海音姐的信：

小萍：日前給光誠寫信時，順便寄了我和你的照片，及告訴他你的近況，他立刻寄了這封信及照片給你，老朋友到底情意深，憶念多，你有空跟他通通信，談談一起工作的往事吧……

一九七七年，我被大赦出獄後，老朋友們多半移民美國，有些在台的朋友，大多是不來往，以免被扣「紅帽子」，白色恐怖的陰影，仍然籠罩住台灣人民的頭腦裡。那時，我在國光藝校和世新專教書，接到海外朋友的來信當然很高興。

敬愛的小萍姐：一九六二年我出國之前，你送行請我去陝西館吃「泡饃」，還記得嗎？轉眼整整二十年了，世事如白雲蒼狗，真是又快又不可預料！

現在回想起來，我們同事那些日子，真是我的「黃金時代」。從一個大學生半工半讀的生活裡，我居然度過了一段最舒適美好的日子。一大部份是靠妳的提拔與器重，從挑大樑主講「鼓浪嶼之戀」，到容任賈寶玉，我有時私下想，沒有出國，說不定……過去了，不談也罷，不過我們相處一段的樂趣、和洽，我是畢生難忘的。

……來美二十年，先轉學我原本的興趣——藝術。畢業後找不到事……會餓肚子……碰巧哥倫比亞大學在徵求中文講師，於是呆了下來，轉眼二十年啦……

……看著您的玉照，絲毫沒變，很希望您有空來信談，地址是……附上照片請笑納，即祝時祺。

弟

張光誠敬上　三月二十九日

我第一次入境美國是旅遊，第二次是訪友。我們約會在紐約的「福來盛」永和豆漿店，豆漿當然是冒牌，沒有真正台灣永和的豆漿店好吃，味道好像是喝餿水。可是在那兒見面是很特別的，趙雅君是張翔認識的，其他住在紐約的我在劇專的女弟子們，不是張翔熟悉的，以後他們都成了好友，而且還合作演出過舞台劇。當天張翔真像《紅樓夢》裡的賈寶玉，萬綠叢中一點紅，十二金釵圍著他，我這位老賈母也在場共同演出這場永和豆漿店中的紅樓夢，卻在紐約再會。當天永和豆漿店裡的年輕人，他們不知這群人來自何方，在美國生長的ABC，更不知道在台灣的廣播了。

俗話說，七十歲不外出訪友，朋友家也不喜歡接待以免暴斃，但是我七十幾歲的人，沒有高血壓、心臟病、雙腿還健行，因有這樣的保証，我還有資格雲遊四方，上山下海去訪故知，他們都已老弱，只有「我」去看「他們」，而且自備旅費。我每次去紐約，張翔都請我去看百老匯的名舞台劇，因為我的旅程時間沒有一定，他不敢預定戲票，待我到了以後，我們排隊在街角售票口，等著購買剩餘的戲票。紐約是個文化城，戲、藝術是欣賞不完的。

一九九五年，我又入境美國，這一趟是從美國舊金山機場下機，學生陳萬里來接我，他也是六十幾歲的人了，還不知道能接送我幾次？然後我去了俄亥俄州，在辛辛那提會見我的親戚，我的老友——愛華姐，會見我同班五年又同事的同學「小朱」，這是她「為情出走」後的又一次聚會，然後去了華盛頓DC，然後去了加拿大，又到了紐約。張翔和他的好友Roger來機場接我，他已搬出

「美麗媽媽」的家（他媽媽是北京人，愛漂亮，喜打扮），和Roger同住。他的朋友是替朋友看管房屋，負責收取房租。沉默寡言，愛音樂，他們的房子稱為「火車套房」，長長的，很像火車的車廂，張翔和隔壁的房客商量，讓我借住一個星期。那位房客，是上海商人，他的房間有冷氣，生活設備一應俱全。上午，我們各自照顧自己，晚上，從他們的居處乘地鐵，可直達百老匯劇場，很方便。

張翔是個孝子，雖然和老母分居，每天不是電話問安，就是親赴老母府上問候。老母家裡有位社會福利局派的看護叢秀娟小姐，可日夜照顧她，後來我才知道叢小姐是在左營居住的廣播劇聽眾之一家，她的男友竟是名演員趙丹之子——趙矛，真是人生何處不相逢，相逢彷彿在夢中。

我喜歡保留和老友們聚會時的片紙隻字，因此我的「廢物」太多，但卻是我所喜愛的。我找到一九九五年六月八日的戲票，是去看Kiss of the Spider Woman。十三日是去欣賞《歌聲魅影》，那天Roger也同行，張翔建議我買一個被毀容的男主角的面具帶回台灣（故事和中國古早電影《夜半歌聲》一樣），雖然我很喜歡那個白色只有露出兩隻眼睛的面具，但是我沒買——因為，我怕跟朋友出遊時購買喜歡的東西，以免朋友搶著付錢——我每次付給張翔票款，他都不接受，他做一個大學講師也不是賺錢很多的人，他還得供應他老母的生活費，雖說他上有哥哥光直（曾是他在建國中學讀書時，我為他們社團導演過《欽差大臣》和《反間諜》。後成為人類考古學家，曾被李遠哲聘為中國科研院副院長，後因患帕金森症，病情不好返回美國），下有弟弟張光樸，但卻居住紐約以外的城市，可是老母的心裡還是喜愛「遠方」的兒子們，這很使張翔傷心。

一九九一年二月十六日，他寄了一個錄音帶給我，那是在羊年初二。他告訴我他生活的近況，後來寫信來說Roger病重，不得不把他送進醫院。有一天，秀娟從紐約來電話說，張翔病重也住在醫院裡，她和趙矛照顧他，我曾寄了「茶與同情」的廣播劇錄音帶給他，我也錄了話給他，我存了舊稿：

張翔，你聽到這個聲音嗎？我是從遙遠的台灣錄音給你聽。我是崔小萍，小萍姐呀！每當我到紐約的時候，你都是熱情的招待我吃住，你帶我去百老匯看最好的戲劇。我們談些戲劇藝術，回憶些我們在中廣公司共同工作的時光，尤其是難忘的廣播劇《茶與同情》，你是男主角，我曾寄一個錄音帶給你。當然我們也忘不了廣播小說：《紅樓夢》，在廣播史是唯一的紀錄，你播演長大了的賈寶玉，那一段時間，是中廣最輝煌的時期。

張翔，半年前你沒寫信給我，我以為是Roger病了你沒空兒，有一天，突然接到秀娟的電話，說你也病了，住在曼哈頓醫院裡。張翔，聽到這個消息使我難過。我還在台灣不能去看你，也無法照顧你，幸好你有秀娟和趙矛兩個好朋友在你身邊，這真是神的恩賜呀！俗話說，在患難中見真情。張翔，無論如何你要振作，你對自己要有信心，我相信你會再站起來，醫藥能醫治你，信心更能醫治你，不要擔心你的好朋友Roger的病，你的病好了不是又能照顧他了嗎？雖然你不信神，但是你如祈求祂，祂就會給你堅強的力量，不要軟弱，神的愛無限。

近半年，我在二月摘除白內障後，健康情形沒有從前好，因此沒去美國，也沒去大陸，我寄給你的我白頭髮的照片看到了吧？小萍姐是老了，雖然我不服老，本來我可以做很多事……

我現在寫我的回憶錄。

今天是一九九七年十月十四日，崔小萍在台灣台中市住處錄音給在美國紐約的老朋友張翔聽的。祈求他很快的恢復健康，最後多謝秀娟和趙矛好友照顧他，並播放給他聽。

隨後，我又錄了一卷聖歌和詩篇二十三篇唸給他聽，但是秀娟來電說他神智已不清楚，聽起來已無反應。

一九九九年三月五日，秀娟來電話說：

「張翔，已在一九九八年十二月二十三日，病逝。」

二〇〇〇千禧年，我在中廣重錄廣播劇。我得到特別獎廣播金鐘獎「終身成就獎」的消息，他已不知道了。他曾經是最關心我的生活及我所受的委屈，現在我只有在祈禱的時候告訴他了，祈求他的靈魂安息。

張翔，是位勤於工作，熱心關懷朋友、忠厚的人，更是位孝子。

一個人努力一生，最後的結局，也只有四個字：「蓋棺論定」。

好？壞？都憑活著的人去說了。

我演米狄亞

那年，我在台北為李玉琥先生領導的「中華漢聲話劇團」，導演一位年青女生得獎的《明天之後》舞台劇。得有機會欣賞日本埢川劇場來台，在國家劇院演出希臘悲劇《米狄亞》。飾演「米狄亞」的是由過去歌舞出身的「男星」名嵐德三郎（Tokusabmor Avrashi），他飾演「米狄亞」這個角色已有五、六年的歷史，劇本是採用希臘悲劇家悠里庇德斯（Euripides）的作品。雖然全部是日語發音，但男角演女角的演技，及舞台設計、燈光、效果、合唱隊悲淒的歌聲，使得全場觀眾的情緒溶入劇中，跟著日本的米狄亞的流淚感嘆。待謝幕時（Curtain Call）時，更是高潮迭起，使嵐德三郎跑跑跳跳，滾滾趴趴出場數次，幾乎瘋狂！

希臘古國，是個「神話國家」，他們的戲劇起源是在節慶時敬酒神。神話故事中，有恨，有愛，有復仇，有多種愛情，都在他們的劇中表現出來。他們著名的編劇家有埃斯庫羅斯（Atshvlus）、索福克勒斯（Sophocies）、歐里庇德斯（Euripides）俗稱三大悲劇作家，喜劇作家則是阿里斯托芬（Arisphanes），但從神的故事演變為強調「人性」的故事，最著名的卻是「歐」氏的作品《米狄亞》。

我在國立劇專（在中國建校，校長是余上沅先生）攻讀表演藝術時，戲劇理論基本課程是先研究希臘戲劇，再就是英國戲劇莎士比亞，在基本表演訓練中，「抽場排演」更是對學習做「演員」

的人基本課程之一——那是將名劇中，最能表現演員演技的一場戲抽出來使學習的人表演，來看他們對角色的理解，及如何角色設計在聲音、動作等方面的表現——我的「抽場排演」訓練之一，是有幸演出「歐」氏的「米狄亞」這個角色——我們當年採用的劇本是羅念生博士所翻譯的希臘劇本，他曾在希臘研究希臘文化，是中國第一位翻譯希臘劇本的人。

《米狄亞》的劇情是少女米狄亞不顧父母的反對，跟她的情人私奔到另一個國家，本來希望和強遜常相廝守過一輩子的幸福生活，但在強遜在尋回金羊毛以後，被該國國王獎賞，並將公主嫁給他，他移情別戀，享受榮華富貴，拋棄了米狄亞，該國王並下令驅逐米狄亞離境。此時，米狄亞已有兩個兒子，遭此變故，她設計復仇，送給公主一件浸染了毒液的衣裳，使公主染毒而死。她更殺死了兩個愛子，她使強遜無依無靠孤獨的度他殘生。

歐里庇德斯在劇中改變了以「神」為「主」的神話，而寫出人性中的貪婪、嫉妒、忘恩、負義、復仇的心理，尤其是男女兩性間的愛恨情感表現深刻。因此，他的「米狄亞」的劇作，更為歐美劇壇所推崇。

當年我在「抽場排演」訓練中，演出米狄亞這個角色。回憶起從前在劇專「文廟」的小舞台上，我赤足，散髮，披著白色布毯，算是希臘服，裸露著一邊肩膀，在舞台上大吼大叫，就像「歐」氏形容米狄亞，像一頭鎖在獸籠中的母獅憤怒的瘋狂的吼叫：

「毀滅了吧！你們這些可惡的孩子們，跟你們可惡的父親一起毀滅了吧！」

要在這一聲吼叫裡，淚流滿面，演出一個怒女，一個棄婦，一個女人的痛恨和悲苦，實在不容易。每天在練習時，我從舞台上奔回宿舍，關上屋門，吼叫著，用拳頭搥打牆壁，然後又赤著腳上舞台……我幾被「米狄亞」逼瘋了。

「開門！開門！崔小萍，你真的瘋了嗎？」同學們敲打我的屋門，她們真的怕我因演米狄亞而得了精神病！

在正式演出時，我面色蒼白，渾身顫抖，我被劇中人靈魂糾纏，在夢裡吼叫，狂奔……我漸漸領悟，一個演員表演這樣的角色，這種激情的戲，如不能用理智適當的控制個人的情緒，不是毀了自己，就是演砸了角色，所以，有的在舞台上成功的演員，常常被從前的角色心理影響，而且實際生活裡變態。

表演藝術家柯林曾說：表演就是表演（Acting is Acting）。我並不同意他的名言。

如今，我已沒有表演的舞台，在現實生活中，也不敢瘋狂的發洩自己不滿的情緒，否則，瘋人院裡的生活比舞台上的表演更難度過。曾記得，在十年冤獄中，被壓榨得真要瘋了時，我的同屋難友警告我說：

「崔大導演，你可別瘋啊！被『他們』送去『玉里』的精神病院比在監獄裡的日子還難過呀！」

聽從智者名言，我理智的活下來，而且督促自己活出喜樂！《聖經》上不是說嗎？「喜樂的心是良藥，憂傷的靈使骨枯乾。」阿們。（箴言七章二十二節）

《音容劫》

《音容劫》本是作家陳紀瀅先生的一篇小說，是描述在大陸改為中華人民共和國之後，海峽兩岸隔絕，留居在兩個世界的親人們，無法來往，思親思鄉之情，使一個思想愛子而哭瞎了雙眼的母親，兩個在台灣和母親同住的女兒，每日在夕陽西下時，便推著輪椅上的母親，到海邊散步，呼吸一點海那邊吹來的風，希望滯留彼岸的兒子，有一天能回到台灣來。故事簡單，但是經過陳文泉改編為舞台劇後，在悲情中增加了一些喜劇笑料，那就是兩姐妹邀請演劇界的朋友，冒充她們的哥哥從海那邊回來了。但是騙不過雙眼雖失明的母親，兒子形象和聲音，都能從她的聽覺，和雙手的觸摸時，認出誰是她「真正」的兒子，但是當她的真兒子跪在她面前時，她氣憤的推開她，因為真兒子在大陸上曾受酷刑，他的面容和聲音都變了……當然，戲的高潮就在這裡，最後經過詳細的探詢從前母子都曾經歷過的事情最後喜劇收場——母親的雙眼雖盲，但在心深處，她記得兒子的一切——她抱住兒子喜極而泣。

這個舞台劇是由六十年代劇藝社首次隆重獻演，演出者是林若鋙；舞台監督是陳汝霖；導演團是由王生善、崔小萍、雷亨利、余仰聲。編、導演都是國立劇專畢業的同學。演員方面，除請我飾演母親，其他兩個女兒由王玫、傅碧輝擔任，吳燕則飾演啞僕，兩個假兒子是請張方霞（劇專同學），曹健、曹平兄弟倆A、B飾演，真兒子是馬驥（劇專同學）擔任。

在舞台工作方面，也都是劇界最好的朋友擔任，舞台設計是林若語，我們合作多年，燈光設計是周紫影，音樂設計是唐守仁，前台主任是趙振秋，裝置是徐福寶，劇團每次演出都請他擔任裝置，他是個很負責的上海人。

在舞台劇裡演雙眼失明的角色，比較在電影裡難演；因為在電影中可細分鏡頭的技術，得到暫時的休息，可在起碼限時半小時一幕戲中，必須以「睜眼瞎」才能表現心理狀態，而不能緊閉雙眼，是要根據劇情的變化，才能偷巧使睜開呆滯的眼睛休息一下。

在排演花絮裡，說到張方霞因拍電影剃光頭，平時就帽不離頭，遮掩他的光頭，寫到我：

名演員崔小萍，任職中廣，執教藝校，並擔任中廣廣播劇團導演工作，每日尚參加排演，可謂國內忙人。崔小萍每晚到排演場，均身提「百寶袋」，裡面放的是劇本、廣播劇的導演計畫、講義、學生的試卷……常常是袋不離手，與方霞的帽不離頭，有異曲同功之妙！

當我演起舞台劇時，我的心情特別快樂，雖然自己的事情很多，很忙，還得在本身的工作之餘，要趕往排演場排戲，但是當舞台上的燈光一亮一熄時，我沉浸在角色的身上，都不覺的疲累了！可是，在演這個「音容劫」一劇時，我在真實生活裡，卻真正在「劫難」中——婚姻的變故，在舞台下要承受不幸婚姻的痛苦，還得解決最終問題——離異，那才是身心俱疲；有一個早場，是慰勞國軍官兵，十時要開幕，但是九點鐘，我才從惡夢中醒來，那時沒有Taxi這麼方便，乘坐三輪車到劇場，這一場是慰勞國防部官兵看戲，已經來不及演出，全場官兵已經解散回營，感謝王玫小姐為我解圍：「崔小姐一向是負責任的人，她一定出了大事故才無法趕來。」那時的官兵，可以說都是我廣播劇的忠實聽眾，否則全劇場好幾百位官兵，怎麼會乖乖的解散？

音容劫，雖然我的音、容，沒有受到傷害，但是在我一生從事戲劇藝術工作，這卻是一個大污點，而不可原諒！

做一個演員的人，無論你遭遇到什麼大事，你在台下哭，當你上台的時候，必須歡笑的時候，你還得對愛你的觀眾笑！也許，這是做演員的真正悲劇！

反串演「小斗子」

《夜店》一劇，是根據俄國作家高爾基的小說《底層》改編的舞台劇。在一九四五年，中國八年抗戰勝利[一]，二次大戰結束後，我們的劇專劇團復員南京，在國民大會堂演出這個戲。很轟動。

在《夜店》劇中，我反串男角演出一個「小叫花子」，是個社會棄兒，跟隨一群下層社會的「人渣」，混在一起討生活。當我造型這個小男孩時，我記起那些流著鼻涕，提著罐頭盒當飯碗的那些「小叫花子」了，無家、無人愛的孩子們。

反串男生，在我的表演生涯中，應該算是「首舉」，我忘記當年為什麼我會答應導演，以我一個二十歲的女生，去演一個男「小」孩，在劇中，他只有十一、二歲的年紀。我使小斗子戴一頂壓舌的大帽子，因為我要包住我滿頭的長髮，穿著裡外不同，從垃圾堆裡撿來的衣褲，赤足，拖著一雙已破得不能掛上腳的爛鞋，腳指頭都露在外面，「他」用骯髒的手掌，向路人乞討一兩個小錢兒，提著的小罐子，隨時乞討一些剩湯剩飯以飽肚子。他年紀雖小，卻學得滿心狡詐，竊聽別人家一些秘密，藉機威脅「大」人們，為獲得一丁點兒的小惠而滿足。在我童年時，曾看見過路邊的那

[一] 八年中國抗戰：從一九三七年（民國二十六年）七月七日盧溝橋開始，中國人民浴血抵抗日本帝國主義的軍隊，他們侵佔全中國。抗戰勝利，日軍被遣送回日本。一九四五年，二次大戰，英美同盟打敗納粹的希特勒，兩顆原子彈投炸日本國土，結束「二戰」。

如今，在台灣的孩子們，綠色執政的教育，因去「中國」化，他們不知道，「從前」的中國人，在從前的中國，曾做了些什麼「歷史」。

些「小乞丐」，幫助我創造了舞台上的「小叫花子」，他的名字是「小斗子」。但是在說明書演員表上的名字崔小萍飾演「小斗子」，他像個「女孩子」。因此，在謝幕後，觀眾們擠進後台，要看小斗子是男是女，當看見一個長髮滿頭的女孩子正在卸妝，引起大家一陣驚呼！

第一次反串男角色，也是唯一一次了！遺憾的是我演「小斗子」的劇照，曾帶來台灣，竟因「誣告」冤案，被調查局搜去大批的照片，當我託人要求歸還我的那些寶貴劇照時，他們竟說：「也許燒掉了！我們是不留那些東西的！」

啊！唉！說什麼呢？人生如戲呀！我的一生也正如舞台上的多幕劇，很精彩，也很悲哀。

《秋海棠》

年代Much TV38頻道，演播《秋海棠》電視劇。這是根據一個很著名的舞台劇改編的，劇情是在軍閥時代，一個軍官看上一個中學的女學生羅湘綺強迫娶為妻子，但是羅湘綺在童年時就認識名「吳鈞」的男孩子，在他們都成年時而相戀。但是吳鈞家貧，而參加京劇班，學習青衣唱腔而出名，不幸他們的相戀被軍閥袁寶藩發現，命令副官將吳鈞毀容，斷絕他的藝術生命，但此時，吳鈞雖已取藝名「秋海棠」，紅遍大江南北，但在軍閥惡勢力壓迫下，不得不隱居鄉下，度此慘酷歲月；後來羅湘綺與「秋海棠」重逢，並暗結珠胎生下一女取名梅寶，在醫院中買通收生婆，以一男嬰換回梅寶，她和「秋海棠」父親相依為命，對唱京劇尤感興趣，但「秋海棠」因自己的不幸遭遇，極力反對梅寶學戲……在這部電視劇中的時空表現，比舞台劇發揮方便，並在劇中編一女校演出易卜生的名劇《娜拉》，羅湘綺飾演女中角「娜拉」，而被軍閥袁寶藩看中，並逼婚，使羅湘綺為妻產子互換的情節，在舞台劇中沒有。

該電視劇是中國大陸出品，應該是早期製作，該劇演員大都是「不著名」的年青人，改編的技巧簡潔，一場戲的過程時間不長，只是交代重點，劇詞簡練，全劇不到二十集即結束——當然是是軍閥袁寶藩與副官，相互揭發各自的罪惡執槍互射而身亡。秋海棠與羅湘綺及女梅寶全家團聚，「秋海棠」重出江湖再現身於舞台上。

現在台灣的電視台的戲劇節目，沒有資本製作，多是廉價購買大陸舊成品和「韓劇」。最近，更是製作一些年青人喜歡的歌唱，打情罵俏的作品，缺少藝術價值。《秋海棠》一劇，在每晚八點檔播演，頗能吸引一般「老」觀眾——我也是其中之一。

因看《秋海棠》電視劇，回想起我在一九四七年，哥哥崔超和我，在蘭州由「天山劇團」，蘭州的舞台上演出《秋海棠》舞台劇，也是我和哥哥首次合作擔任男女主角，他飾演「秋海棠」，我飾演羅湘綺，更是我和哥哥最後一次見面。一九九八年時，我去中國大陸觀光，他已含冤病逝多年，相聚的只有他的兒女了——相互是陌生者。

我怎麼會去甘肅蘭州天山劇團演「秋海棠」舞台劇呢？

在八年對日抗戰中，全國的家庭破碎，家族們流離失所，我的家也未倖免，父母在戰事中逝世。抗戰勝利後，我們的劇專劇團從重慶復原南京，那時姐姐崔夢湘帶著孩子也從雲南來到南京。那時哥哥崔超是在甘肅蘭州的天山劇團做導演。忽然有一天接到哥哥從蘭州來信，約請姐姐去那兒幫他們演出《秋海棠》舞台劇。說明天山劇團是屬於國軍八十一師，他是導演，我不明白，當年哥哥怎麼會去那兒當導演。那時姐姐已找到工作，不能赴約，因為聽說妹妹崔小萍是專門學戲劇藝術的，而且聽說在校成績屬第一，於是「妹代姐」去那兒演一台戲也是難得的美事呀！當年，我沒有三思而後行，「一」思，即決定去蘭州，聽說要演戲，那是赴湯蹈火在所不辭呀！於是向中國航空公司訂機票，向劇專劇團請假，即刻成行。

記得是在一九四七年，好友柏齡送我上飛機。中國航空公司的職員說：

「崔小姐，你現在飛那麼遠做什麼？時局不穩啊！」

「我去甘肅蘭州看我哥哥，而且要演舞台劇呀！」

「唉！還要演戲真是……」

柏齡總笑我太天真，對於時局，政局，永遠沒概念。

那時的飛機座位，不像現在的這麼舒服，還是兩排座位，像貨機，我不明白為什麼只有一層？而沒有「上下層」？那時候乘飛機旅遊，還不是一般百姓買得起票的，我不記得那時的票價是多少？如果不是預先訂的「來回票」，可能我會流落在蘭州，而無法返回南京。

飛機上午起飛，飛經西安，七月天的氣候，已感覺到寒冷。飛到蘭州機場時，已近黃昏，黃土飛揚，跟夕陽兩相對照。

超哥跟他劇團的朋友，駕了一部大貨車來機場接他小妹崔小萍，我們已有六七年未來往，見到他的妻「舒謹」，和他三歲的兒子「小超」（四十年後，從台灣去中國觀光時，小超已是四十幾歲的中年人，娶妻，生了三個女兒）。

超哥介紹我和天山劇團的朋友們相見，忽然發現多年不見的一位「先生」，記得他從延安魯迅藝術學院來西安，曾借住過中國戲劇學會，那時，我和姐姐、超哥，都住在那個劇團裡，哥哥介紹他是團長名「王証」，該團是屬於國軍八十一師。

研究《秋海棠》劇本，分配角色，超哥擔任「秋海棠」，我擔任羅湘綺，因劇本演出時間長（一劇演出約兩個半小時），分開上下兩劇。在下集中，超哥演的「秋海棠」被毀容後，和女兒梅寶相依為命。我飾演女兒「梅寶」，上集和哥哥飾演愛人，在下集又演父女——這就是戲劇人生吧？

在蘭州的《中央日報》上，記者大筆介紹「崔小萍」——候鳥北飛，崔氏兄妹大展表演藝術的精華，使蘭州市民大開眼界……

第一場成功演出，在劇場中舉行慶功宴，他們意外的不知道崔超導演，還有一位會表演的妹妹……歡樂中，大家已忘了劇人為戲劇藝術所付出的精力和心血。

突然，第二場無法演出，他們全團人員、家眷，跟著軍隊緊急撤退……哥哥把我安排住在西北飯店，請一個朋友照料我……那個朋友告訴我，他們是去酒泉，因為蘭州不保，說是共產黨的軍隊將……

我是個大糊塗蟲，不曉得時局為什麼緊張，住在西北飯店等中國航空公司的飛機來接我回南京，但是每日陰雨，機場跑道無法起飛、降落……

天真傻丫頭，每日和飾演「秋海棠」青衣唱腔的丁聲先生，逛蘭州市，幫劇專劇團的朋友們選購皮貨，還準備到新疆去旅遊，後來把所有的存錢購買了大批的乾貨——迪化的葡萄乾兒，華萊士瓜，（美總統去蘭州時種的瓜）還有…還有……

在蘭州等了一個月才能有飛機回南京，在那兒機場的朋友，幫我收集了兩大筐的「貨物」送上飛機，飛機上，除了機師，航空員，沒有其他「客人」，崔小萍小姐是唯一「貴賓」。在飛機上，我穿上為湘姐購買的小羊皮大衣，因為我七月去時是夏天，回南京時已是九月的秋天了。

同學姚思成（已逝）駕了「馬車」來接機，兩大筐的貨物下飛機時，機場地勤，還懷疑是什麼「官」回南京，能帶這麼兩筐的「貨物」？這些吃食、禮品，分送給團裡的同學們，也送給南京復校後的老師們，我記得送了一個大華萊士瓜，給我最喜歡的老師方勻女士，我稱她「大胖」，留法的博士；她叫我「小胖」，曾在劇專校最出名的崔小萍。

別時容易，見時難，想不到和超哥因演《秋海棠》一劇，竟成千古。他們團隊後來撤退到哪裡，我也不知道，海峽兩岸斷絕消息四十餘年，後經在美國的親戚去北京講學，才打聽到他們一家在山西太原落戶，並在一個劇團中擔任演員。

一九四九年，中華人民共和國成立，我和哥哥和姐姐分別活在中華民國兩個「國家」的不同政體中。中國大陸，連年來繼續不斷的搞「反右」、「文化大革命」、「三反」、「五反」等等，種種運動，藉題整肅過去在中華民國制度下生活過的人民。「國民黨」名稱，成為「原罪」，無論他們是否是「黨員」，下手都不留情，尤其是有「名」人士把他們打成「黑五類」。超哥和湘姐曾是戲劇界的名演員，都被「本團」同仁惡鬥，貼「大字報」宣揚各種罪名。湘姐被打成右派下放勞改，後「勞改」病重致死。超哥被派為劇院守門人，百般羞辱，如果不是他兩個「造反派」的兒子，以炸彈威脅高幹，不敢繼續拷打他們的父親，否則，超哥不被打死也成殘廢人。最後，他憂鬱而死。

一九九七年，中華民國總統蔣經國，開放台灣外省人回中國大陸探親，我也在第二年以「觀光客」身份回到曾經生長在斯的「故國」，卻碰上「六四」學生運動。當年，超哥的長子崔小超（已逝），我曾經在甘肅蘭州見過的那個三歲小男孩，已是四十幾歲了，他找出他父親在被「整鬥」時所寫的向「上方」「交待」的文件，密密麻麻的小字兒，寫出從「出生」，何時何地，曾加入國民黨劇團工作，跟「何人」合作過戲劇演出……等等，廉價的紙張已經變黃——「中共」的術語這叫「交待」，最後幾張資料上寫著：

最高指示：「我們應當相信群眾，我們應當相信黨，這是兩條根本原理，如果懷疑這兩條原理，那就什麼事情都做不成了。」

超哥什麼時候去世的，我不清楚，看到他朋友寫給他的一份追悼文裡記著：「七九，七，三十一」。

我現在摘錄幾斷追悼詩詞於後：

哭老崔

老崔，你走的太早，好容易盼到雪化冰消，藝苑里呈現激情，相溢的春潮，百花吐豔異彩繽紛的時刻……無情電波傳惡耗，我們悲痛哀悼！

老崔，你走的太早，除「四害」回到母親的懷抱，興奮的熱淚伴著開心的笑——年愈花甲的老崔阿！你幹得那樣好。

老崔，你走的太早，藝壇中你被人民所愛，終點應當還遠，你卻走的這麼早，安息吧！老戰友。

老崔走的早，走在他後面還未死的他小妹崔小萍，卻也因是有名的舞台電影表演藝術工作者，在台灣廣播界的名導播，廣播藝術的廣播劇名導演，廣播戲劇藝術的創始人，大專藝術學校的名教授，竟也在國民黨執政時的白色恐怖時期，因一紙黑函（國民黨職業學生所作），上寫「奸黨」兩字而入獄近十年，「原罪」因她是「大陸的中國人」，經法官「心判」，崔小萍一定跟中國有關係……事件發生在一九六八年夏天，於一九七七年出獄。

在許多舊照片裡，竟發現了一張未被調查局沒收燒毀的劇照。那是和哥哥演出舞台劇《秋海棠》，背景是軍閥袁寶藩的大頭照，我和哥哥驚恐的望向蒼天——蒼天啊！這是一個什麼世界？我們從事影劇藝術的工作者，吃苦耐勞一輩子，竟在兩個敵對的政治「國」體中各受到殘害，死的死了，但也不是一死百了，他們的後代受著歧視「黑五類」份子，不死的，名譽、地位、清白、永劫不復，這也是時代的悲劇嗎？

我演電視劇

一個偶然的機會，「千將傳播公司」的謝迺彪先生問我喜不喜歡演電視劇？根據我研究表演藝術的志趣，竟一口答應「我喜歡」。在從前，「教育」，「台視」電視台剛成立的時候，我曾為他們編導過電視劇，那時是現場演播。我從來沒演過電視劇，一個學表演的人，總希望有表現的機會。我更想在如今三機作業的拍攝環境中，做為一個劇中人，應如何表演？從前在劇專學習的表演方法之一的「當眾孤獨」這一課，在電視劇同步表演、錄影進行，這一課確實很重要。在表演課程裡的「抽場排演」，更能幫助表演。「精神集中」更是重要，因為在現場錄影時，常有些突發的情況，會影響劇中人的表現。雖然我在舞台劇，電影表演，都有些經驗，但是電視劇的演播，我還是個生手，我必須認真學習。

謝先生交給我一個劇本，名為《雙飛雁》，男女主角是請香港的雪梨和張國強，在台灣的演員有楊潔玫，她是國光藝校的學生，從她畢業後，是第一次在攝影廠我和她見面，她已算是電視明星，她似乎不太認識老師了。另一位是在美國修到碩士的劉華，我們師生倒是沒斷了來往，其他，還有另外兩位重量級的演員陳燕燕女士，在二十年代鼎鼎大名的「學生情人」，著名的電影演員，可惜她的戲不多，片廠的工作人員，多不識她是何許人，大概以為她不過是個「大特約」而已，沒人招待她，因為我曾是她的小影迷，因此，在她來錄影時，我便陪她聊天，當然她喜歡聽人家說起她年輕時，她演的那些電影。另一位關山先生，他已不是當年和林黛合作時的小生，而是龐然大物的「老爸爸」了。在劇中還有些小生，小美女的演員，大多我都不認識，更因為不同場，更難得相識了。

張國強飾演我的兒子。在錄影時，他說廣東話，我說國語，雖然我聽得懂他的廣東劇詞，但是兩種語言，能做到情感上的交流和傳達，是不容易的。另外有一場戲，我還得看到對方演員的手語（一女孩飾啞巴）做反應，而且這場戲很長，真是難為我，因此吃了NG，很難為情。

《雙飛雁》的主題歌，是請蔡幸娟擔任，她的聲音柔美，很好聽。這個電視劇是在七十九年一月十九日，正式在台視公司播演。

在《聯合報》上有一段消息說：

崔小萍謙沖為懷，演出「雙飛雁」全力以赴。她自稱是電視「新鮮人」，還要「年輕的前輩」們多多照顧。崔小萍於民國四十八年（一九五九年）即以《懸崖》一片，獲得第六屆亞展最佳女配角獎，同年在中廣公司所導的「紅樓夢」，亦大為轟動。中廣應觀眾要求，目前正在重播，每天下午二時又原音重現。（記者黃星輝）

千將傳播公司和我合作的第二部電視劇，是根據大陸小說作者蘇童所寫的《妻妾成群》。由香港編劇家譚婷女士改編，不同於張藝謀改拍的電影《大紅燈籠高高掛》，但是電視劇的名字，仍沿用《大紅燈籠高高掛》。譚女士編進了許多不同的劇情，內容較電影複雜而多彩。

我在該劇中飾演大家庭裡的滿清遺族中的一位母親，所以在服飾上，有時漢裝，有時也穿了繡了花朵的半長緞襖，髮式也很特別，有時還裝上金玉的扳指甲。我在該劇中，有三十幾場戲，雖然不都是時間很長，但在不同的場景，和不同的情節裡，使我有創造表演藝術的機會。導演是香港的蒲騰晉先生，他很重視我每段戲的表演，做一個演員，能跟導演在藝術上的溝通，這是很愉快的事。在合作的演員群中有的是老朋友，有的是學生輩的，所以我演該劇，應該說是很高興的事。從前，我參加拍攝電影都是和些「不同行」的朋友們在一塊兒，因為我不是「職業演員」，因此，我稱它是「逢場作戲」，在電影演完我的角色，就回到我自己的生活。因為生活環境不相同，所以拍完一部電影，就跟他們的生活說再見。可是，他們在拍戲時的種種「笑譚」，卻使我像度假一般的快樂，更是得益不少。

《大紅燈籠高高掛》，不同於電影版單調，劇中除了四個「著名的姨太太」，除了老色鬼敗家子兒的「兒子」以外，增填了許多「枝節」中的小生、美女的愛情戲，如劉德凱、李天柱、秦風，和女主角陳玉蓮（飾四姨太）、王玉玲（不幸在春節時赴夏威夷渡假，直昇機墜機，後換楊潔玫，重錄她所有的戲）、徐華鳳。歌星趙擎，是飾演不被我重視的孫子，因他是二姨太李麗鳳所生（後轉進演員圈，比他唱歌有發展）。秦風飾演我大房媳婦吳靜嫻所生之子，在傳統習俗裡，長孫是受到我老祖母的溺愛的。他是個很用功的演員，每遇到有大段的台詞時，他都喜歡跟我研究，如何設計，因為電視的錄影是「一場」一氣呵成，而不像電影可以分段分鏡頭拍攝，一大場戲，有眾演員在場，假使不計劃好而加練習，在錄影時就會NG，而影響錄影進度，也影響其他演員的情緒。飾演老兒子的是傅雷。在該劇中增加許多外景，小生們、小姐們，各自在蘇州、上海、青島拍錄外景戲，很辛苦。有時不能現場錄音，事後配音，明星們又沒時間，因此在劇中，發現前一場是他本人的聲音，後一場卻是別人的配音。女演員的配音也有這種情形。這真是這部大製作的最壞的後遺症。事先，我曾向製作人謝洒彪先生聲明：如有錄音效果不良，必須重配的話，我自己配音，以免螢幕上的我，是崔小萍，但是聲音是別人的，她的聲音表情是跟我的戲無法溶合在一起的。

因為王玉玲的死，有些和她同場的戲必須重錄，但是攝影廠設備沒有從前完備，沒有隔音，所有重錄片段一定得配音。記得，有一場，我這位老夫人因兒子把家產揮霍光，兒孫又將得分散，老夫人傷心尋短，懸樑獲救沒有死，但是，重錄下一場戲時，我本人卻似中了「邪」，一大場對著兒孫話別的劇詞，我卻一句都不記得了，雖然副導演一句句提示，我還是不知道如何說出來……圍了一大家子的兒孫，對於我這樣的「失態」，大家都很奇怪，因為崔老師拍戲很少NG，使大家苦等。也許，那天太疲乏了，為了趕戲，白天錄影，又在半夜錄這麼一大場戲，實在太邪門兒，那天是下午六時進場，到第二天上午八時散班，頭昏腦脹，走起路來都像喝醉了酒似的——對那天當班的全體組員，只能說「對不起」。後來所有重錄的戲，都是我自己配音，多辛苦一些，免得日後看自己的表演「臉紅」。該劇在華視沒得到「八點」的正式檔期。三年前錄的電視劇，放到八十五年六月，晚上十時四十分播出，誰還記得三年前拍攝時的宣傳？但是幾年前，我去旅行，看見該劇卻在大陸「走紅」，他們改叫「××××」四個字的戲名。在各地的同學們，我的晚輩們，竟然在電視上看到「崔小萍」所演的老夫人，大家都很興奮，因為他們認識崔小萍呀！像我的晚輩們，很少人知道。我在台灣是個「名人」，因為我沒向他們多「介紹」我自己。有一次在廈門，去百貨公司買東西，竟被許多店員指指點點，最後她們終於開了口：

「你是不是在×××的那個演老夫人的？」這就是一個演員的臉，容易出名的原因。那次在上海東方明珠塔頂上（這個塔在上海浦東，距離台灣有六百八十四公里），遇見很多「群眾」，他們爭著看我胸前的名牌（那次是參加謝晉導演五十週年，及國際第四屆電影節，因為有名牌，以示辨別單位和名字）最後說：

「怪不得我看著有點像那老夫人啊！」其實在戲中的裝飾是和我本人完全不同的，可能是我的一雙大眼睛，和一個「大鼻子」被認得她是誰？當然，他們不會記得我的名字，因為我在電視劇裡是「新人」。在電影上，大陸沒公開放過我們台灣的電影。當然不曉得崔小萍是何許人，但是他們對「演員」階層的人，都很尊重。他們還要我的簽名哪！其實，我並不喜歡拋頭露面，被街上的人指手劃腳。多少年前，在台北店裡買東西，有人問我：

「你是不是崔小萍？」

「不是，那是我姐姐。」

「呀！看起來好像啊！」

在廣播裡，他們知道崔小萍，沒見過我的本人，在電影裡我飾演的又是「老太婆」，真把他們騙糊塗了。

第三次和「千將」合作是錄《三國演義》的名醫華陀為關公割骨療傷的故事，華陀是請名小生歐陽龍來演他的母親，秦風約了我跟他配戲，一共「五集」，其實只有幾「場」而已。每場的台詞，有的只有叫一聲名字，有的有幾句話的劇情，如果導演知道在乎一個「演員」，應該給他發揮的機會，否則便糟蹋了這個演員，更多花了製作人的「錢」。這位導演，可能是「學生輩」的人物，但他架子很大。我在台北借住了友人家幾天，就為了拍這幾句話的戲。通告早上進廠化妝，先讓導演認可，每次等到晚上，才錄我那一句「台詞」。做一個演員要守演員的規矩，導演不給你戲表現，你也不可以「抗議」。就如此耗費了三天，三個晚上，導演坐在休息室和男演員們大談他的糖尿病，不去攝影棚拍戲。在休息室裡，只有一個女演員，穿著古裝，梳著包頭，在等我那一句話的鏡頭開拍。燈光、場務、全體工作人員在等這位導演喊：「開麥拉！」但是，他忘了……

「他×的！你到底錄不錄阿！」導播台上傳來了怒吼！

將到十一時，他起身去攝影棚，開拍我那一場開口叫我兒子（歐陽龍）名字的兩個字：

「ＣＵＴ！收工！」時間已過了十二點，我請教導演，「老媽」的戲，還有一句話，明天拍嗎？」

「沒有啦！」他吸著香煙，並沒有看我。第二天，我乘國光號長途汽車回了台中住處。

第一次感覺到導演不尊重演員。就是一句話的劇詞，導演也得安排她如何「說」出來吧？在什麼場景，應該如何發音吧？秦風先生的善心，送給我幾萬元的報酬，支持我的生活費，當然，他也希望我能發揮一點演技。否則，一集一句話的劇詞，一集一萬元的報酬不是白費了嗎？聽說我在《大紅燈籠高高掛》的那部電視中的老夫人一角，在大陸中國的電視頻道上很「火紅」啦！（這是中國大陸的用語）。

不知又隔了多少日子，接到一個電話：

「崔阿姨！一個鏡頭，來台北補拍。」是個小劇務的聲音。

「不去！」我放下電話。我不是大牌，但也不可是隨傳隨到。

演員應尊重導演，導演更應該尊重演員，兩人的合作拍出精彩的戲，是應該受到觀眾認同的。一個導演只擺「架子」卻沒有「學問」也是不會受到觀眾欣賞的。

最後，給我五集的劇本，只送我三集的報酬——當然，「一句話」，「一萬元」，已經夠本兒啦！兩位製作人請我吃一次午飯，「順便」補錄一段《大》劇中老夫人的劇詞兒——現場錄音不清楚。

這部《大》劇在「華視」錄影。那天，有兩位「大牌」級的學生來探班，看看崔老師。一位是華視節目部經理張永祥先生，一位是戲劇組長李英先生。前者是我政幹校一期的學生，是高材生、編劇家；後者是國立劇專影劇科學生。主管來看拍戲，和「演員」照像留念。曾在中國時報上發表：「大紅燈籠週末夜點亮，崔小萍演大家長」。

經典劇場

在一九九九年，九月十六日，聯合報以半版的篇幅報導：

三十一年前，她被人從中廣抓走，關進監獄
今年，她重回老地方導演經典劇場
崔小萍　約您飛向空中　不見不散
經典劇場，今日記者招待會，宣佈就在九月十六日，首播林海音女士的《城南舊事》，繼續演播曹禺先生舊作《雷雨》、《日出》、《原野》和《北京人》改編的廣播劇，在中廣「寶島網」上發音，仍在每星期日晚九時到十時一小時時間演播。

像是開了一個大玩笑，就在中廣公司總經理李慶平先生，邀請我回「中廣」的盛宴上，諸多好友建議把曹禺先生的四大舞台名劇《雷雨》、《日出》、《原野》、《北京人》及《城南舊事》改編成廣播劇。就如此定案。由江述凡和廖煥之兩位先生做製作人，中廣公司常燕小姐做執行製作。計劃很容易，但是製作經費卻很難找到。最後是由李慶平總經理答應在××基金會出款，才敢開始工作。這其間已經耽誤了幾個月後，我才去台北仁愛路中廣公司去導演廣播劇。經費拮据，無論是編、導、演的酬勞，應該說少得可憐。編劇方面，除了我改編《原野》外，其他由江先生邀請作家改編。演員方面，多虧影劇界的老友們捧場，不計酬勞，「共襄盛舉」，好在是曹禺老師的四個舞台劇老角色很多。在語言方面，他們的「北京化的國語」是輕而易說。中廣的設備比三十幾年前精緻，但是給我錄製的時間，卻等於是利用別人剩餘時間裡，匆匆完成。音樂和劇情分開兩次錄音，要依照現代的錄音方法，而不是「同步」，很難使演員隨著音樂溶入角色的情緒中，雖然我還是定了排演時間，可是一個「劇」，改編者寫出三、四個廣播劇本，為了不使老少朋友多次奔波（車馬費太少），在一次排演完，再在「一次」錄完，從上午排演到晚，從上午錄音到夜半，真是累得人仰馬翻，我還得另擇時間，將這十五個劇，和音樂設計劉開先生再做混音工作。如此的工作狀態，如何有完美經典的作品演播？但是我在錄製「城南舊事」時，刪刪改改，錄到午夜時分後，我就進了醫院的急診室。我想，廣播劇的聽眾們，絕想不到我們的「經典劇場」是這麼完成的？我無法依照「從前」，我製作廣播劇的一貫作風，只好「委曲求全」了。

最後，仍是要感謝編劇，老少演員們為中廣完成一次廣播劇復甦的大事：

《雷雨》——姜龍昭先生（逝）編了「四」個廣播劇本，仍得拿「一個」劇本的編劇費，很辛苦他「老」人家。

演員：李影——演播周樸園（首次演廣播劇）；魯貴——常楓；周萍——尹傳興（廣播劇團唯一在中廣工作者）；周沖——范台舜（新聲）；繁漪——劉華；魯媽——劉引商；魯大海——王瑞（從前叫王錫瑞）。

《日出》——王中平編劇（三集）。演員：鐵夢秋演播王福生；杜素真演播陳白露；演播羅三胡大衛。

《原野》——崔小萍編劇（三集）。演員：仇虎——特請著名影星、舞台劇演員王玨先生演播，他首次演廣播劇，從早錄音到晚上十二時，把老兄累慘了。毛威演播焦大星；金子是王玫演播，他們夫婦特從新加坡自費返台參加演播；我演播焦大媽；王孫演播常五。這樣的組合，就像當年中廣播劇的陣容。白傻子是由白崇光演播他是藝專畢業的學生，現在開一家攝影公司。

《北京人》——高前編劇（兩集）。演員：曾皓——田豐演播，他從美國趕回來參加，曾皓是老人戲，連喘帶氣，幾乎窒息。他也是第一次演播廣播劇，他問我：「可以做戲嗎」？那是說能誇張演頑固的老頭子嗎？我說：「當然可以，不受限制。」因為在廣播聲音選擇，有時候是受限制的。他演的很好。演播大嫂的是中廣現任導播常燕女士，她有豐富的演播經驗。愫芳——鄢蘭演播。自從她到「台視」做播報員，很少演廣播劇，這是她和我分別了三十幾年以後再一次的合作。江泰——宗華演播。他曾是電影名小生，年輕時，夢寐以求的想參加中廣的廣播劇，但是苦無機會，這次從北京回台，剛好趕上排錄《北京人》，他滿口的「京片子」，正適合這位憤世嫉俗的江泰先生。愫芳——是由張文靜演播，她雖然在大陸學過戲劇，她的「京片子」卻在台灣不受歡迎，她演的很好。

《城南舊事》——編劇（三集），他以小說敘述式的編劇，使導和演都很費力，事先請張文靜小姐，用她的京腔演播英子大段的敘述，在敘述中很難突出劇中人物的生活狀態。首先錄敘述，第二步錄劇情，第三步配音樂，三個單元混在一個劇中，實在是費力不討好，我在把錄音帶託常燕轉送給原作者林海音女士時，向她說：「很抱歉」。這個戲參加的演播者有尹傳興、劉引商、劉華、白銀、康殿宏、張澍。

在這十五個廣播劇錄製期間，請張文靜小姐做助理，工作中有些雜務必須有一個人幫忙。做一個導演製作者實在沒時間再去管演員的「便當」和車馬費的發放及寄發演員們的通告了，像尹傳興擔任十五個戲的報幕和現場效果，還兼任劇中人，也是夠辛苦的，其他如王孫、胡大衛，在各劇中扮演不同的角色，幫助做現場效果，都是憑著一份對廣播劇的愛好，我說他們都是廣播劇的「義工」。有的送一點點車馬費，有的白盡義務，免費的。如王孫。「十五」集所謂「經典劇場」的廣播劇，在風雨無阻的情況裡錄製完畢，也從一九九九年在閩南語節目「寶島網」上播放，許多國語聽眾不習慣收聽這個波段的節目，因此，收聽的人很少，實在可惜。

有些朋友恭喜我「回中廣工作」，其實我並沒真正回去，因為現在中廣公司所播出的節目，需要「導播」的很少，而且像我如此高齡之人，現今的時代也不必需要用你，有機會打打零工，依照自己的興趣，跟參加廣播培訓班的朋友們，發表一點「廣播的藝術」知識，賺點鐘點費，也夠糊口的了。

最後，感謝、祝福。我的老友們，和我一起完成這段「經典劇場」的工作。仁愛路的大樓已被國民黨財團賤價賣掉現在是豪宅林立了！

我在台中青年中學當老師

當我在中廣公司工作的時候，很少人知道我同時在執教於政工幹校戲劇系、國立戲劇專科學校、台北第一女中話劇社團、世界新專，但是十幾年的教學歷史，我的學生們應該是明確的証明。在出獄之後，人事全非，當然背著一個有「前科」的人物，學校當局是不敢再請我去做老師的。幸好，在這時，國防部總政戰部主任王昇，創立了「國光藝術實驗劇校」，請我去教「表演藝術」。世界新聞專科學校校董成舍我先生，再請我回學校教「語意學」、「大眾傳播」等課程，解決我在失業期間生活上的困難。

在一個人倒了霉的時候，總有些「小人」，喜歡把他落井下石；那是我第一次去美國訪友回來，國光藝校沒送給我聘書，據說：有一小「保防官」，「防備」我已和大陸聯絡上，而呈報總政戰部，那時王昇被鬥下台，逼去做烏拉圭大使，主任已經換了許歷農。當時總統是蔣經國。我寫信向他抗議：因國防部縮小編制和開支，國光教授多位不續聘。

另一件是「世新」洩題事件：當年我教兩大班五年制一百多位學生的「語意學」。教務主任張，通知我「重」出題，重新考試，讓我看X學生寫來的「密告信」，而且是要開除密告者中的幾個「知題」的學生們，可是我計算分數，他密告的這幾位學生試卷分數並不高。如果開除他們，五年的努力就白廢了。我向張建議，還是從寬處理，但是張教務主任竟拂袖而去，使我傻坐於教務處，感到很大的羞辱。當然，在當年的「世新」，有一部份「黨棍」是排斥我們這些出獄人的。不管你為什麼坐牢，好像你身上已貼上危險的標籤，是不容於你再在學校當老師的，我也耳聞，他們常向成先生進言，得到的回音，使他們說：「成董事長不怕，我們怕什麼？」

我不知道他們「怕」我什麼？「白色恐怖」的迫害，我已坐了近十年冤牢，你們這些坐吃等死的黨棍們，還「怕」我污染了你們的「清白」嗎？於是，這次洩題的後果是，負責送「試題」去教務處的老兵工友被開除，張教務主任不給我排任何課程鐘點——不續聘。我在出獄後，執教了三、四年的世新校，從此斷絕來往，但是受我教過的學生們，他們記得我。他們現在已成有名的製作人或記者們。

這就是我為什麼到台中青年綜合高中執教的原因了：在台灣，這片土地上，無論我曾獻出過多少藝術的心血，「他們一小撮人」，是這樣的侮辱一個忠心的戲劇藝術者是不公平的，我為什麼還對「她」如此的愛戀？政治環境被污染的國家，還有什麼可愛？所以，我決定到「人家」的國土上去尋求清新的空氣。就在我再要飛走的前夕，青年中學的校長蔡松齡，忽然造訪：在自由時，曾因「青中」有我一個學生張禧，在那兒做教務主任，曾約我去教幾堂課，我出獄後，張生雖然已因病去世，前緣還在。蔡校長仍約我去教戲劇科。這次的來訪，他建議我去長住「青中」授課，不要孤苦零仃的去在異國消耗生命。事實上，每次去、回台飛機上，都在考慮這個問題：那兒的朋友，可以為我以「國際著名人士」辦綠卡，可是我每次回到台灣以後，就打消了去美國久居的念頭，因為，我還不以為自己老弱，還能在自己的國土上為後代做些事情，何必住在別國的土地上，去坐吃等死？那兒是沒有老人工作的環境的，要去做路旁凍死骨，不如在自己的國土上乞求。因此，我留下來。最後，我認為我留在台灣不是「錯」的時候，我接受蔡校長的誠懇邀請，就任台中私立青年綜合高中戲劇科的老師。事先，我有一個聲明，就是我把冤獄事件造成的來龍去脈，以及我要離開台灣的主要原因，我不希望再受到學校國民黨區黨部的份子們的事後「杯葛」。蔡校長說：他就是區黨部。他全權支持我。

跟我一起到「青中」的老師是舞台設計家王以炤先生，後來又加入了唐冀、劉□昇。一個普通的中學，在這時增加了這麼多戲劇界內行人。所以有幾年的舞台藝術全盤教學及演出，使青中的校譽榮美。

蔡校長為人忠厚，事我為師，為長輩。因我計畫赴美定居，將台北一層唯一「搶救」回來的房子賣掉（因差一點被「摯友」不付分期款項，而被土地銀行拍賣），在台北已無居所，蔡校長就在校內大宿舍內，改建一小居屋，後門緊靠校長宿舍後方，如此有緊急事故照應起來也方便。因住宿舍不需出房租，雖然普通高中的鐘點費很少，所以在日常生活裡，日子還覺得很富裕。只是我在台北華視演唱人員訓練班的收入，不得不放棄了。這次一塊兒去該校的戲劇科老師們，也都有臨時住房，而不影響他們在台北的工作。

我把廣播劇《藝苑情淚》，改編為一個四幕舞台劇。加入了抗戰時期，一般青年人在思想上的激盪和矛盾，何去何從？何為對？何為錯？更加強盲人畫家的痛苦心情，及為「愛」犧牲的平凡女人「胖妹」的忍耐。為了使盲人有個重見光明的希望，在最後一幕，不免俗的使畫家的雙眼，因視網膜沒被破壞，在台灣名眼科醫生醫治後，使他又看見了藍天白雲，更「看」見他唯一的女兒「小婇」——皆大歡喜。

該劇是做為影視科戲劇組77年度畢業公演。曾赴台北藝術館做青年劇展的觀摩公演。該班學生們前後台的合作，以及舞台上演員們的精湛演技，的確使觀眾們疑惑，這是不是一個「高中生」的演出？那時蔡校長親自參加燈光、置景，台上台下的工作，對戲劇的熱誠可佩。

我在編導的話中說：

在一個大時代裡，青年們的確擔負重大的使命，他們雖然都有幸福與不幸的遭遇，卻必須要面對現實，因為「命運」、「前程」是由自己掌握，是由自己創造的。青年人不被時代的巨浪沖倒，就必須準備應戰的力量。在思想上，在生活裡，要思索、分析，不被誤導所迷惑！這是我編寫藝劇的主要意念。

找出當年演出的說明書，看見那些孩子們的劇照，如飾演畫家傳鼎的劉莒，飾演胖妹的張馨月，飾演張芷君的張蓓芝，飾演鋼琴家侯健的張家千，他們舞台上的風采，絕不像是十八九歲的孩子所能表現出來的。其他，飾演各方人馬的年輕人，也都演得唯妙唯肖，不曉得他們現在都到哪裡去了？但是，他們並沒有像我劇中所表揚的，他們守住戲劇藝術界的陣地，因為那些飾演者的名字，在藝術園地裡我沒有發現他們的名字。

我在編導《父與子》的劇中，是說一個做法官的父親，當兒子被損友結夥，牽連到一件殺人的案件。這位父親是否為了父子之情，而將愛子繩之以法？該劇主要人物除父母、不良少年兒子以外，還有一為做律師的哥哥，他是否為了愛弟弟而為他找到法律的漏洞脫罪？在劇中，也強調因為母親的溺愛，而毀了小弟的一生？今日家庭中的母親角色，如何去扮演，是值得檢討的問題。

這是在一九八九年影視科學生劇團巡迴公演的舞台劇。供應青中的編劇劇本都是免費的，當時他們沒記得要給我編劇費，我也忘了向校方索取。

《樑上君子》這個喜劇，是選用了國立劇專校前教導演著名教授黃佐臨老師，在他年輕時改編的一個外國劇本，是他在一九四三年改編、演出。他在一九九二年，並寄來一篇賀詞，他說：「《樑上君子》能被崔小萍女士導演，甚感榮幸……」我曾在一九八九年去上海時探望他，他已經是老人了，他的夫人表演藝術家「丹尼」已得老人癡呆症，除了黃老師，她不認得任何人了。黃老師也於前幾年逝世。

我的導演的話：

> 海峽兩岸，同文同種，相隔那麼近，彷彿又那麼遠，但是藝術的交流，卻永遠隔不斷共同的愛。
>
> 得到戲劇大師黃佐臨教授的同意，得能演出他早年改編的外國劇本——《樑上君子》
>
> 演話劇難，演出喜劇更難。但是好的劇本卻是訓練演劇藝術人才的最佳教材。參加演出的這些年輕人，跟我都受益深深，感謝黃教授。

這是一九九一年，青中劇團巡迴公演的一個舞台劇，我在青中導演的最後一個戲是賴聲川先生的《暗戀桃花源》。

該劇時空轉換場面很多，劇中人的身份也因時空轉換，個性立場也跟著不同，一個舞台上同時演出兩場戲。演員眾多，場上的演員，也是劇中的導演，我雖然是該劇導演，但我讓學生掛名導演，一切讓他們「實習」，領導一個真正的劇團的領導人。

該劇的燈光、音效、幻燈，都由技術組、音樂組同學擔任，由劉老師指揮三機錄影，當年的青年中學，在音樂、舞蹈方面的演出成績，都是在南部（中部？）鼎鼎大名的。

唐冀，也導演了《蝴蝶蘭》。

在「青中」一段戲劇科的編演舞台劇的日子，廢寢忘食，但感到我們這些人——學習戲劇藝術的人，熱情和忠心。後來「青中」因老闆債務關係，學校換校長，戲劇科取消。

醒時空對燭花紅

這是我在一九八六年為正聲廣播電台，「花香小集」廣播劇寫的一個劇本。這個劇名是取自宋時著名女詞人李清照一首詞〈浣溪沙〉的最後一句：

莫許盃深琥珀濃，未成沈醉意先融，疏鐘已應晚來風。
瑞腦香消魂夢斷，辟寒金小髻鬟鬆，醒時空對燭花紅。

也許是喜歡她那份孤獨，或者是無奈，也許是同情她的命運多舛。

李清照，號易安居士，降生在山東濟南府，那是一個好地方，清朝劉鶚，曾在他的《老殘遊記》中描寫濟南：

四面荷花三面柳，一城山色半城湖，
一盞寒泉薦秋菊，三更畫舫穿藕花。

濟南府是個山明水秀的好地方，有湖，稱「大明」。滿湖覆滿荷花，夏天盪小船於湖中，荷香清甜。山有「千佛」，夕陽西照，可見山在湖中，方圓之間，有多處名泉，泉水由地底噴出，造成難以想像的奇景：有金線泉，波紋縷縷條分有如金線飄浮水面，因泉邊有垂柳，又名柳絮泉。李清照就降生在這樣的靈泉地方，時間是在宋神宗元年七年，在西曆是一〇八四年。她的家族，在齊魯一帶頗有名望。可是她自己卻是屢經戰亂，中年喪夫，又無子嗣，孤寡顛沛終其一生。

十八歲嫁同鄉之大學士趙明誠，兩人志趣相同，應該屬於浪漫的藝術家型，踏雪尋梅，收集古玩，飲酒吟詩，享盡人間夫妻之間之愛，真叫人只羨鴛鴦不羨仙。但是好景不常，戰火中毀掉了他們古玩詩畫財富，丈夫又病死任上，不得已再嫁，卻受盡後夫的欺虐。常聽說，「恩愛夫妻不到頭」，這雖是一句俗話，可也是老生常談，凡是最美好的事物，總是最容易消失。清照在丈夫死後，追憶往事不再，曾仿歐陽修作「臨江仙詞」：

庭院深深深幾許，雲窗霧閣常扃。柳梢梅萼漸分明，春歸秣陵樹，人老建康城。
感月吟風多少事，如今老去無成，誰憐憔悴更凋零，試燈無意思，踏雪沒心情。

我在劇中先編演他們夫妻之間的詩情畫意，恩恩愛愛，清照在丈夫死後，舟車趕往建康奔喪，其思念，備嘗舟車之苦，此時的作品不似先前的豔麗。

十五年前花月底，相從曾賦賞花詩，今看花月詩，渾相似，安得情懷似往時。

後人評清照的詩是「遣語工緻，感情細膩」。如減字木蘭花（木菊花？）一詞：

賣花擔上，買得一枝春欲放。淚染輕勻，猶帶彤霞曉露痕。
怕郎猜道，奴面不如花面好。云鬢斜簪，徒要教郎比并看。

最後兩句寫花，寫心情，寫年輕時對愛人的嬌羞，真是字箇情深。

當趙明誠上任之時，為了使丈夫把她常記心頭，她竟把詞寫在手帕上，使明誠不能忘她，就像她在他身邊一樣。

〈一剪梅〉

紅藕香殘玉簟秋。輕解羅裳，獨上蘭舟。雲中誰寄錦書來？雁字回時，月滿西樓。
花自飄零水自流。一種相思，兩處閒愁。此情無計可消除，纔下眉頭，卻上心頭。

趙明誠的詩詞不如清照，有一首竟使他廢寢忘食三日不可得。全詞是：

薄霧濃雲愁永晝，瑞腦消金獸。佳節又重陽，玉枕紗櫥，半夜涼初透。
東籬把酒黃昏後，有暗香盈袖。莫道不消魂，簾卷西風，人比黃花瘦。

有一首〈聲聲慢〉詞，更是可使讀者淚下，疊字之功，更見其卓越才華：

尋尋覓覓，冷冷清清，淒淒慘慘戚戚。乍暖還寒時候，最難將息。三杯兩盞淡酒，怎敵他、晚來風急。雁過也，正傷心，卻是舊時相識。滿地黃花堆積，憔悴損，如今有誰堪摘。守著窗兒，獨自怎生得黑。梧桐更兼細雨，到黃昏，點點滴滴。這次第，怎一個愁字了得。

記得李清照的詞，記起在一九八九年，兩岸開放，我返鄉——濟南府——探親，已無親可探，和兄姐的兒女們去濟南府尋根，特訪大明湖，千佛山太遠，那時還沒有計程車可乘。大明湖中的趵突泉，已無水噴出，湖中蓮花已無多，飄浮湖面。記得幼時和家人遊湖採蓮之樂，信步遊逛，發現有一古美人塑像，亭亭玉立於一亭樓之前，原來是老鄉親李清照之紀念館。她決不會想到現代人對於幾百年前的她，還築館塑像來紀念她。雖然她孤寡坎坷一生，如泉下有知，也算是一種安慰吧？我想，這也是老鄉親的一番愛心吧？山東人總是有情人，而且是深情難忘！

金鐘又響了

走遍了千山萬水，
渡過了長江黄河，
生命的旋律像一首歌，
高高低低，起起落落，有悲有喜。
何處是盡頭？何時會停止？
休止符的後面是否會有更動聽的歌曲？
誰也不能預料。
五十年的歲月在台北走過，
像一部歷史，
從炫耀的舞台走下來，
在學生們的喜怒哀樂的表演中，
我飛進了廣播藝術的殿堂，
影劇藝術輝煌，廣播藝術的美妙，
我，愛她，為她奉獻所有。

從雙辮的少女，演變至今白髮老媼，
「愛她」，是生之意志，
雖然，在那裡換不回富貴榮華。
在人生的旅程裡，我曾遇到風暴襲擊
但我未倒斃，
有個「標竿」指引我，
那是「愛」！
我雖不以為「我」有什麼成就，
那些「成果」，
都是憑藉合作夥伴們的努力。
仍然衷心感謝
名家們的推許和評鑑，
使我在來日無多的生命中，
還能享受這份榮譽——終身成就獎
啊！生命是這麼可愛，
再唱一首歌吧！

「謝謝！謝謝！」

「祝福！祝福！」

獲廣播金鐘終身成就獎，在特刊上的一篇謝詞，曾在台上致詞。

明天，我們不再踽踽獨行

四十年前，在一片錯愕聲中，她鋃鐺入獄，在多少年後，在一片祝賀聲中，重獲榮譽——廣播界前輩崔小萍女士，在她生命中，最富戲劇性的公開廣播、記者會以後，感激與衷心的喜悅。

有一首歌，是當年法蘭克辛那屈為老布希當選美國第四十任屆總統唱的。

……風雨過後，將是海闊天空，越過長夜，越過已被粉碎的迎風好夢……不斷的前進，喜樂滿心，希望你不是踽踽獨行……

我也僅以這幾句歌詞，祝福受難的朋友們，不斷的前進，滿懷希望，你不是踽踽獨行。

後記　我是新娘

不害羞
我說
晚霞
我的臙脂紅，
雪，
我的新娘裝，
我的蒙頭紗巾呀！
是飄渺的霧，
星星是紗上的花！

在一九三七年日記的裡頁，記著我寫的詩，還寫著：「像愛別人的詩一樣的愛我自己的心聲。」

那時，我十六歲吧？剛考上國立戲劇專科學校。壁報編輯徵稿，就把這篇交給他——引起很多的「讚美呼聲」。

如今，已是「老娘」了。晚輩們習稱我為「崔婆」——簡單明瞭，雖然是銀髮滿頭，但是臉上的「火車道」很少，面皮細嫩光滑，有些常引起小姑娘們的羡慕，常追著我問：

「崔婆婆，你怎麼不會老？」「你怎麼會這樣？」……

「這是主的恩賜呀，小妞兒！」

哈哈……神會聽見我對祂的讚美吧？

語言文學類　PC0127

碎夢集
——崔小萍回憶錄

作　　者／崔小萍
責任編輯／林泰宏
圖文排版／賴英珍
封面設計／陳佩蓉

發 行 人／宋政坤
法律顧問／毛國樑　律師
出版發行／秀威資訊科技股份有限公司
114台北市內湖區瑞光路76巷65號1樓
電話：+886-2-2796-3638　傳真：+886-2-2796-1377
http://www.showwe.com.tw
劃撥帳號／19563868　戶名：秀威資訊科技股份有限公司
讀者服務信箱：service@showwe.com.tw
展售門市／國家書店（松江門市）
104台北市中山區松江路209號1樓
電話：+886-2-2518-0207　傳真：+886-2-2518-0778
網路訂購／秀威網路書店：http://www.bodbooks.tw
國家網路書店：http://www.govbooks.com.tw

2010年12月BOD一版
定價：550元

國家圖書館出版品預行編目

碎夢集：崔小萍回憶錄 / 崔小萍著. -- 一版. --
臺北市：秀威資訊科技, 2010.12
面； 公分. --（語言文學類；PC0127）
BOD版
ISBN 978-986-221-620-0（平裝）

1. 崔小萍 2. 臺灣傳記 3. 回憶錄

783.3886 99019089

讀者回函卡

感謝您購買本書，為提升服務品質，請填妥以下資料，將讀者回函卡直接寄回或傳真本公司，收到您的寶貴意見後，我們會收藏記錄及檢討，謝謝！

如您需要了解本公司最新出版書目、購書優惠或企劃活動，歡迎您上網查詢或下載相關資料：http:// www.showwe.com.tw

您購買的書名：________________________________

出生日期：________年________月________日

學歷：☐高中（含）以下　☐大專　☐研究所（含）以上

職業：☐製造業　☐金融業　☐資訊業　☐軍警　☐傳播業　☐自由業

☐服務業　☐公務員　☐教職　☐學生　☐家管　☐其它_____

購書地點：☐網路書店　☐實體書店　☐書展　☐郵購　☐贈閱　☐其他

您從何得知本書的消息？

☐網路書店　☐實體書店　☐網路搜尋　☐電子報　☐書訊　☐雜誌

☐傳播媒體　☐親友推薦　☐網站推薦　☐部落格　☐其他__________

您對本書的評價：（請填代號　1.非常滿意　2.滿意　3.尚可　4.再改進）

封面設計____　版面編排____　內容____　文／譯筆____　價格____

讀完書後您覺得：

☐很有收穫　☐有收穫　☐收穫不多　☐沒收穫

對我們的建議：________________________________

____

____

____

請貼
郵票

11466
台北市內湖區瑞光路 76 巷 65 號 1 樓
秀威資訊科技股份有限公司 收
BOD 數位出版事業部

（請沿線對折寄回，謝謝！）

姓　名：＿＿＿＿＿＿＿＿　年齡：＿＿＿＿　性別：□女　□男

郵遞區號：□□□□□

地　址：＿＿＿＿＿＿＿＿＿＿＿＿＿＿＿＿

聯絡電話：（日）＿＿＿＿＿＿＿＿（夜）＿＿＿＿＿＿＿＿

E-mail：＿＿＿＿＿＿＿＿＿＿＿＿＿＿＿＿